via reise verlag

Wendelin Heisters

WANDERN MIT KINDERN

RUND UM KÖLN & BONN

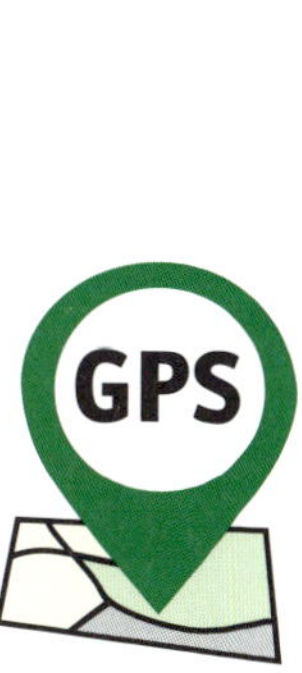

GPS-Tracks
Für alle Touren könnt ihr GPS-Tracks auf unserer Webseite herunterladen. Damit lässt sich die Wegstrecke auf einem Smartphone oder einem anderen GPS-Gerät darstellen. Den Link und eine Kurzanleitung zur Verwendung der Dateien findet ihr bei den Informationen zum Buch auf: www.viareise.de.

Inhalt

Köln & Bergisches Land

Naturregion Sieg

Schwierigkeitsgrad

● leicht ● mittel ● herausfordernd

Bonn & Rheintal

Voreifel & Eifel

Ahrtal

Vorlesegeschichten

Ausflüge für die ganze Familie

Welche familienfreundlichen Wanderungen gibt es in der Region? Und welche sind bequem mit den öffentlichen Verkehrsmitteln erreichbar und sowohl für den Kinderwagen, als auch zum Wandern mit Kindern aller Altersstufen geeignet? Welche Highlights bringen dabei Kinderaugen zum Leuchten? Welche Spielplätze gibt es am Wegesrand? Und wo sind die schönsten Picknickplätze? Welche Eisdiele lockt mit leckerem Eis und welche Bademöglichkeiten laden zum Abkühlen ein?

Diese und mehr Fragen beantwortet der praxiserprobte Wanderführer. Nach vielen Jahren Wandererfahrung mit den eigenen Kindern vom Kinderwagen bis über das Laufradalter hinaus, entstand der Wunsch, sowohl die Highlights der Region sowie neue unbekanntere Wanderungen in einem Buch zusammenzufassen. 21 Wanderungen von kurz bis lang, von mit dem Kinderwagen leicht bis herausfordernd zu gehenden Strecken laden ein, die Region zu erkunden. Das Bergische Land, die Naturregion Sieg, das Rheintal, die Voreifel und Eifel, das Ahrtal und die Großstädte Köln und Bonn bieten viele wunderschöne Wanderziele. Dabei lassen sich beeindruckende Burgruinen, mittelalterliche Stadtmauern, Überreste römischer Bauten, erloschene Vulkane, Höhlen, Wälder, Felder, Seen und noch vieles mehr entdecken.

Der Autor

Wendelin Heisters ist Diplom Geograph. In Bonn geboren und aufgewachsen, in Köln studiert, lebt er seit über 10 Jahren mit seiner Familie im Rhein-Sieg-Kreis. Er schreibt gerne über nahe und ferne Reiseziele wie zum Beispiel auf seinem Instagram-Account stadtlandwasser. Seine Leidenschaft ist das Wandern mit Familie und Freunden. Von klein an sind seine Kinder im Kinderwagen dabei, mittlerweile groß genug für längere Touren.

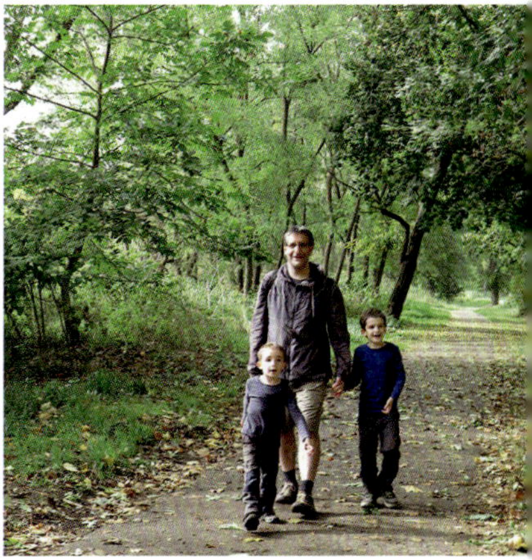

Wandern mit Kindern

Einfach nur eine lange Strecke in einer reizvollen Landschaft zu laufen, ist nicht das, was Kinder zum Wandern animiert. Währenddessen aber über Baumstämme balancieren, Blätter oder Zapfen sammeln, Käfer beobachten, mit der Taschenlampe leuchten, ein Waldtipi bauen, die Karte lesen dürfen und sagen, wo es lang geht, am Bach spielen, Steinchen werfen, einen Wanderstock suchen, Höhlen und Burggemäuer erkunden oder im Wasser planschen – das lieben Kinder. Die kleinen und großen Abenteuer am Wegesrand und tolle Highlights wie Burgruinen, Höhlen, Wildtiere zum Füttern oder ein tolles Strandbad machen eine gelungene Wanderung mit Kindern aus. Vor allem ist es wichtig, sich immer wieder Zeit für Entdeckungen zu lassen. Wenn dazu noch ein schöner Spielplatz und eine Einkehrmöglichkeit wie eine Bäckerei oder Eisdiele am Wanderweg liegen, steht in der Regel einer gelungenen Wanderung nichts im Wege.

Alle Touren sind kinderwagenfreundlich

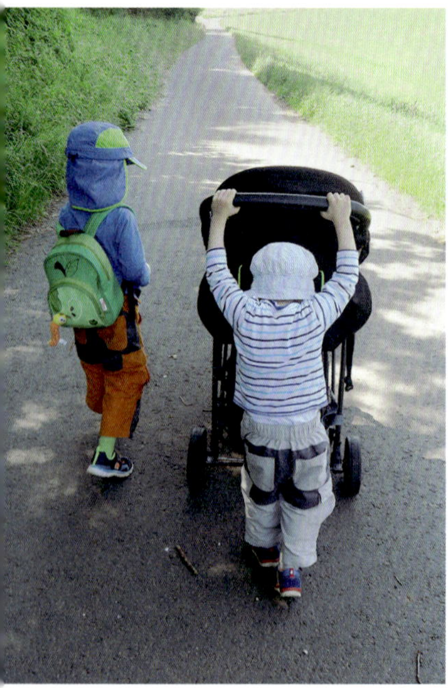

Kinderwagen on tour

Die Wanderungen sind in drei Schwierigkeitsgrade eingeteilt, die auf der Begehbarkeit, der Länge und der Steigung basieren und euch eine schnelle Orientierung ermöglichen.

Leichte Routen ● führen über ebene Wege mit überwiegend gut befestigten Wegen. Und zudem gibt es hier fast keine Steigungen.

Mittlerer Schwierigkeitsgrad ● bedeutet, dass die Strecke mäßig steile Steigungen enthält und der Untergrund auch mal uneben sein kann. Auch Touren, die vor allem bergab verlaufen, auch wenn es zwischendurch hochgehen kann, fallen in diese Kategorie. Zum mittleren Schwierigkeitsgrad zählen auch leichte Touren mit einer sehr großen Länge.

Tipps fürs Wandern mit Kindern

⇨ **Zeit**
Immer mit genügend Zeit für Picknick, Entdeckungen am Wegesrand, Spielen und Einkehren planen.

⇨ **Proviant**
Ausreichend zu trinken und Snacks, wie klein geschnittenes Obst und Gemüse, Kekse, Zwieback für zwischendurch mitnehmen.

⇨ **Einkehren**
Am besten vorher noch einmal die Öffnungszeiten nachschauen bzw. erfragen.

⇨ **Ausrüstung**
Feste, geschlossene Schuhe mit gutem Profil, je nach Wetter: Kappe mit Nackenschutz, Sonnencreme, langärmlige Kleidung und Sonnenbrille, Regenjacke und Regenhose, Wechselkleidung wie Socken, wenn es ans Wasser geht, Windeln, Feuchttücher, kleiner Rucksack für Kinder.

⇨ **Erste-Hilfe-Set**
Ein komplettes Erste-Hilfe-Set mit z. B. Pflastern, Verband, Zeckenzange und Pinzette sollte mit dabei sein.

⇨ **Buggy, Kinderwagen & Laufrad**
Bei leichten bis mittleren Touren mit relativ flachen Wegen lohnt sich auch die Mitnahme eines Laufrades und Buggys. Für unebenen Untergrund empfiehlt sich ein geländetauglicher Kinderwagen bzw. Buggy.

⇨ **Spiel und Spaß**
Taschenlampe (für Höhlen), Fernglas, Sammelbeutel für Fossilien, Blätter, Zapfen, Steinchen, Lupe, Kompass, Taschenmesser, Ball, Tischtennisset, für die Fahrt etwas zum Spielen, Bücher.

Herausfordernde Strecken ● enthalten steile Passagen oder lange Steigungen, die mit einem Kinderwagen Ausdauer erfordern. Zudem kann der Untergrund zeitweise uneben sein. Bei einer solchen Wegbeschaffenheit empfiehlt sich ein outdoortauglicher Kinderwagen mit größeren Reifen. Schwierige Stellen sind in den Tourenbeschreibungen genannt.

Laufrad

Für das Laufrad eignen sich alle relativ flachen Strecken wie die der Waldau in Bonn (Tour Nr. 10), am Wildgehege in Köln-Brück (Tour Nr. 2), beim Turmhof in der Wahner Heide (Tour Nr. 1), in Zülpich (Tour Nr. 15), Leverkusen (Tour Nr. 3) und rund um den Liblarer See (Tour Nr. 14).

Spielideen für unterwegs

- Tipi aus schräg um den Baumstamm gestellten Ästen bauen.
- Tiere bestimmen anhand von Fußspuren oder Federn.
- Fotospiel: Ein an einen Ort geführter Spieler öffnet für einen kurzen Moment die Augen und merkt sich den Eindruck, wird weggeführt und muss mit offenen Augen den Ort wiederfinden.
- Wanderstock suchen und je nach Alter selbst ein Muster hinein schnitzen.
- Blätter sammeln, zu Hause pressen und ein Herbarium anlegen.

Gehzeit

Bei jeder Wanderung ist die angenommene reine Laufzeit unter Berücksichtigung des An- und Abstiegs angegeben. Dabei wird von einem Tempo von 4 Kilometern in der Ebene sowie 300 Meter Aufstieg und 500 Meter Abstieg pro Stunde ausgegangen. Kleinere Kinder sind aber deutlich langsamer. In der Regel halb so schnell. Dabei handelt es sich um Richtwerte. Denn jedes Kind ist anders, zudem kann die Tagesform, die Motivation und die Bewegungsfreude sehr variieren. Hierbei sind weder Pausen, Besichtigungen noch das Spielen am Wegesrand mit einberechnet. Am besten unterwegs seid ihr, wenn ihr die Touren inklusive An- und Abfahrt als Tagesausflug plant. Liegt die Wanderung nicht weit vom Wohnort entfernt und ist die Strecke kurz, auch als Vor- oder Nachmittagsausflug. Desto jünger die Kinder, desto kürzer und je älter die Kinder, desto länger darf eine Wanderung sein. Bei wenig Erfahrung empfiehlt es sich generell, erst mal mit den kurzen Strecken anzufangen, um ein Gefühl für das Wandern mit Kindern zu bekommen.

Verpflegung

Wichtig ist es, ausreichend zu Trinken und zu Essen dabei zu haben. Am besten eignen sich Wasser, Tees oder Fruchtsaftschorlen. Lieber zu viel als zu wenig zu Trinken einpacken. Grade an warmen Sommertagen und bei Wanderungen mit Steigungen steigt der Flüssigkeitsbedarf stark an. Als kleine Snacks für zwischendurch sind Obst, mundgerecht geschnittenes Gemüse wie Möhre und Gurke sowie Kekse und Kleingebäck beliebt. Alle Wanderungen bieten Gelegenheit zur Rast, ob auf einer Bank, in einer Hütte oder an einem Ort am Wasser. Bei jeder Tour sind Einkehrmöglichkeiten angegeben, die möglichst direkt oder nah am Wanderweg liegen, familienfreundlich sind sowie Angebote für Kinder und ggf. eine Wickelmöglichkeit bieten.

Ausrüstung

Die Beschreibungen der Wanderstrecken geben einen guten Eindruck, welche Landschaft und Wegbeschaffenheit euch erwarten. Generell eignen sich zum Wandern geschlossene Schuhe mit einem guten Profil. Zum einen rutscht man nicht so schnell ab, sie geben dem Fuß Halt und Steinchen finden nicht so einfach den Weg in den Schuh. Je nach Wetter und Tour braucht ihr Sonnenschutz, Regenkleidung, Ersatzkleidung und Badesachen. Eine Taschenlampe, ein Taschenmesser, Erste-Hilfe-Set, Beutel, eine Lupe, ein Bestimmungsbuch mit wichtigen Pflanzen und Tieren und ein Fernglas können bei jeder Wanderung nützlich sein.

Nichts geht über ein leckeres Picknick

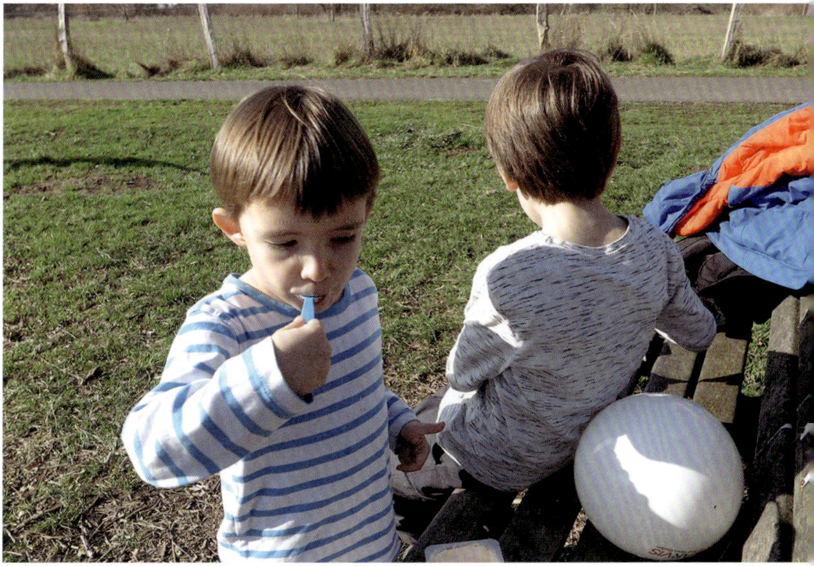

Mit Bahn und Bus zum Wandern

Der Start und das Ziel aller Wandertouren liegen an Haltepunkten des öffentlichen Personennahverkehrs (ÖPNV) im Verkehrsverbund Rhein-Sieg (VRS). Die klima- und umweltfreundlichen Verkehrsmittel, hauptsächlich der Zug, bei wenigen Wanderungen Bus und Straßenbahn, bringen euch in der Regel komfortabel und unkompliziert hin und zurück. Vor allem Kinder lieben die Fahrt mit Bahn, Bus & Co., da es viel zu sehen und zu entdecken gibt. Bei jeder Wanderstrecke sind die Verbindungen angegeben. Überprüft unbedingt vorher die An- und Abfahrtzeiten und ob die Bahnen, Busse und Straßenbahnen auch tatsächlich fahren. Informationen findet ihr im Ticketberater (www.vrs.de/tickets/ticketkauf/ticketberater), über die VRS-Fahrplanauskunft (https://auskunft.vrsinfo.de/vrs/cgi/page/eingaberoute), die kostenfreie VRS-Kundendialog-Hotline (0 800 6 50 40 30) oder den kostenfreien sprechenden Fahrplan (0 800 3 50 40 30).

Tickets

Fahrt ihr öfters mit dem ÖPNV, lohnen sich Zeit-/Abotickets wie das Formel9Ticket oder das Deutschlandticket. Sie sind auf Dauer die günstigste Variante, um von A nach B zu kommen. Ansonsten bietet ein 24StundenTicket für 5 Personen preislich eine Al-

Ticket & Preisstufen	Kurzstrecke/ ermäßigt*	Preisstufe 1–7	Preisstufe 1–7 ermäßigt
EinzelTicket (auch als Handy-Ticket)	2,50/1,20 €	3 € – 21,50 €	1,50 € – 10,60 €
24-Stunden-Ticket 1 Pers. (auch als Handy- und Online-Ticket)	-	7 € – 34,20 €	-
24-Stunden-Ticket 5 Pers. (auch als Handy- und Online-Ticket)	-	13,20 € – 55,80€	-

*Der ermäßigte Fahrpreis gilt für Kinder von 6 bis 14 Jahren. Handy- und Onlinetickets sind ca. 3 Prozent günstiger. Stand: Apr. 2024

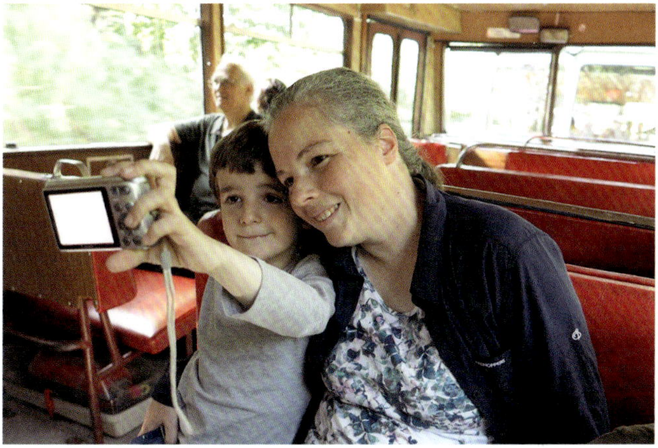

Nachhaltig Wandern: An- und Abfahrt mit Bus und Bahn

ternative zum Einzelticket ab einer Anzahl von 3 Personen ab 15 Jahre. Ab Preisstufe 4 sogar ab 2 Personen ab 15 Jahre. 4erTickets sind im Vergleich zum EinzelTicket nicht günstiger. Einen kleinen Rabatt gibt es für den Kauf der Fahrkarte per Handy oder online. Aber nicht jedes Ticket ist per Handy oder online erhältlich (siehe Tabelle unten). Kinder unter 6 Jahren fahren immer kostenlos mit. Auch Kinder unter 7 Jahren, die noch keine Schule besuchen, fahren bis zum Zeitpunkt der Einschulung unentgeltlich. Das schont das Budget von Familien mit kleinen Kindern.

Mit dem Pkw zum Wandern

Für die An- und Abfahrt mit dem Pkw eignen sich die meisten Wanderungen im Wanderführer. Denn zum einen starten und enden fast alle Touren an einem Punkt und zum anderen stehen an Bahnhöfen und bei beliebten Ausflugszielen in der Regel ausreichend Parkplätze zur Verfügung.

#wandernmitkindernkölnbonn

Ihr seid unterwegs mit Kindern auf einer der Touren aus dem Buch? Teilt eure Bilder und Erfahrungen auf Instagram oder Facebook mit dem Hashtag #wandernmitkindernkölnbonn

Köln & Bergisches Land

Das Bergische Land prägen Hügel und Täler mit Wiesen, Wäldern und Wasserläufen

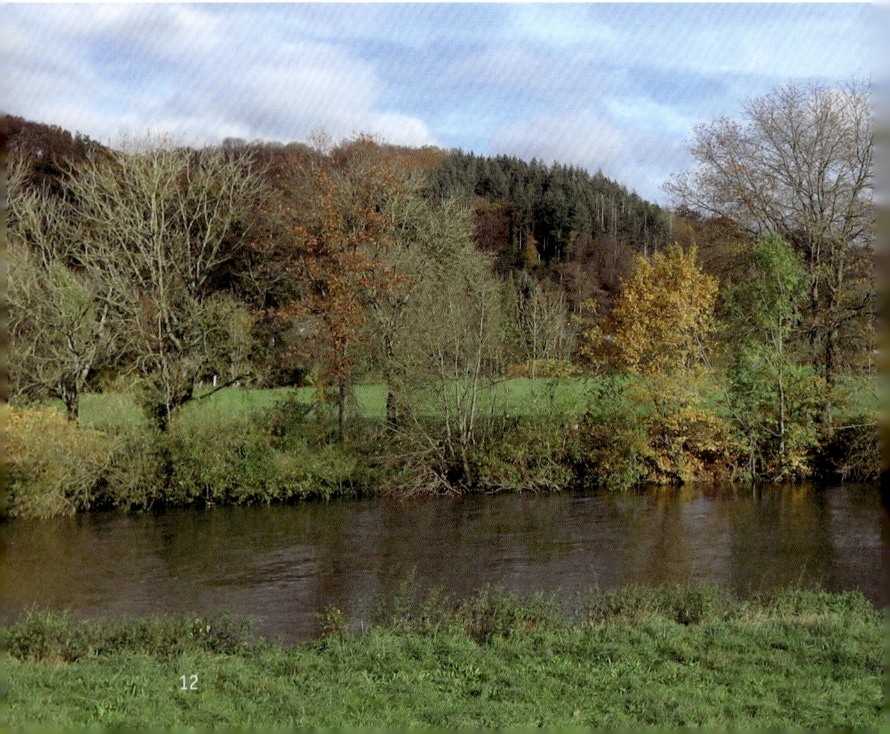

Abseits des Großstadttrubels erwarten euch am Rand von Köln und im Bergischen Land zahlreiche erlebnisreiche Wanderungen. Glanrinder und Esel in der Wahner Heide, herumtollende Wildschweinbabys im Wildgehege Brück, die höchste Eisenbahnbrücke Deutschlands sowie eine Großhöhle zum Besichtigen sind nur einige der Highlights am Wanderweg.

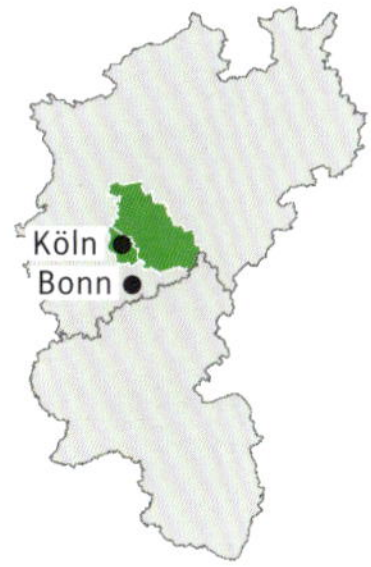

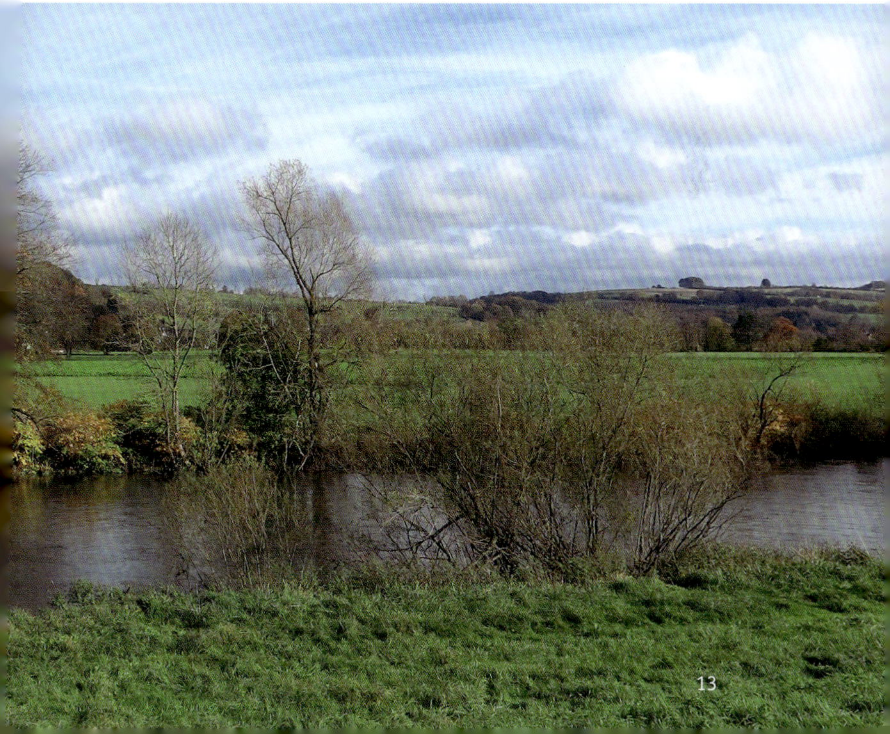

1 Weidetiere, Wald und Wiesen – Rund um den Turmhof

Start	Ziel	Länge	Gehzeit	Schwierigkeit
Bhf Rösrath-Stümpen	Bhf Rösrath-Stümpen	7,8 km	2 Std.	● leicht

Die Wahner Heide war früher ein militärisches Sperrgebiet, heute ist sie das artenreichste Naturschutzgebiet Nordrhein-Westfalens. Am Rand der Wahner Heide liegt das Heideportal Turmhof. Es lädt euch ein zum Besuch einer interessanten Dauerausstellung mit interaktiven Stationen für Kinder. Die Wanderung führt euch am Turmhof vorbei durch Streusiedlungen, entlang von Weiden, Streuobstbäumen und Wald durch die Wahner Heide. Dabei trefft ihr immer wieder auf weidende Glanrinder, Ziegen, Esel oder Wasserbüffel. Zurück führt euch der Wanderweg durch die Streusiedlung Rösrath Brand, in der ihr im Biergarten der Gaststätte Zum Bambi bei einem kühlen Getränk euren Durst löschen könnt.

Gemütlich grasende Glanrinder

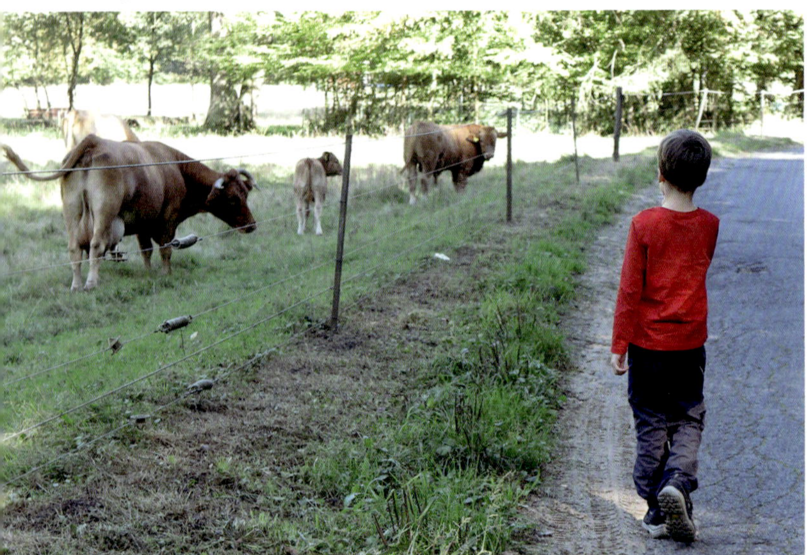

Infos zur Tour

An-/Rückfahrt

Bahnhof Rösrath-Stümpen (RB25 ab Köln Hbf., mehrmals stündlich, Sa bis 8 Uhr und So/Fei bis 11 Uhr stündlich, ca. 16 Min)

Streckenverlauf

Bahnhof Rösrath-Stümpen – Turmhof – An der Brander Wiese – Busenberg – Turmhof – Bahnhof Rösrath-Stümpen

Streckencharakteristik

Überwiegend ebene Wege durch Siedlung und Wald sowie entlang von Weiden und Wiesen

Wegbeschaffenheit

Meist asphaltierte Verkehrsstraßen und Wege, Bürgersteig sowie Wald- und Feldwege

Beschilderung

Großteils gelbes Turmsymbol (Turmhof-Tour)

Spielplatz

Am Turmhof

Besichtigungen

Heideportal Turmhof

Kammerbroich 67 · 51503 Rösrath · (0 22 05) 94 77 80 0 · www.turmhof.net
Do/Fr 9–16 Uhr, Sa/So 10–17 Uhr, März bis Okt. Sa/So bis 18 Uhr
Eintritt kostenfrei
Wahner Heide & Königsforst Infoportal mit Dauerausstellung zur Landschaftsdynamik. Zudem besteht die Möglichkeit zum Lesen in der Heidebibliothek und zum Kauf heidetypischer Lebensmittel und Bücher. Wer Durst hat, findet im Angebot Kaffee, Tee und Erfrischungsgetränke. Ein behindertengerechtes WC ist auch vorhanden. Das Außengelände verfügt über einen Spielplatz, einen Aussichtsturm und einen Turmhofgarten. Es finden regelmäßig Veranstaltunge für Erwachsene und Kinder statt, wie der Rösrather Heidespaziergang.

Einkehren

In Dinger Kaffeebud

Ahornweg 12 · 51503 Rösrath · (0 22 05) 90 93 49 4 ·
Mo–Fr 6–14, Sa 7–12, So 8–11 Uhr·
www.in-dinger-kaffeebud.eatbu.com
Bäckerei & Café mit leckeren Backwaren wie Croissants, Teilchen und belegten Brötchen. Frühstücksangebot, Innensitzplätze.

Zum Bambi

Brander Straße 154 · 51503 Rösrath · (0 22 05) 90 77 88
Di–So 11–19 Uhr, ggf. bei schönem Wetter bis 20 Uhr, Montag Ruhetag
Urige Gaststätte mit Biergarten am Rand der Wahner Heide. Bekannt für deftige Gerichte wie dicke Koteletts, Bratwurst oder Schnitzel mit Kartoffelsalat oder Bratkartoffeln.

km 0–1,5 **Vom Bahnhof Rösrath-Stümpen zum Turmhof**

Eure Wanderung startet am Bahnhof Rösrath-Stümpen und verläuft vom Bahnhof aus nach rechts die Bahngleise überquerend den Kiefernweg hinunter. Ein Wegweiser mit der Aufschrift Heideportal Turmhof zeigt euch die richtige Richtung. Nach links biegt ihr in den Dammelsfurther Weg ab, der euch leicht bergauf durch ein grünes Wohngebiet mit Mehrfamilienhäusern führt. Nun folgt ihr nur noch nach rechts dem Pestalloziweg über eine Autobahnbrücke mit Blick auf die Skyline von Köln und ihr seid auf der Hauptroute eurer Rundwanderung angekommen.

Linker Hand führt die asphaltierte Autostraße Kammerbroich vorbei an Weiden, Wiesen, Wald und einzelnen Wohnhäusern bis zum Heideportal Turmhof. Am Anfang dieser Straße liegt rechts eine **Schafweide**. Bald erblickt ihr gegenüber einer großen **Rinderweide** ein lang gestrecktes Backsteingebäude.

Ehemalig das Hofgebäude eines landwirtschaftlichen Gutes, beherbergt es seit 2012 das **Heideportal Turmhof**. Es gehört zu den insgesamt vier Infoportalen der Wahner Heide und des Königsforstes. Weitere Standorte befinden sich an der Burg Wissem in Troisdorf, im Gut Leidenhausen in Köln-Porz und im Forsthaus Steinhaus in Bergisch Gladbach.

Im flachen Gebäude empfängt euch eine interessante und teils interaktive, moderne Dauerausstellung zum Thema Landschaftsdynamik. Verschiedene Stationen zeigen auf spielerische Weise, wie beispielsweise Wind, Wasser oder Tiere die Landschaft im Laufe der Zeit zu einem abwechslungsreichen Mosaik aus Wäldern, halboffenen und baumfreien Lebensräumen verändern. Drückt auf die Knöpfe an einem Schaukasten und beobachtet, wie Luftströme Sand zu Dünen formen. Oder dreht an der Kurbel und seht, welchen Einfluss Tiere wie Wildschweine und Pferde auf die Natur und Landschaft haben. Im Turmhof zeigt zudem eine begehbare, interaktive Luftbildkarte auf dem Boden, wo sich was in der Wahner Heide und im Königsforst befindet.

Neben dem flachen Backsteinbau steht ein Aussichtsturm, von dem ihr eine schöne Sicht über die grüne Umgebung habt. Zwei Infotafeln mit Karten erklären euch, welche ökologisch wertvollen Lebensräume ihr von hier oben erblicken könnt und welche Tiere dort leben. Das Außengelände bietet zudem einen kleinen **Sandspielplatz** mit Rutschen und Spielhäuschen. Und neben einer Blu-

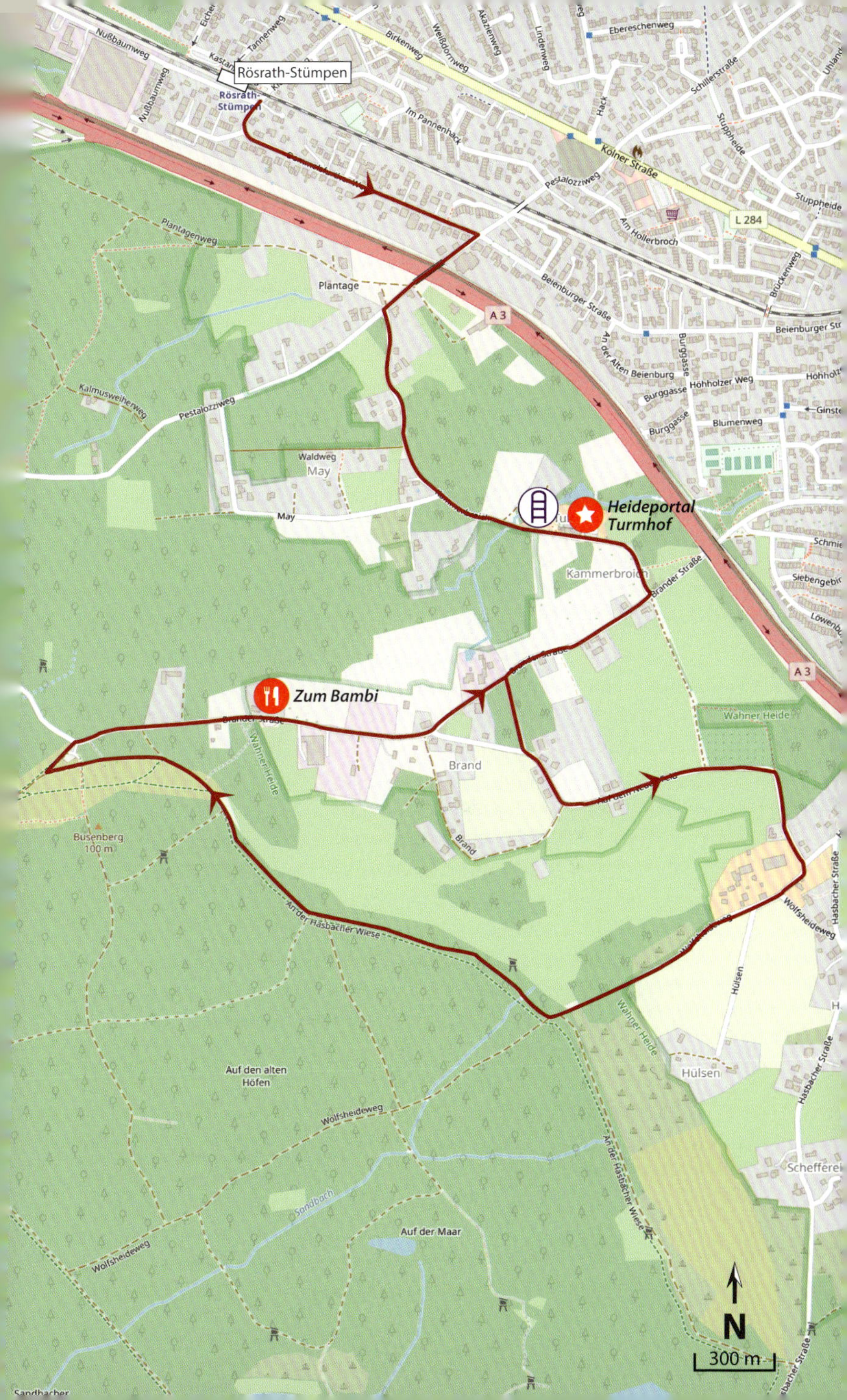

Rösrath-Stümpen
Heideportal Turmhof
Zum Bambi
Plantage
May
Kammerbroich
Brand
Hülsen
Busenberg 100 m
Auf den alten Höfen
Auf der Maar
Wahner Heide
A 3
L 284
Kölner Straße
Brander Straße
An der Hasbacher Wiese
Wolfsheideweg
Pestalozziweg
Plantagenweg
Kalmusweiherweg
N
300 m

menwiese erstreckt sich ein Schaugarten, der **Turmhofgarten**. Er veranschaulicht den ökologischen Nutzen verschiedener Pflanzen und Gartenelemente wie Trockenmauer, Reisighecke und Tümpel.

km 1,5–3,5 **Vom Turmhof bis An der Brander Wiese**

Vom Turmhof führt die Wanderung weiter über die geteerte Straße entlang von Bäumen und Büschen und der gegenüberliegenden großen Weide mit ihren grasenden Kühen. Es sind aber keine gewöhnlichen Kühe, die auf einer gewöhnlichen Wiese stehen. Es handelt sich um die seltenen und stark gefährdeten Glanrinder. Und die knorrigen, alten Eichen und Buchen auf der Weide sind Teil eines alten **Hudewaldes**.

Bei dieser historischen Form der Viehhaltung weideten die Tiere statt auf der freien Weide im Wald. Das Glanrind ist eine alte Nutztierrasse, die die Menschen früher wegen seiner Vielseitigkeit als Milch- und Fleischlieferant und als Arbeitstier schätzten. In und am Rand der Wahner Heide sorgen die Glanrinder für das Offenhalten von Flächen. Davon profitieren seltene Tier- und Pflanzenarten wie der Neuntöter, das Schwarzkehlchen und die Heidenelke.

Nach dem Bewundern der Tiere trefft ihr auf eine T-Kreuzung. Da die offizielle Route der Turmhof-Tour (gelbes Turmsymbol auf schwarzem Grund) geradeaus mit dem Kinderwagen zu schwierig zu gehen ist, biegt ihr nach rechts auf die Brander Straße ab. Ansonsten könnt ihr auch diesen Weg nehmen, da er wieder auf die Wandertour zurückführt. Die nächste Möglichkeit geht es nach links, um entlang der asphaltierten Verkehrsstraße leicht ansteigend durch ein Waldstück zu wandern.

Folgt darauf links der Straße Auf dem Neuen Feld. An der nächsten Linksbiegung erstreckt sich linker Hand eine **Eselsweide**. Neugierig kommen die Esel an den Zaun, um zu schauen, wer sie besucht. Wie die Glanrinder sorgen die grasenden Esel in der Wahner Heide für einen kurzen Bewuchs der Weideflächen. Die Autostraße leitet euch entlang von Wiesen, einzelnen Wohnhäusern und Wald weiter und von links mündet der offizielle Turmhof-Tour Weg in die Wanderstrecke ein.

An der nächsten Rechtsbiegung liegt eine Wiese, auf der Streuobstbäume wachsen. Im Herbst hängen sie über und über voll mit reifen Früchten wie saftigen, grünen Birnen. Auf der gegenüberliegenden Seite dichter Wald, streift ihr nun die alte **Dorfsiedlung**

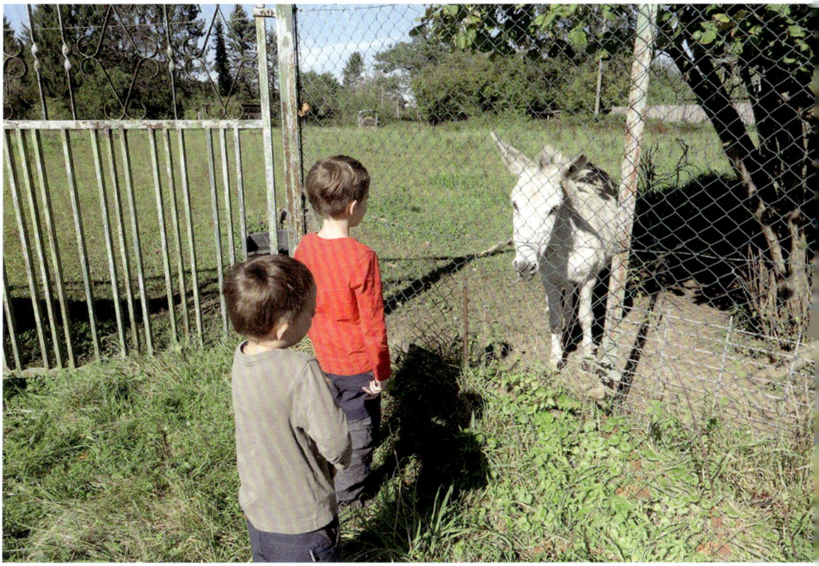

Wer besucht mich denn da?

Hasbach. Die Wanderung führt nach rechts dem Wolfsheideweg folgend an einem roten Wohnhaus und einer Rinderweide vorbei bis in einen dichten und naturnahen Laubmischwald.

Jetzt befindet ihr euch nicht mehr am Rand des Naturschutzgebietes Wahner Heide, sondern mittendrin. Ein Warnschild macht darauf aufmerksam, dass man die Wege wegen militärischer Altlasten wie Munition im Boden nicht verlassen darf. Diese Schilder finden sich aufgrund der ehemaligen Nutzung der Wahner Heide als Truppenübungsplatz an vielen Stellen. Holzpfähle mit einem roten Kopf zeigen genau, wo der richtige Weg entlangläuft.

Von An der Brander Wiese zum Busenberg

km 3,5–4,5

An einem Baumstamm im Wald hängt ein Holzschild mit der Aufschrift An der Brander Wiese. Folgt dem Weg nach rechts, der für ein langes Stück durch den schönen Laubmischwald voller Buchen und Ahornbäume führt. Dabei überquert ihr anfangs den kleinen, klaren Sandbach. Habt ihr die zwei umschlungenen Bäume entdeckt, die links am Wegesrand stehen? Eine große Kiefer und Buche sehen aus, als würden sie sich fest umarmen.

Rechts durch die Bäume könnt ihr die meiste Zeit eine Freifläche erblicken, die wie ein Band parallel zum Wanderweg verläuft. Es ist die **Brander Wiese**, auch Panzerstraße genannt. Einst fuhren hier regelmäßig belgische Panzer fast wie auf einer Autobahn hin und her. Als Nebeneffekt verhinderten sie so das Zuwachsen der Fläche mit Wald. Statt der Panzer sorgen heute Weidetiere wie die Ziegen des Ziegenhofs Stumpf und im Frühjahr und Herbst Waserbüffel durch das Fressen der jungen Baumtriebe, Gräser und Kräuter für sonnenbeschienene Wiesen.

Nach einem guten Stück durch das Waldgrün gelangt ihr zu einer großen Freifläche mit unzähligen Ginstersträuchern. Besenginster und Englischer Ginster bilden im Mai und Juni ein strahlend gelbes Blütenmeer. Von hier lohnt sich ein Abstecher nach links zum nur etwa 100 Meter entfernt liegenden **Busenberg**. Bei gutem Wetter habt ihr von ihm einen schönen Blick bis in die Kölner Bucht.

km 4,5–7,8 **Vom Busenberg zum Bahnhof Rösrath-Stümpen**

Rechts von euch liegt durch die Bäume sichtbar ein Parkplatz. Diesen überquert ihr und folgt der asphaltierten Brander Straße nach rechts. Sie führt zuerst entlang von Wald und dann durch die **Streusiedlung Rösrath Brand**.

Nicht ohne Grund bezeichnen die Rösrather diese Gegend als den Wilden Westen. Denn entlang der Straße wechseln sich einem Flickenteppich gleich die unterschiedlichsten Nutzungen wie Gewerbe, Wohnen, Gastronomie und Brachen miteinander ab. Ohne stadtplanerische Regeln entstand nach dem Zweiten Weltkrieg auf einem ehemaligen Teil des Truppenübungsplatzes nach und nach eine Siedlung im Grünen.

Auf der linken Seite liegt das **Gasthaus Zum Bambi** mit seinem Biergarten, in dem ihr ein kühles Getränk und deftige Hausmannskost genießen könnt. Zudem kommt ihr linker Hand an einem interessanten **Skulpturengarten** der Künstler der Brander Straße vorbei. Auf einem Gelände warten unterschiedliche Kunstobjekte und Installationen wie eine überdimensionale, weiße Orchideenblüte auf eure Entdeckung. Bald stoßt ihr wieder auf den Teil der Brander Straße, den ihr bereits vom Anfang eurer Wanderung kennt. Nun geht es über den euch bekannten Weg wieder zurück am Turmhof vorbei, bis ihr zum Schluss wieder am Bahnhof angekommen seid.

Die Glanrinder der Wahner Heide

Oben auf dem Aussichtsturm des Turmhofs schauen Annika und Lisa mit der kleinen Eidechse über die Wahner Heide. „Schaut, da auf der Weide stehen drei Kühe und zwei kleine Kälbchen“, bemerkt Lisa.

„Hier auf der Tafel steht, das sind Glanrinder. Den Namen habe ich vorher noch nie gehört“, gesteht Annika. Das kleine, schlaue Reptil weiß eine Menge über Glanrinder, da es schon einmal den Glanhof in der Wahner Heide besucht hat:

„Die wären fast ausgestorben. Zwischenzeitlich gab es nur 25 dieser Tiere. Heute sind es aber zum Glück wieder mehr als 2000 in Deutschland.“ „Die Kühe haben hier ja eine richtig große Wiese. Da können sie sich den ganzen Tag richtig sattfressen“, meint Lisa. „Ja, stimmt“, pflichtet ihr die Eidechse bei.

„Und durch das Fressen verhindern die Glanrinder, dass die Wiese komplett zuwächst. Wie die Ziegen in der Wahner Heide sorgen sie sie so dafür, dass hier kein Wald wuchert. Denn die offenen Flächen lieben wiederum viele andere seltene Tiere und Pflanzen“, erklärt das grüne Tier.

„Dann helfen also seltene Tiere seltenen Tieren“, lacht Annika. Da müssen auch die kleine Eidechse und Lisa lachen. „Leben in der Wahner Heide auch Schafe?“, fragt Lisa.

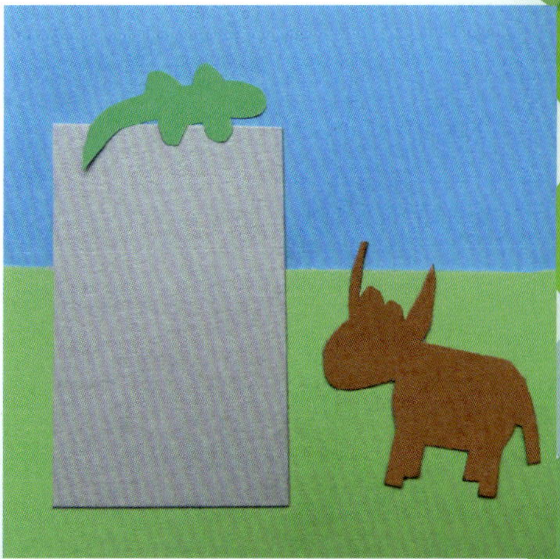

„Ja und nicht nur die. Es gibt auch Esel und Wasserbüffel. Vielleicht haben wir Glück und sehen bei der Wanderung welche“, antwortet die Eidechse.

„Oh super, dann lass uns weiter wandern“, fordert Lisa die anderen auf. „Das machen wir“, stimmen ihr die kleine Eidechse und Annika zu.

Königsforst

2 Wasser, Wald & Wildtiere – Abenteuer rund um das Wildgehege Brück

Start	Ziel	Länge	Gehzeit	Schwierigkeit
Tramhaltestelle Brück Mauspfad	Tramhaltestelle Brück Mauspfad	9,5 km	2,5 Std.	● leicht

Auf dieser Rundtour erwarten euch der wunderschöne, naturnahe Königsforst mit dem Wildgehege Köln-Brück und ein kleiner, verträumter Weiher im Wald. Die Wanderung ist aufgrund der meist flachen und breiten Wege ausgesprochen kinderwagen- und buggygeeignet. Highlight ist das hautnahe Erleben der Wildschweine und Rothirsche. Von den herumtollenden Wildschweinbabys im Frühjahr bis zu den Brunftrufen der Rothirsche im Herbst ist das Wildgehege das ganze Jahr über ein eindrucksvolles Erlebnis. Der größte Teil eures Weges verläuft entlang des Flehbachs. Mitten im Wald bietet er mit seinem Ufer und umgestürzten Baumstämmen kleine und große Abenteuerspielplätze.

Im Wildgehege Brück leben imposante Rothirsche

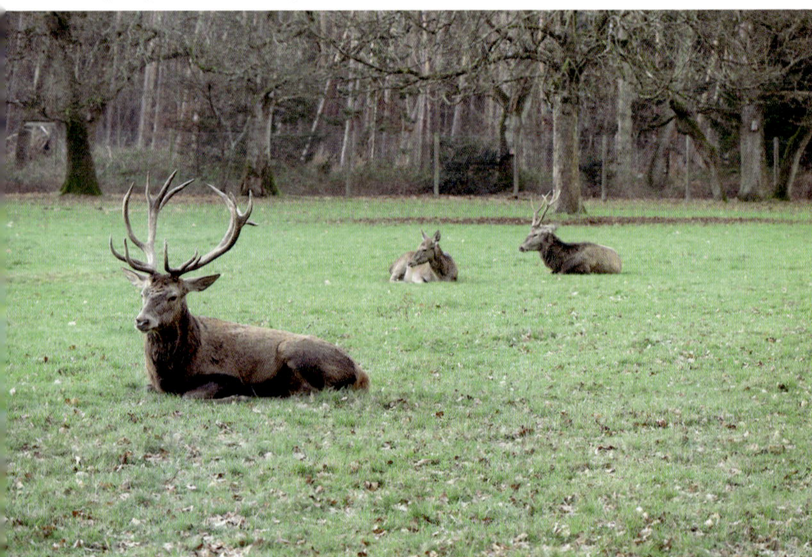

Infos zur Tour

An-/Rückfahrt

Straßenbahnhaltestelle
Brück Mauspfad
(Linie 1 ab Köln Bhf Deutz/Messe, mehrmals stündlich, ca. 14 Min)

Streckenverlauf

Brück Mauspfad – Waldlehrpfad Brück – Flehbach – Wildschweingehege – Kahnweiher – Rotwildgehege – Brück Mauspfad

Streckencharakteristik

Anfangs Wohnsiedlung, hauptsächlich ebene, schattige Wege durch den Wald, wenige moderate Anstiege, viele Rastmöglichkeiten, zum Schluss Wohnsiedlung

Wegbeschaffenheit

Anfangs Gehweg und Straße, hauptsächlich breite, feste Waldwege, teils schmaler und geteert, zum Schluss wieder Gehweg und Straße

Beschilderung

Große, dreieckige Hinweisschilder in grün-weiß mit der Aufschrift Wildgehege Brück, weißer Pfeil auf schwarzem Grund, weißer Buchstabe und Zahl (A2) auf schwarzem Grund, Holzschilder

Aktivitäten

Bauerngut Schiefelbusch
Schiefelbusch 3 · 53797 Lohmar ·
(0 22 05) 83 55 4
www.bauerngut-schiefelbusch.de
Von Apr. bis Ende Sep. Sonnenblumen, Tulpen und Gladiolen zum Selbstpflücken am Brücker Mauspfad zu moderaten Preisen. In der Saison erntefrische Erdbeeren zum Verkauf.

Umweltbildungszentrum Gut Leidenhausen (UBZL)
Gut Leidenhausen 1 · 51147 Köln ·
(0 22 03) 35 76 51
www.gut-leidenhausen.de
Spannende Exkursion rund um das Wildgehege Brück über unsere heimischen Säugetiere. Kostenlose eineinhalbstündige Tour für alle Altersgruppen. Anmeldung erforderlich.

Einkehren

Paradiso Restaurant
Brücker Mauspfad 631 · 51109 Köln-Brück · (0 22 1) 84 41 65
www.paradiso-koeln.de ·
Mo–So 9–23 Uhr
Familienfreundliches türkisches Restaurant mit Außenbereich unter Bäumen. Salate, Grill-, Fisch- und Kindergerichte. Kinder lieben die knusprigen Pommes und die italienische Pizza.

Eis Panciera Brück
Olpener Straße 894 · 51109 Köln-Brück
(0 22 1) 84 27 57
facebook: Eis Panciera Brück
Saison von Februar bis September
Mo/Di, Do/Fr 13–20, Sa/So 12–20 Uhr, Mittwoch Ruhetag
Kleine italienische Eisdiele mit großer Auswahl an Milch- und Fruchteissorten (auch vegan) zum Mitnehmen. Eisautomat. Keine Sitzplätze.

km 0–2,5 Von der Straßenbahnhaltestelle zum Waldlehrpfad Brück

Bevor euer Waldabenteuer startet, führt euch der Weg durch das dörfliche **Köln-Brück**. Von der Straßenbahnhaltestelle folgt ihr rechts dem verkehrsreichen Brücker Mauspfad und biegt direkt links mit einem moderaten Anstieg in die Straße Am Klausenberg. Wohnhäuser mit ihren gepflegten, blühenden Vorgärten prägen diesen beschaulichen, ruhigen Teil Brücks. Nach einem kleinen Stück stoßt ihr auf das kleine Sträßchen Brücker Heide.

Dieses führt euch gradewegs mitten durch ein lang gestrecktes sogenanntes **Torbogenhaus** im Heimatschutzstil. Das interessante Gebäude gehört zur Gartensiedlung am Klausenberg aus den 1920er-Jahren, ein Gegenentwurf zu den engen Häusern mit wenig Licht und Grün zu Zeiten der Industrialisierung. Nun geht es über die vielbefahrene Olpener Straße rüber und links von euch steht schon ein nicht zu übersehendes, dreieckiges Schild mit der Aufschrift Wildgehege Brück. Der Straße Am Wildwechsel folgend, biegt ihr links in den Flehbachmühlenweg und steht mitten im herrlich grünen Königsforst. Nach einer kurzen Strecke biegt ihr an einer Kreuzung rechts in den Olbertsweg ab. Diesem folgt ihr so lange bis ihr linker Hand auf den Waldlehrpfad Brück stoßt.

Ein idyllischer Weg schlängelt sich parallel zum Olbertsweg und Flehbachmühlenweg durch den dichten Wald. Für Kinder ist

Die Wege eignen sich gut für das Laufrad

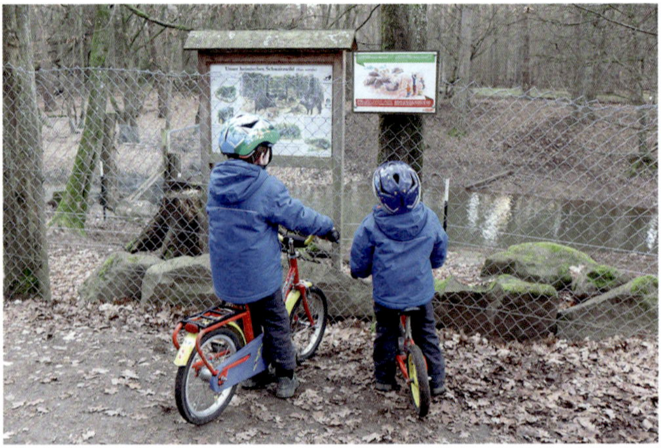

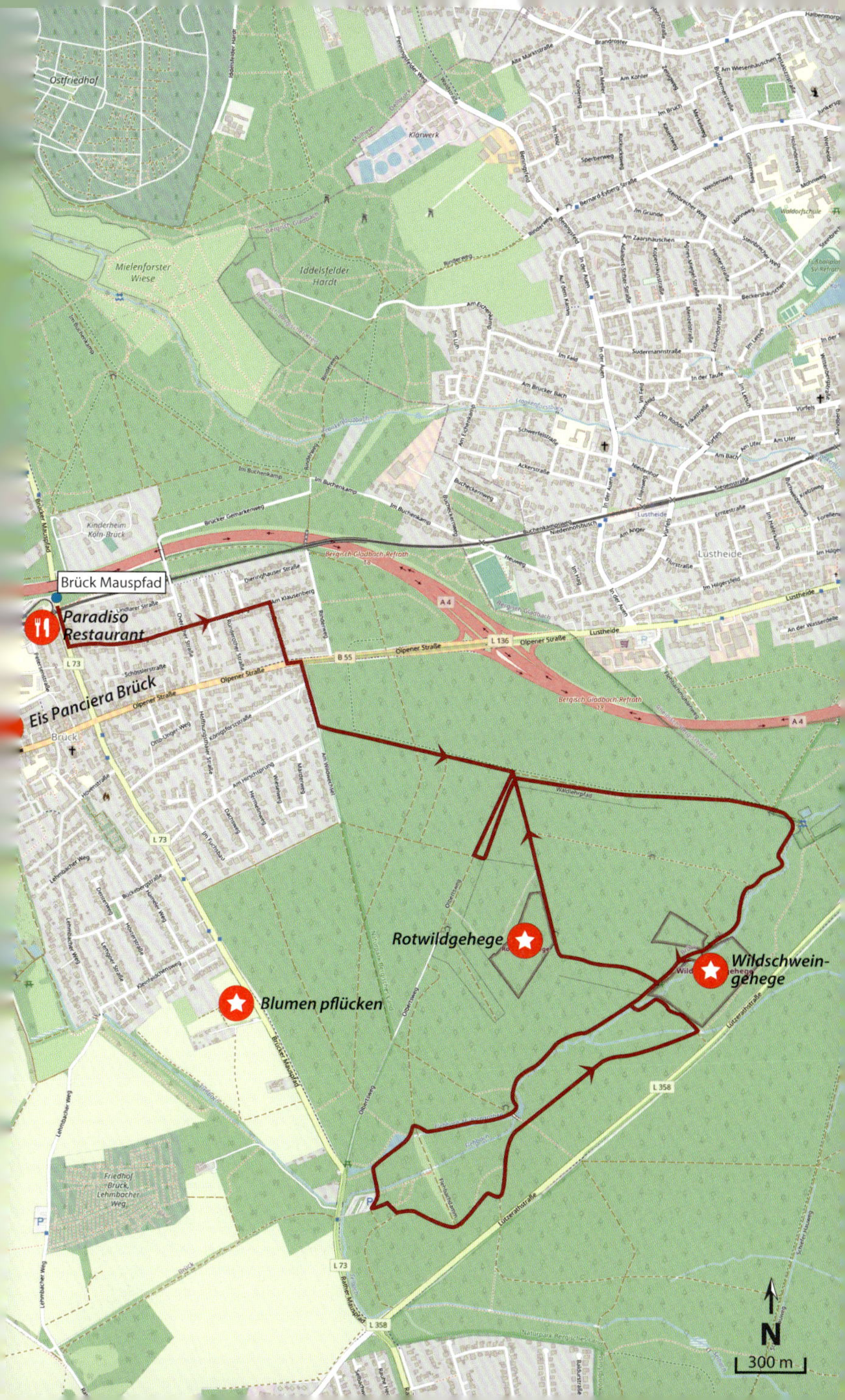

Brück Mauspfad
Paradiso Restaurant
Eis Panciera Brück
Rotwildgehege
Wildschwein-gehege
Blumen pflücken
Ostfriedhof
Mielenforster Wiese
Iddelsfelder Hardt
Klärwerk
Kinderheim Köln-Brück
Lustheide
Friedhof Brück, Lehmbacher Weg
Olpener Straße
Brücker Mauspfad
Lützerathstraße
Waldlehrpfad
N
300 m

der Waldlehrpfad ein Paradies zum Sammeln und Kennenlernen der unterschiedlichsten Blätter, Nadeln und Zapfen. Vom riesigen Mammutbaum über den Ginkgo mit seinen außergewöhnlich geformten Blättern bis zum Kuchen- und Tulpenbaum gibt es allerlei Interessantes zu bestaunen und zu entdecken. Zum Schluss führt euch der Weg auf den Flehbachmühlenweg.

km 2,5–3,5 Vom Waldlehrpfad zum Wildschweingehege

Dem Flehbachmühlenweg folgend, trefft ihr nach dem Passieren einer weiteren Schutzhütte auf eine über den idyllischen Flehbach gespannte Holzbrücke. Ihr überquert diese aber nicht, sondern wandert rechts entlang des Baches mitten durch den naturnahen Wald.

Der mäandrierende Wasserlauf ist ein großer **Abenteuerspielplatz** für Kinder. Mit seinen flachen und steileren Uferpartien bietet er unzählige Möglichkeiten zum Klettern, Laufen und Verstecken. Und die seichten Bereiche des Flehbachs laden bei wärmeren Temperaturen zum ausgiebigen Planschen und Wasserspritzen ein. Der wunderschöne, breite Pfad führt euch weiter entlang des Wasserlaufs direkt zum eingezäunten **Wildschweingehege**, durch den der Flehbach weiterfließt.

Im Frühjahr sind die Frischlinge, die kleinen Babywildschweine, das Highlight. Von März bis Mai bringt die Wildschweinmutter bis zu sieben gestreifte Frischlinge zur Welt. Die Wildschweine lieben es, sich am Flehbach im nassen Matsch zu suhlen und mit ihren Rüsseln im Boden nach Essbarem zu wühlen. Und sie freuen sich sehr über euer Futter. Ein Automat gegenüber dem Gehege bietet für einen Euro die Packung geeignetes Wildschweinfutter. Oder sammelt auf dem Weg Eicheln und Bucheckern und gebt sie den Wildschweinen zu fressen. Ihr werdet staunen, wie schnell sie angerannt kommen, um sich laut schmatzend darüber herzumachen. Von einer Holzbrücke, die über das Gehege führt, könnt ihr die Wildschweine prima von oben beobachten.

km 3,5–4,5 Vom Wildschweingehege zum Kahnweiher

Nun folgt ihr dem Weg entlang des eingezäunten Wildschweingeheges, bis dieses endet. Ab hier geht der Waldweg über in einen schmaleren, geteerten Pfad. Dieser schlängelt sich entlang des Flehbachs mitten durch einen Naturwald ohne jegliche forstliche

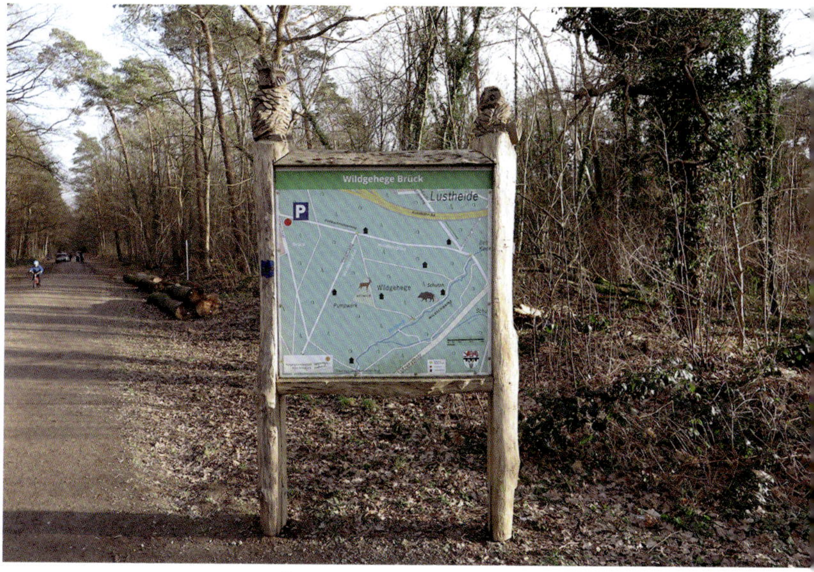

Wanderkarten geben einen guten Überblick

Nutzung. Denn das Motto der Stadt Köln lautet hier "Natur darf Natur bleiben". Alle umgefallenen Bäume und abgebrochenen Äste lässt der Förster an Ort und Stelle liegen. Lagernde Baumstämme am Wegesrand eignen sich hervorragend zum Herumklettern und Balancieren. Nehmt auf einer der Bänke am Ufer des Flehbachs Platz und genießt den Blick auf das plätschernde Wasser und die grünen Baumkronen.

Nach einer kurzen Wegstrecke geht der Bach in einen breiten Sandfang über, der den Wasserlauf in den Flehbach und den Flehbachmühlengraben aufgabelt. Ihr folgt dem Graben bis zum Erklimmen des grasbewachsenen Flehbachdamms. Direkt dahinter erwartet euch ein in den Wald eingebetteter kleiner, idyllischer See, der **Kahnweiher**. An ihm watscheln Kanadagänse mit ihren Jungen umher. Und Graureiher starren lange Zeit wie eingefroren in das Wasser, bis sie plötzlich blitzschnell nach einem Fisch schnappen. Zum Kahnweiher gehörte einst die im 19. Jahrhundert errichtete Erker Mühle, an die aber heute nur noch ein Denkmal in Form eines stilisierten Mühlrades erinnert.

km 4,5–7 Vom Kahnweiher zum Rotwildgehege

Am Ufer des Kahnweihers biegt Ihr links ab, um den Flehbach und danach den **Wanderparkplatz Erkermühle** zu überqueren. Von hier aus geht es ein längeres Stück mit zwei moderaten Anstiegen durch den wunderschönen Königsforst, bis ihr schließlich wieder am Wildschweingehege angekommen seid. Nun lauft ihr geradewegs bis zum nicht zu verfehlenden **Rotwildgehege**. Euch erwarten eindrucksvolle Rothirsche mit ihren mächtigen Geweihen. Eine erhöhte Beobachtungshütte mit Bänken sowie zahlreiche Sitzmöglichkeiten stehen für eine Brotzeit und zum Ausruhen bereit.

Zu jeder Jahreszeit könnt ihr im Rotwildgehege Spannendes beobachten. Von etwa Februar bis April werfen die männlichen Hirsche ihre teilweise sehr großen, weitverzweigten Geweihe ab. Und später im Jahr seht ihr die Hirsche ihre Köpfe an Zweigen und Sträuchern hin- und herbewegen. Dabei versuchen sie, die sich vom nachwachsenden Geweih lösende Basthaut loszuwerden. Und im Herbst habt ihr vielleicht das Glück, das beeindruckende laute Röhren der männlichen Hirsche zur Brunftzeit zu hören. Am Rotwildgehege steht wie bei den Wildschweinen ein Automat zum Ziehen artgerechten Wildtierfutters. Etwas Gras vom Wegesrand oder ein paar junge Äste mit grünen Blättern fressen euch die Tiere aber auch mit Genuss aus der Hand.

Habt ihr im Wald schon die aus Ästen gebauten Tipis entdeckt? Errichtet euch doch selbst eines, in dem ihr einfach viele lange Äste reihum schräg an einen Baumstamm stellt. Fertig ist eure eigene Waldbehausung.

km 7–9,5 Vom Rotwildgehege zurück zur Straßenbahnhaltestelle

Vom Rotwildgehege wandert ihr geradeaus bis zur Wegkreuzung, an der die euch bekannte Schutzhütte am Waldlehrpfad steht. Nur noch ein Stück nach links durch den Königsforst und ihr seid wieder im Wohngebiet in Köln-Brück angekommen. An der Olpener Straße warten zahlreiche Gastronomiebetriebe auf euren Besuch. Schleckermäuler lockt leckeres, hausgemachtes Eis zur Eisdiele Panciera. Probiert unbedingt auch eine der ungewöhnlichen Eiskreationen wie Limette Basilikum, Zimt oder Crema Siciliana. Und direkt an eurem Zielpunkt, der Straßenbahnhaltestelle Brück Mauspfad, lädt euch das Restaurant Paradiso zur Stärkung mit Pommes, Pizza & Co. unter großen Bäumen ein.

Leckereien für die Wildschweine

Auf dem grünen Futterautomaten am Wildschweingehege liegt die kleine Eidechse und döst vor sich hin. Als die zwei Kinder Paula und Leon für eine Packung Wildschweinfutter scheppernd ein Eurostück in den Automaten werfen, schreckt sie plötzlich hoch. „Huch, da habt ihr mich aber erschreckt!", sagt die kleine Eidechse. „Entschuldigung, wir haben Dich gar nicht gesehen", sagen die beiden Kinder. „Das verstehe ich, so grün wie ich bin, sieht man mich auf dem grünen Automaten auch schlecht", entgegnet die kleine Eidechse. „Wisst ihr eigentlich, was die Wildschweine gerne essen", fragt das kleine Tier Paula und Leon. „Na, das Futter aus der Packung. Und wir haben noch Nudeln und Mandarinen dabei. Die kleinen Babywildschweine haben bestimmt einen riesigen Hunger", antworten sie.

„Oh, habt ihr das Schild da drüben am Gehegezaun gelesen?", fragt die kleine Eidechse die Kinder. Weiter erklärt sie: „Wildschweine vertragen keine Nudeln oder exotisches Obst. Vom falschen Futter können sie sehr krank werden. Aber Äpfel mögen die Wildschweine sehr." „Super, ich habe noch einen Apfel von gestern in der Jackentasche", ruft Leon. „Den bekommt das ganz große Papawildschwein." Die kleine Eidechse weiß über den Speisezettel der großen Waldtiere noch mehr zu berichten:

„Auf der Suche nach Leckereien wie Wurzeln, Waldfrüchten, Insektenlarven und Schnecken durchwühlen Wildschweine den Boden. Sucht doch auf den Waldwegen nach Eicheln und Bucheckern. Diese vertilgen sie mit Hochgenuss. Nur die ganz kleinen Wildschweine, die Frischlinge, trinken lieber noch die Milch der Mutter."

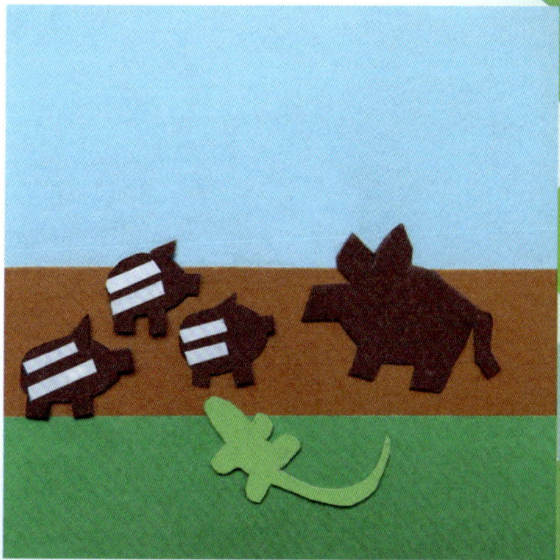

Köln-Dünnwald – Leverkusen

3 Entlang der Dhünn durch Wald, Parks und Wiesen

Start	Ziel	Länge	Gehzeit	Schwierigkeit
Tramhaltestelle Schlebusch	Bhf Leverkusen Mitte	12,5 km	3 Std.	● mittel

Die ausgedehnte Wanderung führt euch anfangs durch den Dünnwalder Wald in Köln. Danach geht es auf Leverkusener Stadtgebiet entlang der renaturierten Dhünn bis zum Neuland-Park am Rhein. Direkt an eurem Weg liegen das historische Industriemuseum Freudenthaler Sensenhammer und in einem Barockschloss das Kunstmuseum Morsbroich. Letzteres lockt mit einem frei zugänglichen Park mit Skulpturen, wie den bei Kindern sehr beliebten Wasserspielen. Entlang der Wanderstrecke liegen mehrere Spielplätze, zahlreiche Rastplätze und ein Freibad. Der große, grüne Neuland-Park ist ein attraktives Ziel zum Abschluss eurer Wanderung.

Plateaus bieten einen wunderschönen Blick auf die Dhünn

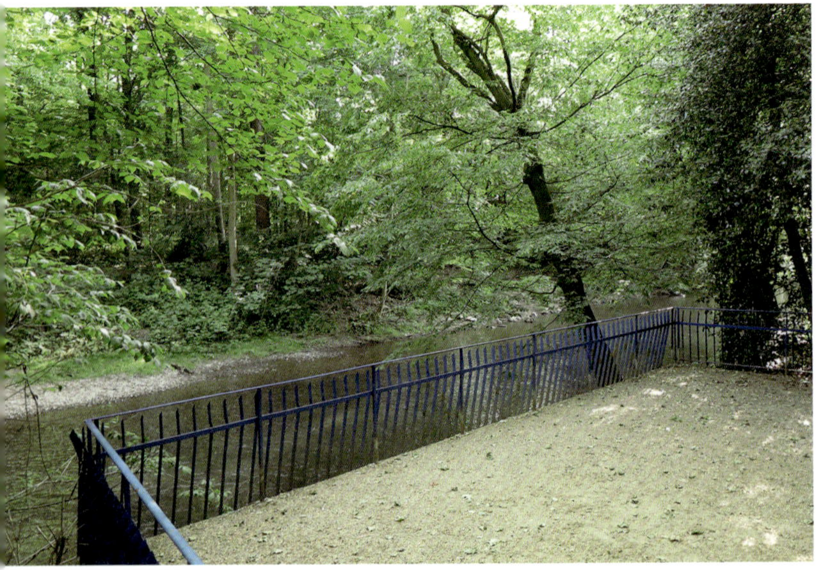

Infos zur Tour

Anfahrt
Straßenbahnhaltestelle Schlebusch (Linie 4 ab Köln Bf. Deutz/LANXESS arena, mehrmals stündlich, ca. 22 Min.)

Rückfahrt
Bahnhof Leverkusen Mitte (RE1, RE5, mehrmals stündlich, bis Köln Messe/ Deutz ca. 14 Min.)

Streckenverlauf
Dünnwalder Wald – Freudenthaler Sensenhammer – Schloss Morsbroich – Freibad – Neuland-Park – Bhf Leverkusen-Mitte

Streckencharakteristik
Meist ebene Wege durch Wald und entlang der Dhünn umgeben von Wiesen, Bäumen und Parklandschaften durch städtisches Siedlungsgebiet

Wegbeschaffenheit
Abwechslungsreich über meist breite, feste Wege sowie geteerte Gehwege und Straßen

Beschilderung
Weißer Kreis/A1 auf schwarzem Grund (Dünnwalder Wald), blau-rote Kästchen und Schriftzug Dhünn (Dhünnweg)

Spielplätze
Im Wuppermannpark, entlang der Dhünn, im Neuland-Park

Baden
Freibad am CaLevornia
Bismarckstraße 182 · 51373 Leverkusen · (0 21 4) 40 65 80 6 · www.calevornia.de
Saison Mai bis August, Mo–So 13–18 Uhr
Eintritt Tageskarte 5,90 € Erwachsene, 3,50 € Kinder (4–7 J.), nur Onlineticket
Sommer- und Kleinkindbecken mit Piratenschiff und Matschplatz. Große Parklandschaft mit Liegeflächen und Beachsportplätzen.

Besichtigungen
Industriemuseum Freudenthaler Sensenhammer
Freudenthal 68 · 51375 Leverkusen-Schlebusch ·
(0 21 4) 50 07 26 8 ·
www.sensenhammer.de
Di/Do 10–13, Mi 15–18, Sa/So 12–17 Uhr
Eintritt 5 € Erwachsene, 3 € Kinder (6–16), 10 € Familien
Dauerausstellung zur Sensen- und Sichelherstellung an alten Arbeitsplätzen in den originalen Fabrikgebäuden. Entdeckertouren sowie Live-Schmiedevorführungen an ausgewählten Tagen.

Einkehren
Wacht am Rhein
Rheinallee 3 · 51373 Leverkusen ·
(0 21 4) 50 69 98 81 ·
www.diewachtamrhein.de
Di–Sa 9–22, So/Fei 10–21 Uhr
Direkt am Neuland-Park gelegenes Restaurant und Terrasse mit Rheinblick. Deutsche Hausmannskost und internationale Küche mit mediterranem Einfluss.

km 0–4,5 Von der Tramhaltestelle zum Freudenthaler Sensenhammer

Eure Wanderung startet mit der Durchquerung eines schattigen Waldes, dem Dünnwalder Wald. Von der Straßenbahnhaltestelle lauft ihr geradeaus bis zum Nittumer Weg, in den ihr nach rechts abbiegt. Nach einem kurzen Stück geht es wiederum rechts in einen von einer Metallbarriere flankierten Waldweg. Nun befindet ihr euch in einem der größten Waldgebiete der Stadt Köln.

Ihr folgt dem grade verlaufenden Waldweg so lange, bis ihr nach links abbiegen könnt. Ein gutes Stück später quert ein Reitweg die Wanderroute. Ab hier verläuft ein schmaler, gewundener Pfad durch das dichte Grün bis zu einer breiten Kreuzung mit einer Holzbank. Folgt dem Weg so lange, bis ihr die Bensberger Straße erreicht. Auf dem Bürgersteig geht es nach rechts und rüber auf die andere Straßenseite in einen Waldweg.

Ihr befindet euch nun im nördlichsten Bereich des Dünnwalder Waldes, im **Scherfenbrand** in Leverkusen. Der Wanderroute folgend, taucht linker Hand neben euch mitten im Wald der Zaun eines Friedhofs auf, dem ihr bis zur Straße Am Scherfenbrand folgt. Nach rechts wandert ihr weiter durch den Wald auf dem Wanderweg Am Schlag im großen Linksbogen Richtung Dhünn. Bald seht ihr schon das fließende Gewässer, an dem hier sogar Eisvögel leben. Am Waldweg bietet eine Bank einen Blick auf die **Dhünn**.

Nachdem der Pfad nach links an einer Schafweide mit Obstbäumen entlang führt, erblickt ihr die alten Backsteingebäude und den markanten Schornstein des **Freudenthaler Sensenhammers**. Das unter Denkmalschutz stehende Gebäudeesemble beherbergt heute ein Industriemuseum. Von 1837 bis 1987 schmiedeten Arbeiter der Firma Kuhlmann Abermillionen Werkzeuge für die Landwirtschaft. Direkt neben den historischen Hammerwerksgebäuden könnt ihr die Wasserkraftanlage mit dem Stauteich und seinen Gräben entdecken. Und drumherum stehen Häuschen in Fachwerk- und Backsteinbauweise, in denen früher die Arbeiter wohnten. In der Dauerausstellung erfahrt ihr an den originalen alten Arbeitsplätzen die wichtigsten Schritte zur Herstellung von Sicheln und Sensen. An ausgewählten Tagen finden Live-Schmiedevorführungen statt. Dabei entfacht der Schmied das Feuer im Ofen, erhitzt den Stahl und schmiedet anschließend das glühende Metallstück unter dem Hammer zu einer Sichel.

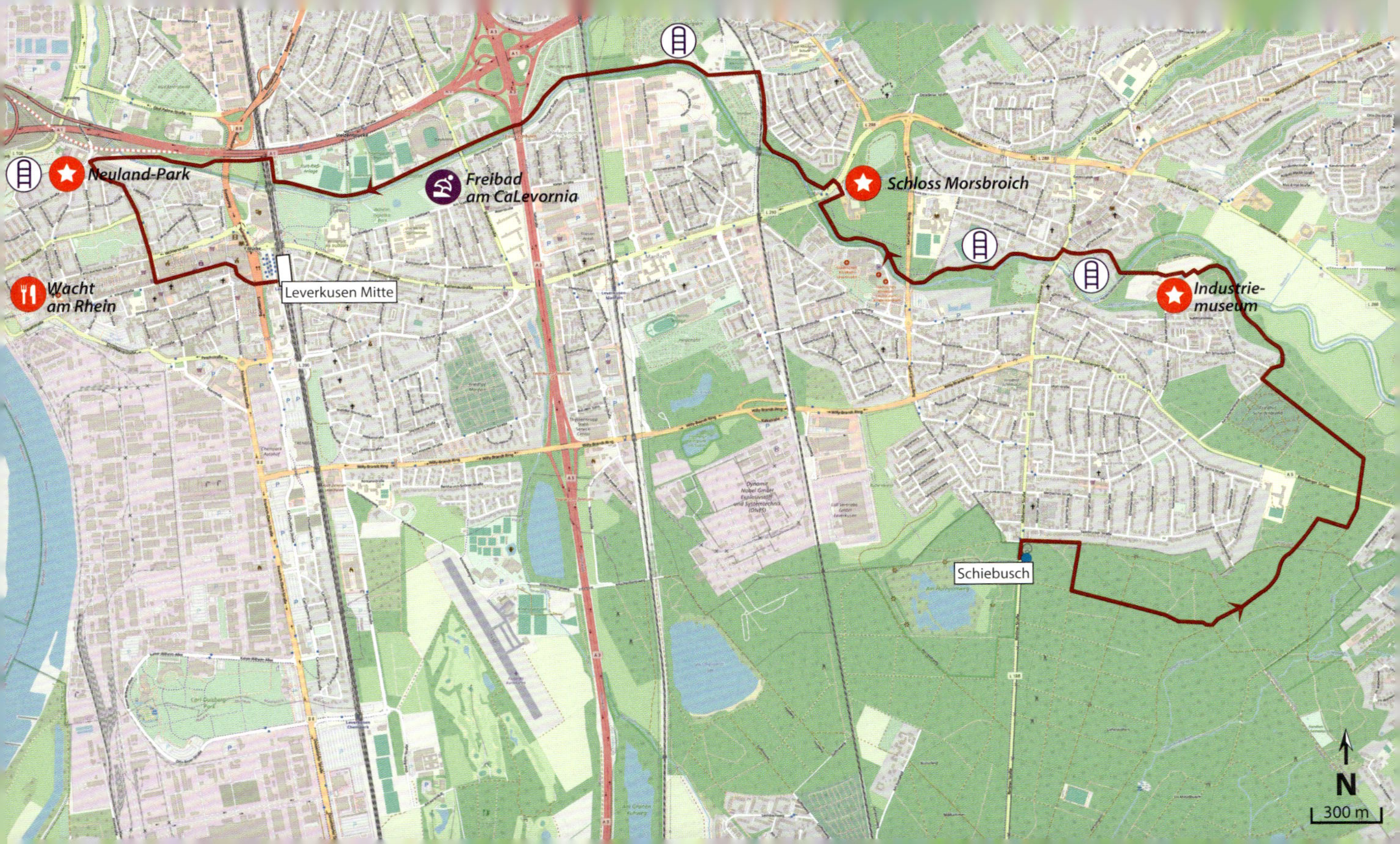
Neuland-Park
Wacht am Rhein
Leverkusen Mitte
Freibad am CaLevornia
Schloss Morsbroich
Industrie-museum
Schiebusch
N
300 m

km 4,5–6,5 **Vom Freudenthaler Sensenhammer zum Schloss Morsbroich**

Vom Freudenthaler Sensenhammer führt die Wanderstrecke über den Hammerweg, eine ruhige Straße durch ein grünes Wohngebiet. Dabei überquert ihr anfangs auch die Dhünn. Ab hier befindet ihr euch auf der offiziellen Hauptroute des Wander- und Radwegs **Dhünnweg**, dem ihr die meiste Zeit bis zum Ziel eurer Tour folgt. Links erstreckt sich der **Wuppermannpark**. Besucht den kleinen, von einer mächtigen Rotbuche beschirmtem Spielplatz. Nun wandert ihr bis zur Bergischen Landstraße und wechselt die Straßenseite. Ein Stück nach links entlang der Hauptverkehrsstraße, geht es die Nächste rechts rein. Durch herrliches Grün schlängelt sich der durch einen Mittelstreifen getrennte Wander- und Radweg „Dhünnweg" entlang der naturnah fließenden Dhünn.

Kurz bevor ihr den breiten, mehrspurigen Karl-Carstens-Ring überquert, steht linker Hand an der Dhünn das ehemalige **Auermühlenwehr** mit einer Fischfang- und -zählstation sowie einem Bruthaus. Das ganze Jahr über erfasst die Anlage automatisch die Anzahl der vorbeischwimmenden Fische wie die wiederangesiedelten Lachse und Meerforellen. Nach der Überquerung der Verkehrsstraße führt der Weg weiter am Fluss entlang, an dessen Ufer immer wieder tolle Plätze zum Spielen liegen. Nach einer Weile seid ihr an dem von einem Wassergraben umschlossenen **Barockschloss Morsbroich** angekommen. Und direkt gegenüber erstreckt sich eine Obstplantage des Obstguts Morsbroich, das in seinem Hofladen Leckeres wie Obst, Brot, Aufschnitt, Honig und Säfte anbietet.

Übrigens: Seit 2022 leben hier drei flauschige Alpakas, die auf die Namen Karl, Ragnar und Friso hören. Mit etwas Glück seht ihr sie zwischen den Obstbäumen herumlaufen. Das Schloss daneben beherbergt ein zeitgenössisches **Kunstmuseum** mit zahlreichen Angeboten für Kinder wie Führungen und Workshops. Erkundet den frei zugänglichen **Schlosspark**! Mitten im Grünen stehen Skulpturen, die euch zum Ausprobieren einladen. Direkt vor dem Schloss hat der dänische Künstler Jeppe Hein im alten, runden Brunnenbecken ein begehbares **Wasserspiel** installiert. Grade bei warmen Temperaturen begeistern die in Intervallen schießenden Wasserfontänen alle Kinder. Aber Vorsicht, packt lieber Wechselklamotten oder direkt die Badehose ein. Denn wer nicht schnell genug ist, bekommt eine erfrischende Dusche ab. Auch die anderen Kunstwerke im Park wie die überdimensionalen über- und nebeneinander

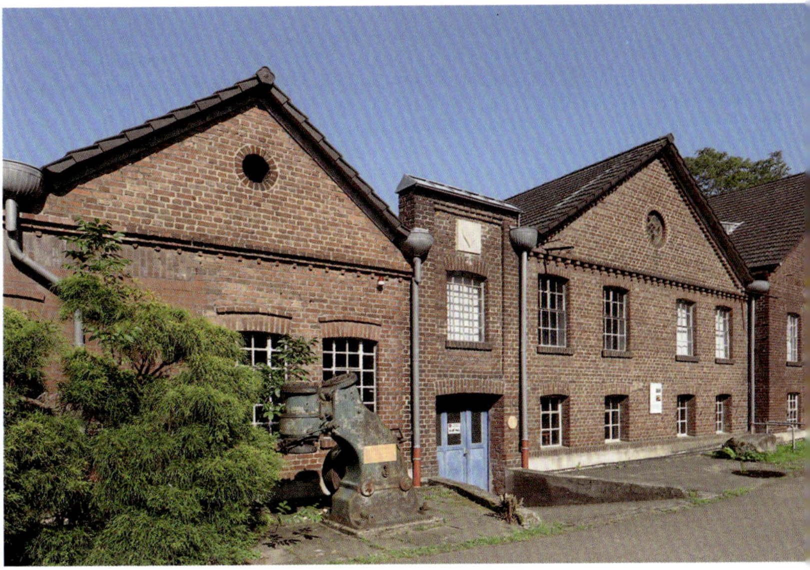

Industriemuseum Freudenthaler Sensenhammer

angeordneten drehbaren Hohlspiegel regen zum Spielen an.
Wer die Wanderung aufteilen und ein anderes Mal fortsetzen möchte, kann vom Schloss Morsbroich mit dem Bus zum Bahnhof Leverkusen Mitte fahren (Linie 212, 214, SB21, SB22 ab Bushaltestelle Museum Morsbroich, mehrmals stündlich, ca. 8–10 Min.).

Vom Schloss Morsbroich zum Freibad

Nach der Überquerung der Gustav-Heinemann-Straße leitet euch ein fester Waldweg direkt an der Dhünn entlang. Immer wieder bieten balkonartige, umzäunte Plateaus mit Bänken direkt am Ufer einen Blick auf das plätschernde Wasser und das Grüne. Übrigens zeigen die großen Betonklötze mit einer Kilometerzahl am Wegesrand die Entfernung der Dhünn bis zur Mündung in die Wupper an. **km 6,5–9**

Nach einem guten Stück trefft ihr auf einen geteerten Weg, linker Hand ein begrünter Eisenbahndamm und rechter Hand wachsen an den Mauern einer Wohnsiedlung zahlreiche kleine und große Gehölze. Darauf biegt der Wanderweg nach links ab, verläuft durch eine Eisenbahnunterführung und entlang einem Fußballplatz. Ihr wandert im Bogen an mehreren sehr großen Kleingartenanla-

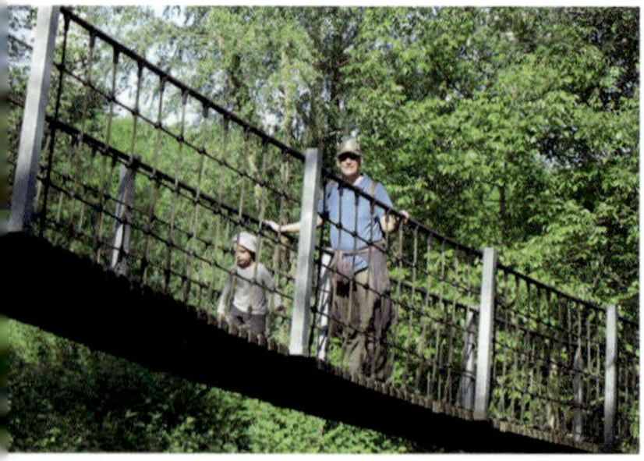

Ganz schön wackelig über die Dhünn

gen vorbei. Und von links gesellt sich wieder die von Grün gesäumte Dhünn dazu. Das nächste Ziel ist das **Freibad CaLevornia**, das ihr nach dem Unterqueren zweier Brücken erreicht. Es liegt in der Nähe der BayArena, dem großen Fußballstadion des Bundesligisten Bayer 04 Leverkusen. Im Freibad wartet auf euch ein angenehm temperiertes Sommerbecken mit Strömungskanal. Planschen können kleine Kinder in einem extra Becken. Platz zum Sonnenbaden bietet die große Parklandschaft. Wer sich lieber auspowern will, kann die Wasserbasketballanlage sowie die Volleyball- und Beachsoccerfelder mit feinem Strandsand nutzen.

km 9–10,5 **Vom Freibad zum Neuland-Park**

Vom Freibad führt der Wanderweg entlang der Dhünn und großen, alten Platanen. Rechter Hand liegen neben der BayArena mehrere Fußballplätze. Nachdem ihr nach rechts über die Windthorststraße und durch die Eisenbahnunterführung gelaufen seid, befindet ihr euch in den ersten Ausläufern des ehemaligen Geländes der Landesgartenschau 2005. Auf der rechten Seite könnt ihr unter der Brücke skaten und auf der linken Seite spielen. Der Weg führt durch eine Unterführung und weiter durchs Grüne bis zu einer Wackelbrücke, die beim Überqueren hin und her schwingt.

Wer möchte, kann kurz darauf den **Neuland-Park** besuchen. Die rund 25 ha große, attraktive Grünanlage entstand auf einer abgedichteten, riesigen Mülldeponie. Erstaunlich, was ihr heute stattdessen sehen könnt: einen großen grünen Park mit Spazier- und Fahrradwegen, Spielplätzen und Gastronomiebetrieben.

km 10,5–12,5 **Vom Neuland-Park zum Bahnhof Leverkusen Mitte**

Vom Eingang des Neuland-Parks geht es über die Nobelstraße und dann nach links durch die Innenstadt von Leverkusen-Wiesdorf bis zum Bahnhof. Die Nobelstraße säumen historische Wohngebäude, ehemalige Arbeiterhäuser der Firma Bayer. Exemplarisch könnt ihr euch kostenlos die Lebens- und Wohnkultur einer Arbeiterfamilie in den 1920/30-er-Jahren im **Kolonie-Museum** anschauen.

Neue Freunde für die kleine Eidechse

Während sich Marie, Ben, Lena und Moritz am Ufer der Dhünn mit Wasser nass spritzen, schwimmt auf dem Fluss ein kleines Holzfloß auf sie zu. „Hallo!", schallt es von dem winzigen Wasserfahrzeug zu den Kindern hinüber.

„Schaut mal her, da ist die kleine Eidechse", ruft Lena. Das Tier paddelt zielstrebig ans Ufer. „Wo kommst Du denn her?", fragt Ben das Reptil. „Ich bin die Dhünn entlang gepaddelt, von der Dhünntalsperre bis hier her. Dabei habe ich zwei neue Freunde kennengelernt", erzählt es etwas aus der Puste. „Wen denn?", wollen die Kinder wissen. „Zuerst habe ich einen Eisvogel getroffen, der grade aus einer Höhle in einer Erdwand herausflog. Er war sehr damit beschäftigt, Insekten für seine frisch geschlüpften Küken zu besorgen. Nächste Woche werde ich ihn wieder besuchen", berichtet die kleine Eidechse. „Und wen hast du noch getroffen?", fragt Moritz. „Plötzlich tauchte neben mir ein Lachs aus dem Wasser auf. Stellt euch vor, er erzählte mir, dass er hier als Baby aus einem Ei geschlüpft und dann den weiten Weg von der Dhünn, in die Wupper, den Rhein und bis in den Nordatlantik geschwommen ist. Und nach zwei Jahren ist er wohlgenährt wieder hierhin zurückgeschwommen, um selbst Eier zu legen."

„So einen langen Weg", staunt Marie. „Ja, einige Hundert kehren regelmäßig in die Dhünn zurück. Erst seitdem der Fluss um das Wehr des Freudenthaler Sensenhammers fließen kann, können die Lachse wieder ungehindert bis zur Talsperre und in die Nebenflüsse schwimmen", erklärt das grüne Tier. „Jetzt werde ich noch viel genauer hinschauen, wer so alles an und in der Dhünn lebt", stellt Lena fest.

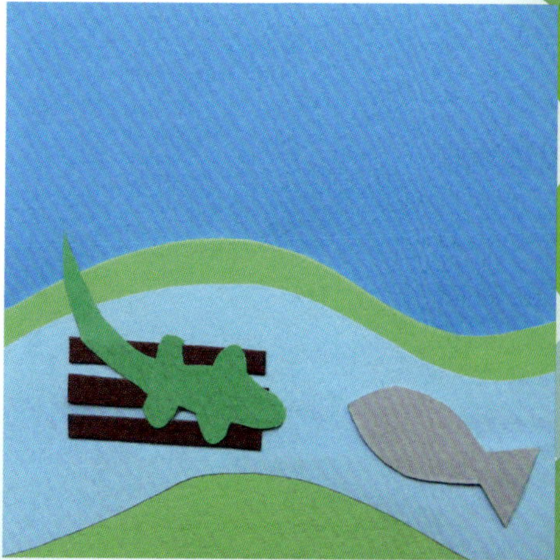

Ründeroth

4 Geheimnisvolle Höhlen und Zwerge im Wald

Start	Ziel	Länge	Gehzeit	Schwierigkeit
Bhf Ründeroth	Bhf Ründeroth	5,6 km	2 Std.	● herausfordernd

Höhepunkt dieser Wanderung ist die begehbare Aggertalhöhle mit versteinerten Korallen. Über die geheimnisvolle Unterwelt informieren am Wanderweg bebilderte Tafeln. Und immer mit dabei ist die beliebte Maus aus dem WDR-Kinderfernsehen. Anfangs führt die Wanderung durch den Ortskern von Ründeroth entlang der Agger mit Spielplätzen und einer Bucht am Fluss zum Baden. Danach geht es bergauf durch ein Waldgebiet, bestimmt von zahlreichen Hohlräumen im Untergrund. Dabei erfahrt ihr Spannendes über einen plötzlich vom Erdboden verschluckten Bach und das erst 2019 entdeckte Windloch, die längste Höhle Nordrhein-Westfalens. Mittendrin verzaubert euch zudem ein süßes Zwergendorf.

Mitten durch Ründeroth rauscht die Agger

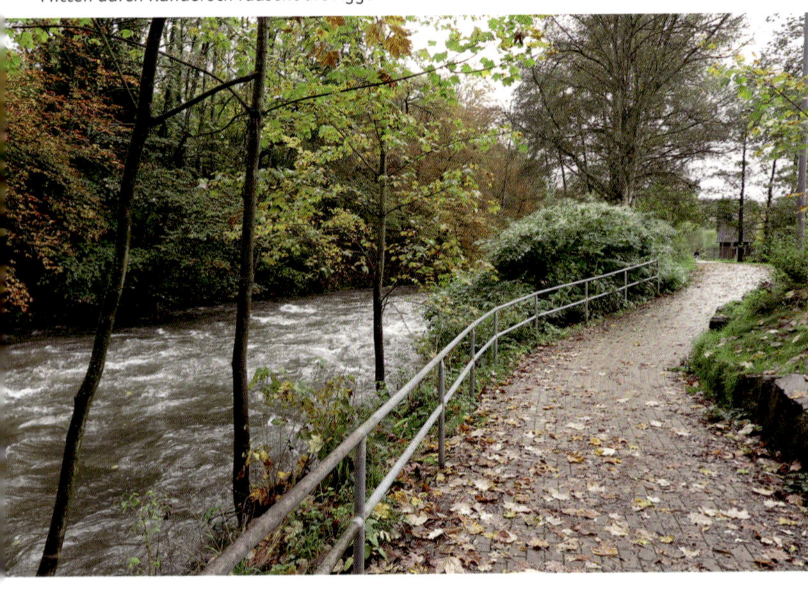

Infos zur Tour

An-/Rückfahrt
Bahnhof Ründeroth (RB25 ab Köln Hbf., mehrmals stündlich, Sa, So/Fei in der Regel stündlich, ca. 55–60 Min je nach Verbindung)

Streckenverlauf
Bahnhof Ründeroth – Aggerstrand – Spielplatz – Aggertalhöhle – Zwergendorf – Windloch – Bahnhof Ründeroth

Streckencharakteristik
Durch Siedlung im flachen Aggertal, bergaufwärts und -abwärts durch Wald und Siedlung

Wegbeschaffenheit
Bürgersteig, asphaltierte und gepflasterte Wege, Straßen sowie feste Waldwege

Beschilderung
Großteils rote Schilder mit weißer 14 und Schriftzug Höhlenweg (Bergische Streifzüge)

Spielplätze
Spielplätze an der Agger und im Kurpark, Freizeitanlage Aggerstrand

Baden
Freizeitanlage Aggerstrand

Besichtigungen
Aggertalhöhle Ründeroth
Im Krümmel 39 · 51766 Engelskirchen · (0 22 63) 70 70 2 · www.aggertalhoehle.de
Saison vom 1. Apr. bis 1. Nov. Do–So/Fei
Eintritt 6 € Erwachsene, 4 € Kinder, 20 € Familien
Großhöhle im Riffkalk des Oberen Mitteldevon mit zahlreichen Fossilien. Die Besichtigung ist nur mit Führung möglich. Die Führung „Erster Einblick" startet jeweils um 10, 11.15, 12.30, 13.45, 15.00, 16.15 Uhr und dauert ca. 30–45 Minuten. Weitere Themenführungen und Kindergeburtstag zu gesonderten Preisen buchbar. Nur Barzahlung.

Einkehren
Trattoria Da Enzo
Hauptstraße 15 · 51766 Engelskirchen · (0 22 63) 92 90 55 5 · www.daenzo-ruenderoth.de.rs
Di–So 12–15/17–22 Uhr, Montag Ruhetag
Italienisches Restaurant mit den Klassikern der südländischen Küche wie Tomaten mit Mozarella, Vitello Tonnato, Pizza Salami und Spaghetti Carbonara. Zudem besondere Hauspizzen und Gerichte für kleine Gäste. Innen- und Außensitzplätze.

Ründeroth

Ründeroth liegt rund 36 Kilometer östlich von Köln und ist Teil der Gemeinde Engelskirchen im Oberbergischen Kreis. Der rund 3500 Bewohner zählende Ort besitzt alte Bauwerke wie die evangelische Kirche mit Ursprung im 12. Jahrhundert, denkmalgeschützte Fachwerkhäuser und die Alte Hirschapotheke aus dem Jahr 1840. Eine Besonderheit sind die Klein- und Großhöhlen im Karstgebiet. Dazu gehören die für Besucher zugängliche Aggertalhöhle sowie das erst 2019 entdeckte Windloch.

km 0–1 **Vom Bahnhof Ründeroth zum Spielplatz**

Direkt gegenüber vom Bahnhof empfängt euch zur Einstimmung auf die Wanderung die erste Tafel des Höhlenweges, dem ihr heute ein Stück weit folgt. Reich bebilderte Tafeln mit der beliebten orangenen Maus aus der Sendung mit der Maus begleiten den Wanderweg und erläutern Interessantes zum Thema Höhlen.

Nun geht es die Bahnhofstraße herunter bis zur Hauptstraße, der Hauptverkehrsstraße im Ortskern von Ründeroth. Ihr wechselt die Straßenseite, um kurz darauf links in die Straße Dörrenbergplatz abzubiegen. Linker Hand liegt der kleine, grüne Ründerother **Kurpark** mit Wiesenflächen und einem kleinen Spielplatz. Nun verläuft der Weg in Richtung Wilhelmsbrücke. Rechter Hand befindet sich ein lang gestreckter Parkplatz. Und direkt daneben gelangt ihr zur **Freizeitanlage Aggerstrand**, wo eine kleine Bucht an der renaturierten Agger zum ausgiebigen Baden einlädt. Zudem warten zahlreiche weitere Sport- und Freizeitmöglichkeiten auf euch. Für Kleinkinder steht zum Spielen ein Holzschiffchen mit Rutschfläche und Kletternetz bereit.

Nach dem Bade- und Spielspaß geht es weiter über die Wilhelmsbrücke, welche die Agger überspannt. Ihr folgt links dem wunderschönen Pfad entlang der idyllischen, baumbestandenen Agger. Schließlich gelangt ihr zum Aggerwehr, an dem das Flusswasser sprudelnd herunter rauscht. Ein Stück weiter unterquert ihr die Verkehrsbrücke und folgt dem gepflasterten Weg bis zum Alten Rathaus von Ründeroth, heute Sitz der Bücherei. Direkt links am historischen Gebäude vorbei, leitet euch die Wanderstrecke weiter entlang der Agger.

Kurz darauf steht am Wegesrand eine zweite Tafel des Höhlenweges. Erfahrt, welche spannenden Aufgaben ein Höhlenforscher

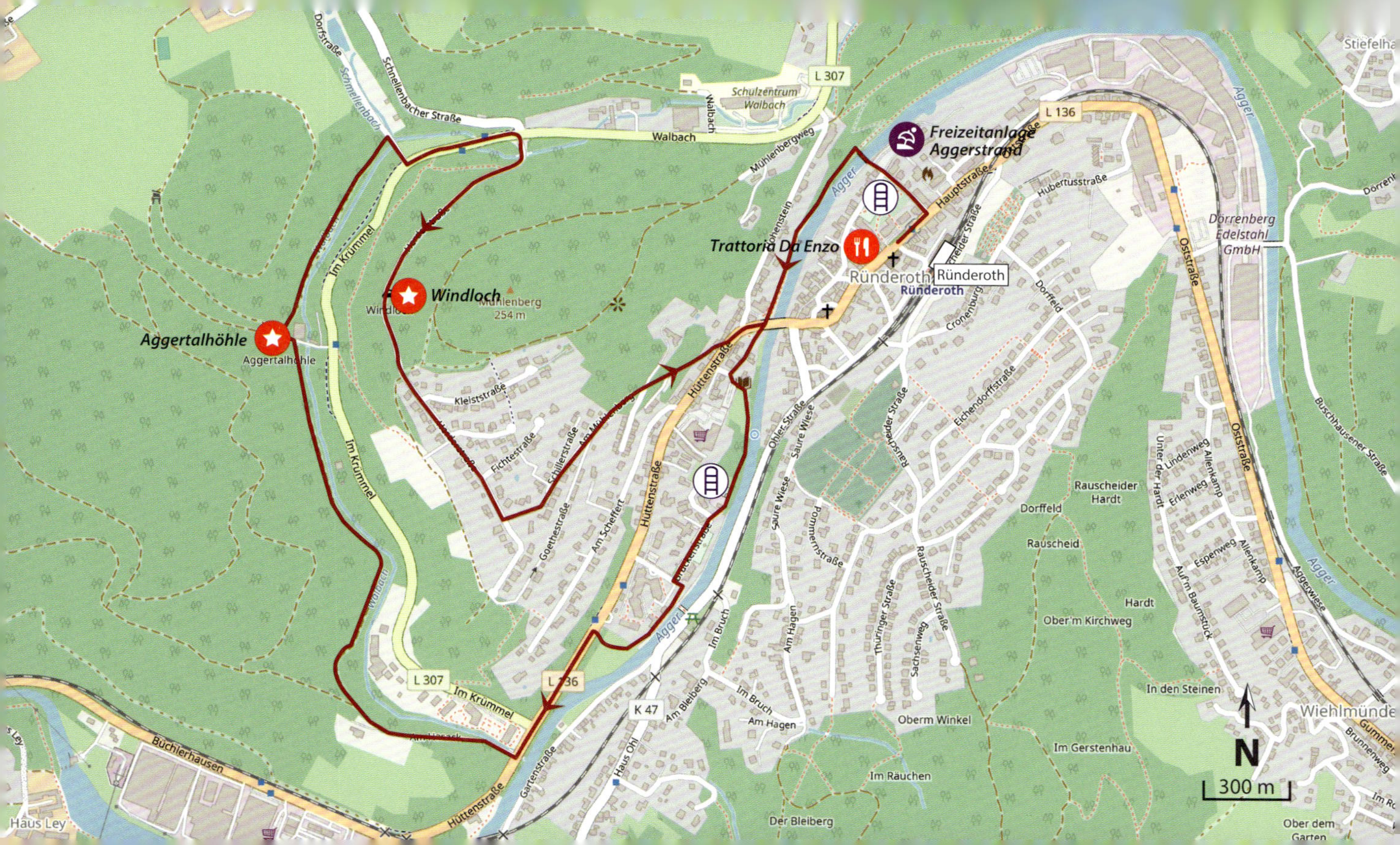

Aggertalhöhle
Windloch
Trattoria Da Enzo
Freizeitanlage Aggerstrand
Rünneroth
Mühlenberg 254 m
Walbach
Schulzentrum Walbach
Im Krümmel
Hüttenstraße
Hauptstraße
Oststraße
Dörrenberg Edelstahl GmbH
Wiehlmünde
Büchlerhausen
Haus Ley
Agger
L 307
L 136
K 47
N
300 m

hat und woher man weiß, dass genau hier der zuvor unterirdisch fließende Walbach in die Agger mündet. Diesen Bach lernt ihr auf der Wanderung noch intensiv kennen. Auf der rechten Seite trefft ihr ein Stück weiter auf einen sehr schönen Spielplatz. Und für eine Verschnaufpause vom Toben stehen am Rand mehrere Bänke bereit.

km 1–3 Vom Spielplatz zur Aggertalhöhle

Vom Spielplatz führt eure Wanderroute bis zur asphaltierten Brückenstraße, der ihr ein Stück folgt. Am Haus des AWO-Familienzentrums knickt der Weg nach links zur Agger ab. Bald geht es im großen Rechtsbogen entlang einer Wildblumenwiese bis zur Hüttenstraße, einer viel befahrenen Verkehrsachse. Nach dem Wechsel der Straßenseite wandert ihr nach links über den Fußgängerweg, bis ihr nach rechts in den Weg Am Hasack abbiegen könnt.

Ab hier verläuft der Wanderweg durch einen Laubmischwald voller Buchen, Eichen, Ahorn- und Lindenbäume des Naturschutzgebietes Altenberg und Aggertalhöhlen. Die Wanderstrecke führt ansteigend über einen geteerten Weg, bis dieser rechts an einem Haus vorbei in einen geschotterten Waldpfad übergeht. Dabei folgt ihr weiter den Hinweisschildern des Höhlenweges mit der weißen 14 auf rotem Grund. Bald seht ihr neben euch das trockene **Bachbett des Walbachs**.

Im Verlauf der Wanderung trefft ihr noch auf den Bereich des Walbachs, in dem er das ganze Jahr über oberirdisch fließt, um kurz darauf tief im Boden zu verschwinden. Nur wenn es viel geregnet hat, fließt das überschüssige Wasser neben euch durch das Bachbett. Der Grund für sein Verschwinden sind die über einen sehr langen Zeitraum durch Verwitterung gebildeten Hohlräume im Kalkgestein. Einige der großen Hohlräume im Untergrund, sprich Höhlen, sind auch für uns Menschen erlebbar.

Tafel am Höhlenweg

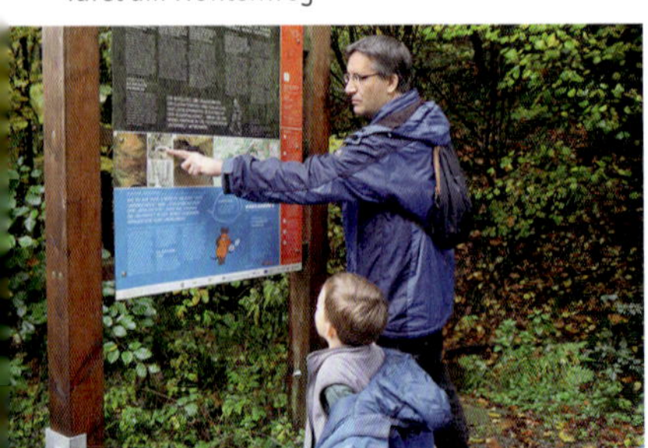

Nicht mehr weit und ihr stoßt direkt auf den Weg, an dem sich der Eingang zur **Aggertalhöhle** und das Kassenhäuschen befinden. Die 1773 entdeckte Höhle mit ihren breiten und engen Gängen sowie hohen und niedrigen Decken zählt mit einer Gesamtlänge von 1071 Metern zu den Großhöhlen in Deutschland. Davon könnt ihr im Rahmen einer Führung 270 Meter hautnah erleben. Ein Teil des Weges, Eingangshalle und Hauptgang, ist auch mit dem Kinderwagen begehbar. Tropfsteine gibt es in der Aggertalhöhle an wenigen Stellen. Dafür lassen sich an den Decken und Wänden unzählige etwa 382 bis 387 Millionen Jahre alte Meeresfossilien eines längst vergangenen Korallenriffs entdecken. Die gleichmäßig günstig temperierten und feuchten Hohlräume sind Lebensraum für verschiedene Fledermausarten. Die Gänge sind sehr gut begehbar und mit einer modernen LED-Lichtanlage ausgestattet. Auch wenn draußen Hochsommer herrscht, solltet ihr für den Höhlenbesuch etwas Warmes zum Überziehen dabei haben. Denn das ganze Jahr herrscht hier eine kühle Temperatur von 6 bis 8 Grad. Gegenüber dem Höhleneingang liegt das Restaurant Burgerwerk, auf dessen Karte Speisen im US-Style wie Pommes frites mit Toppings, Burgerkreationen und Bowls stehen.

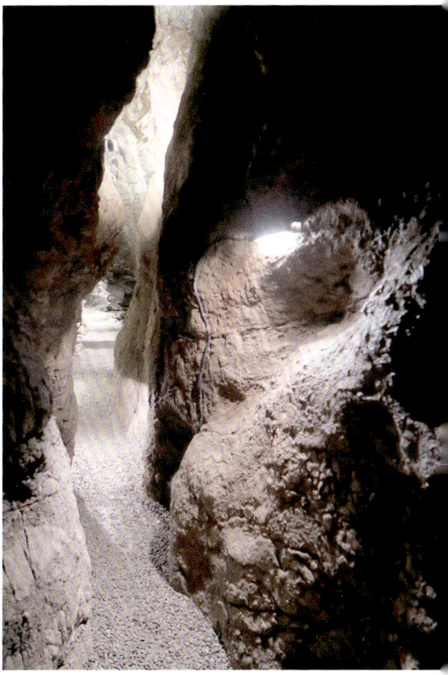

Spannend: die Aggertalhöhle

Von der Aggertalhöhle zum Windloch **km 3–4**

Nach der spannenden Besichtigung der Höhle führt der Wanderweg am Restaurant Burgerwerk vorbei weiter durch das Waldgrün. Kurz bevor der Weg nach rechts abbiegt, erblickt ihr die nächste Infotafel des Höhlenweges, die euch das Phänomen des plötzlich wie vom Boden verschluckten Walbachs erklärt. Denn nur einige Meter von hier talaufwärts verschwindet der Walbach im Untergrund. Nach rechts geht es über den asphaltierten Weg bis zur Verkehrsstraße Im Krümmel. Ihr folgt nun links dem Fußgängerweg im Verlauf der Straße bis rechter Hand die Herderstraße abbiegt.

Genau an der Abzweigung versteckt sich mitten im Waldgrün ein kleines, süßes **Zwergendorf** mit unzähligen Zwergen. Zwischen den Bäumen verteilt steht ein ganzes Dorf im Miniaturformat mit Bahnhof, Post, Wohnhäusern, Schule, Seilbahn und noch vielem mehr. Man kann den kleinen Hang zum Walbach runter gehen und weitere Zwerge und ein Piratenschiff auf dem Wasser entdecken. Nun wandert ihr auf dem Fußgängerweg entlang des bewaldeten Hangs die Herderstraße bergaufwärts.

Links am Hang des Mühlenbergs befindet sich eine kleine, blaue Metallklappe, die den Eingang einer Jahrhundertentdeckung verschließt. Sie verdeckt den 15 Meter tiefen Eingangsschacht, der hinab zu einem erst 2019 entdeckten unterirdischen Höhlenreich führt. Es trägt den Namen **Windloch** und ist mit 8214 Metern Ganglänge die größte Höhle Nordrhein-Westfalens. Im Laufe der Zeit bildeten sich in den Hohlräumen außergewöhnliche Kalkgebilde und Riesenkristalle mit einer Größe von bis zu 1,20 Meter. Deren faszinierendes Aussehen könnt ihr auf den Fotos der Infotafel bewundern. Eine Audiostation verrät nach Stromerzeugung mittels Drehen einer Kurbel zusätzliche interessante Fakten zum Windloch. Kurz darauf erblickt ihr am Berghang eine zweite Höhlenabdeckung. Es ist der Schachtdeckel zu einem weiteren unterirdischen Hohlraum, der **Mühlenberghöhle**.

km 4–5,6 **Vom Windloch zum Bahnhof Ründeroth**

Vom Windloch führt die Wanderstrecke auf dem Bürgersteig weiter bergauf und schließlich bergab durch ein ruhiges und beschauliches Wohngebiet. Dabei kommt ihr rechter Hand auch an einer kleinen Schafweide vorbei. An einem beeindruckenden Wohngebäude im Stil eines Holzblockhauses biegt der Wanderweg nach links in die Straße Am Mühlenberg ab. Ihr folgt der Straße den begrünten und mit Häusern bebauten Hang hinab, bis ihr die Hüttenstraße erreicht.

Gleich trefft ihr wieder auf den Teil des Höhlenweges, den ihr bereits von eurem Hinweg kennt. Dazu überquert ihr die Autostraße, folgt dem Bürgersteig nach links und biegt kurz danach nach rechts in Richtung Agger ab. Zum Abschluss eurer Wanderung habt ihr die Möglichkeit, euch auf dem Spielplatz im Kurpark oder am Aggerstrand zu vergnügen sowie im Eiscafé Dolomiti ein erfrischendes Eis oder in der Trattoria Da Enzo eine Pizza oder Spaghetti zu genießen.

Wer findet die Haselnuss?

Vor der Aggertalhöhle treffen sich Max die Waldmaus, Melli das Eichhörnchen und die kleine Eidechse zum Spielen. „Habt ihr eine Idee, was wir heute spielen können?“, fragt die kleine Echse. „Ja“, sagt Melli. „Ich habe in der Höhle eine Haselnuss versteckt. Und ihr müsst sie finden.“

„Oh, das ist aber in der dunklen Höhle ganz schön schwierig“, meint die Waldmaus. „Ihr dürft natürlich ein Licht dabei haben. Max, du bekommst eine Kerze. Und du kleine Eidechse darfst eine Taschenlampe benutzen“, erklärt das Eichhörnchen. Zuerst wagt sich die Waldmaus in die Höhle. Schon nach kurzer Zeit kommt sie wieder heraus. „Leider konnte ich nichts finden, denn ein Luftzug hat meine Kerze ausgeblasen. Ich bin froh, dass ich den Ausgang gefunden habe“, sagt Max enttäuscht.

Als nächstes läuft die kleine Eidechse mit der Taschenlampe hinein. Aber auch sie kommt nach wenigen Minuten wieder heraus. „Leider waren plötzlich die Batterien leer. Und so stand ich komplett im Dunkeln. Aber schaut mal her.“ Das kleine Tier hält in der Hand die Haselnuss. „Wie hast du das denn geschafft?“, fragt das Eichhörnchen. „Nun ja, ich muss zugeben, ich hatte Hilfe“, gesteht das Reptil. Währenddessen fliegt eine Fledermaus aus der Höhle. „Ich konnte helfen“, fiepst die Fledermaus. „Wie denn?“, fragt die Waldmaus. „Wir Fledermäuse können sozusagen im Dunkeln sehen. Wir senden Schallwellen aus, welche an der Umgebung abprallen und als Echo wieder zu uns zurückkehren. Daran erkennen wir, was um uns herum ist.“ „Ach so“, ärgert sich die Waldmaus. „Mit solch einer Hilfe hätte ich das natürlich auch geschafft.“

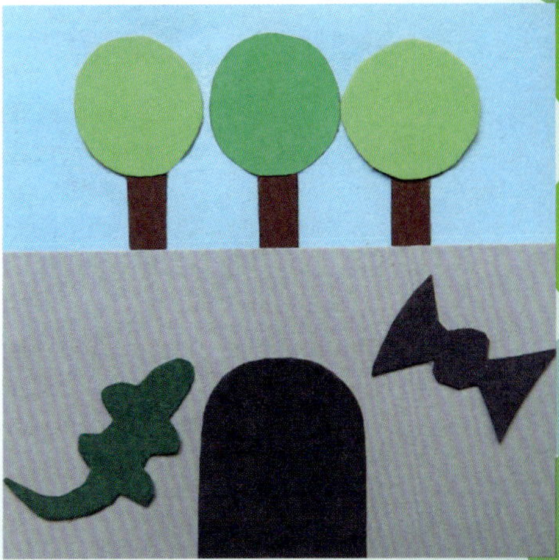

Solingen-Schaberg

5 Um die Müngstener Brücke – Deutschlands höchste Eisenbahnbrücke

Start	Ziel	Länge	Gehzeit	Schwierigkeit
Bhf Solingen-Schaberg	Bhf Solingen-Schaberg	3,2 km	1 Std.	● herausfordernd

Die Rundwanderung bietet alles für eine gelungene Nachmittagstour: Berg und Tal, naturnaher Wald, zahlreiche Plätze an der Wupper, mehrere Spielstationen, Rätsel zum Lösen und mittendrin die höchste Eisenbahnbrücke Deutschlands – die Müngstener Brücke. Auf einer Schwebefähre über die Wupper könnt ihr tatkräftig beim Rauf- und Runterdrücken der Antriebshebel helfen. Zahlreiche Bänke am Wegesrand laden zur Rast ein und das Angebot an Gastronomie füllt garantiert jeden hungrigen Magen. Wer möchte, kann die Wanderung durch den Wald bis zum Schloss Burg verlängern. An ausgewählten Tagen bringt ein Bus müde Wandererbeine wieder zurück zum Müngstener Brückenpark.

Die Müngstener Brücke besteht aus 5000 Tonnen Stahl und 950.000 Nieten

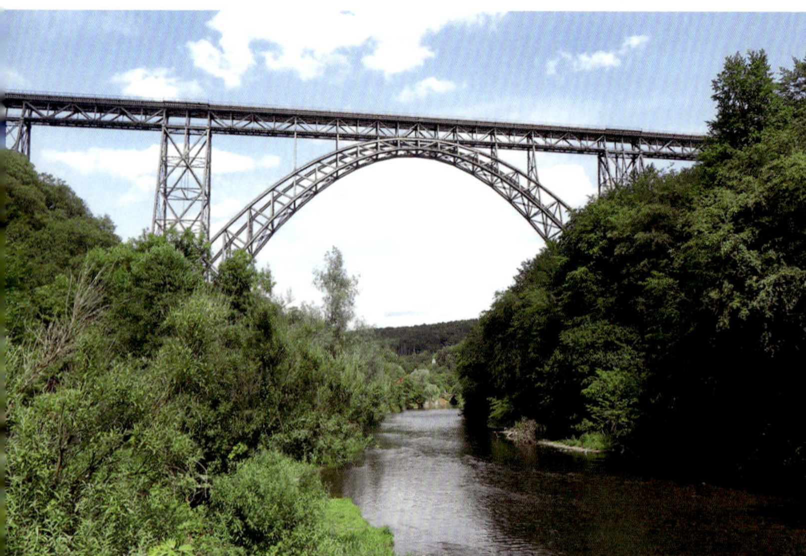

Infos zur Tour

An-/Rückfahrt

Bahnhof Solingen-Schaberg (RE7, RB48 ab Köln Hbf. nach Solingen Hbf., dann S7, mehrmals stündlich, ca. 35–43 Min je nach Verbindung ohne Umstiegszeit)

Streckenverlauf

Bahnhof Solingen-Schaberg – Spiel- und Bewegungspfad – Müngstener Brückenpark – Müngstener Brücke – Schwebefähre – Wupperufer – Bahnhof Solingen-Schaberg

Abstecher

Durch den Wald zum Schloss Burg, Hin- und Rückweg ca. 7,6 km

Streckencharakteristik

Bergabwärts und -aufwärts durch Wald sowie durch das flache Tal der Wupper

Wegbeschaffenheit

Geschotterte Waldwege sowie Straße, Bürgersteig und Plattengehwege

Beschilderung

S im Kreis (Klingenpfad), geschwungenes B auf Orange (Bergischer Weg), weißes Dreieck

Spielplätze

Spiel- und Bewegungspfad am Berghang, Spielplatz Müngstener Brückenpark

Aktivitäten

Schwebefähre

Müngstener Brückenweg 71 · 42659 Solingen · (0 17 2) 45 99 50 9 · www.haus-muengsten.de/schwebefaehre ·
März Sa/So 11–17, Apr.–Okt. Mo–So 11–18, Nov. Sa/So 11–17 Uhr ·
pro Richtung 2 € Erw. (ab 16 J.), Kinder 1,50 € (3–15 J.), Kinderwagen frei ·
Per Muskelkraft angetriebene Fähre über die Wupper zwischen Solingen und Remscheid. Für jeweils rund 10 Personen. Bei starker Hitze, Regen, Frost und Sturm kein Betrieb.

Brückensteig

Müngstener Brückenweg 71 · 42659 Solingen · (0 20 2) 69 52 06 80 · www.brueckensteig.de · Hauptsaison März–Okt. Sa/So 10–18 Uhr, Mo–Fr auf Anfrage · Ticket 79 € Erw., 69 € Kinder unter 18 J.
2,5-stündige geführte Klettersteigtour in der Gruppe über den Stahlbogen der Müngstener Brücke. Kinder ab 6 bis 14 Jahren nur in Begleitung eines Erwachsenen. Tickets online buchbar.

Einkehren

Haus Müngsten

Müngstener Brückenweg 71 · 42659 Solingen · (0 21 2) 23 39 32 0 · www.haus-muengsten.de ·
Di–Fr 11–18, Sa 10–19, So 10–18 Uhr
Modernes Gasthaus im Brückenpark Müngsten. Aus den großen Fensterflächen habt ihr die beste Aussicht auf die Müngstener Brücke. Herzhaftes wie Flammkuchen, Pfannengerichte, Schnitzel, Salate, Pommes frites und mehr. Und Süßes wie Bergische Waffeln, Landkuchen, Torten und Eisbecher. Sa/So/Fei Brunch. Innen- und Außensitzplätze. Wickeltisch vorhanden.

Müngstener Brücke

Zwischen den Städten Solingen und Remscheid spannt sich über das bewaldete Tal der Wupper die Müngstener Brücke. Das 1894 bis 1897 erbaute Bauwerk ist mit 107 Metern die bis heute höchste Eisenbahnbrücke Deutschlands. Durch die neu geschaffene Verbindung verkürzte sich die Entfernung zwischen beiden Städten per Zug von 44 auf 8 Kilometer. Um den Brückenbau ranken sich zahlreiche Mythen und Geschichten wie, dass die letzte eingeschlagene Niete aus Gold bestehen soll.

km 0–1 Vom Bhf Solingen-Schaberg bis zum Müngstener Brückenpark

Vom Bahnhof führen erst eine geteerte Straße und dann ein Schotterweg abwärts in einen wunderschönen Laubmischwald. Schon nach einem kurzen Wegstück erblickt ihr rechts eine große lange Rutsche am Hang. Es ist die erste Spielstation des Spiel- und Bewegungspfades an der Müngstener Brücke. Danach erwarten euch den bewaldeten Hang hinab weitere tolle Spielstationen.

Nun verläuft der Wanderweg weiter bergab bis zu einem riesigen Stützpfeiler der **Müngstener Brücke**. Ihr steht jetzt unter der höchsten Eisenbahnbrücke Deutschlands. Schaut nach oben und bewundert das faszinierende Wirrwarr aus den scheinbar unendlich vielen Metallverstrebungen mit ihren unzähligen Nieten, Schrauben und Muttern. Vielleicht fährt ja grade ein Zug in schwindelerregender Höhe über euren Köpfen die Brücke entlang. Nun geht es im leichten Bogen weiter bergab. Rechter Hand erstreckt sich das Highlight des Spiel- und Bewegungspfades, ein großer Seilparkour zum Klettern. Dabei bleibt ihr im oberen Bereich der abwärts verlaufenden Spielfläche. Auf dem Rückweg habt ihr die Möglichkeit, den Parkour komplett zu bezwingen.

Am Wegesrand stoßt ihr auf zwei senkrechte Balancierstangen, die wie zwei überdimensionale Rohrkolben aussehen. Und daneben laden zwei bequeme Liegebänke zum Blick in das Waldgrün bis zur Müngstener Brücke ein. Nun geht es den rechten der beiden abzweigenden Wege bergab. Der manchmal etwas holprige Schotterweg führt entlang einem üppig wachsenden Wald voller Ahorn- und Buchenbäume, Kräuter, Farne und Brombeersträucher. Nach einem Wegstück seid ihr im Tal angekommen.

km 1–2 Vom Müngstener Brückenpark zum Wupperufer

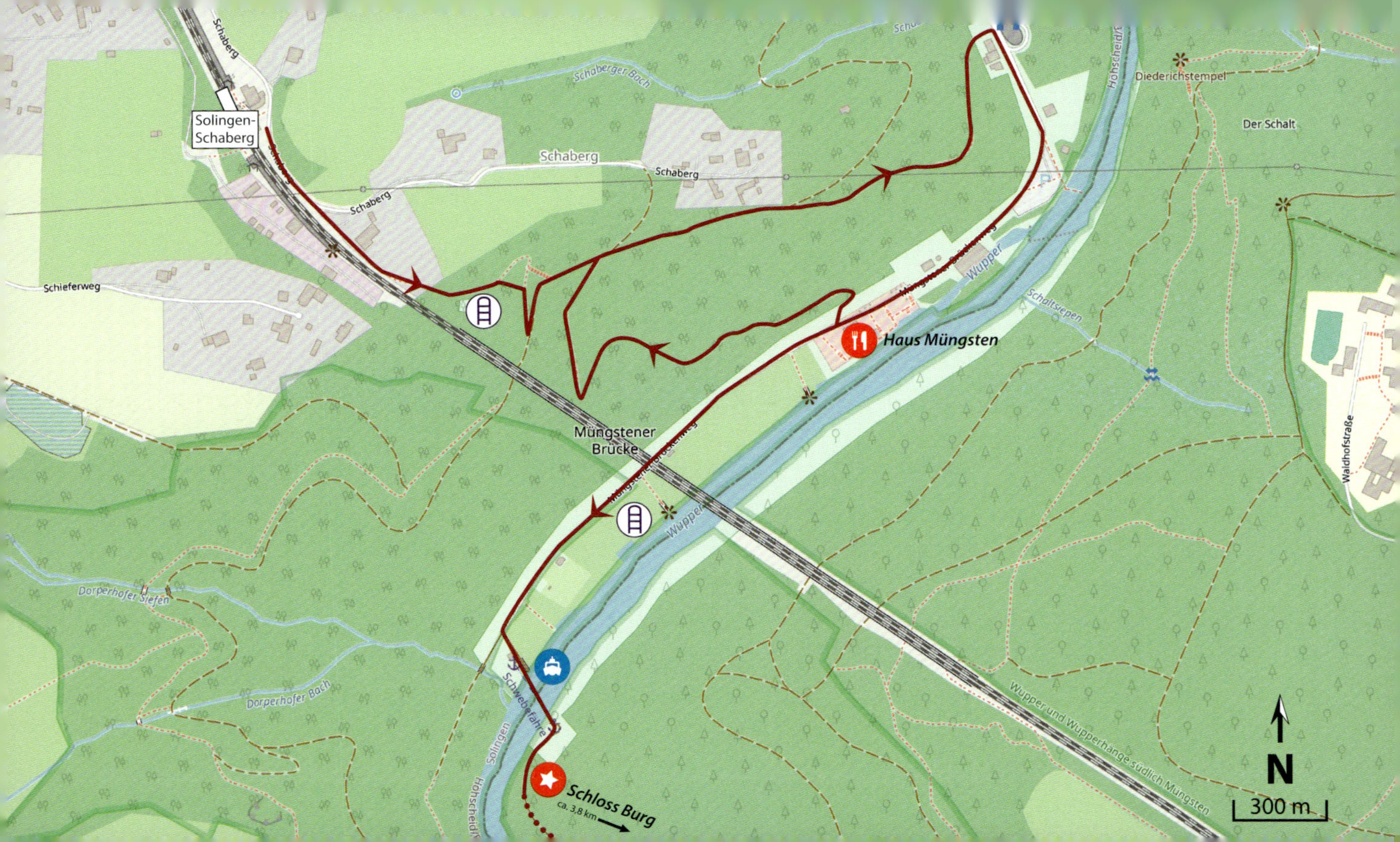

Solingen-Schaberg
Schaberg
Schieferweg
Schaberger Bach
Diederichstempel
Der Schalt
Haus Müngsten
Wupper
Schaltsiepen
Waldhofstraße
Müngstener Brücke
Dorperhofer Siefen
Dorperhofer Bach
Schwebefähre
Solingen
Hohscheid
Schloss Burg
ca. 3,8 km
Wupper und Wupperhänge südlich Müngsten
N
300 m

Ihr spaziert nach rechts an der Bushaltestelle vorbei und folgt dem Fußgängerweg entlang der Straße. Bald trefft ihr linker Hand auf ein Büdchen, das frisch gebackene Herzwaffeln am Holzstiel verkauft. Die nebenstehenden Bänke am Parkplatz bieten sich zum Verzehren der Leckereien an. Hier führt am Rand ein Pfad zu einem kleinen Aussichtsbalkon, der wie ein Steg über das Wupperufer ragt. Noch zwei weitere dieser Aussichtspunkte erwarten euch am Gewässer, einer nahe von Haus Müngsten und einer direkt an der Schwebefähre. Am Parkplatz befindet sich auch eine der zehn Rätselstationen in Form von mit Rätseln beschrifteten Metallplatten. Zu jeder **Rätselstation** existiert im Müngstener Brückenpark ein Zwilling, der euch die Lösung verrät und dazu eine kleine Geschichte erzählt. Ab hier habt ihr ständig eine großartige Sicht auf die über das Tal gespannte 465 Meter lange Müngstener Brücke.

Ein Stück weiter kommt ihr am lang gestreckten alten Backsteingebäude der **Eventschmiede** vorbei. Monatlich finden in der Halle einer ehemaligen Klingenschleiferei 2-stündige Schmiedekurse statt, an der auch Kinder ab einer Körpergröße von 1,50 Meter teilnehmen können. Neben dem Gelände der Schmiede erstreckt sich an der Wupper eine großzügige Treppenanlage, die zum Ausruhen einlädt. Und auf der gegenüberliegenden Seite des Weges steht ein tischgroßes Landschaftsmodell mit der Müngstener Brücke, der Wupper und Schloss Burg.

Vor euch liegt das **Haus Müngsten**, ein 2010 eröffnetes modernes Gast- und Veranstaltungshaus im Industriedesign mit einer rostfarbenen Stahlfassade und großen Fensterflächen. Das Aussehen nimmt Bezug auf die Industriegeschichte der Region und die Stahlarchitektur der Müngstener Brücke. Das Restaurant/Café verfügt über große Sonnenterrassen mit Blick auf die Wupper und den Park. Vom Haus Müngsten starten die geführten **Brückensteigtouren**, bei denen mutige Erwachsene wie Kinder mit Helm und Klettergurt ausgerüstet und am Seil gesichert den Brückenbogen der Müngstener Brücke hochsteigen. Über 777 Stufen geht es bis zum höchsten Bogenpunkt in knapp 100 Metern über dem Grund. Es ist gut möglich, dass ihr bei eurer Wanderung von unten eine Gruppe beim Erklimmen der Brücke beobachtet.

Direkt neben dem Haus Müngsten befindet sich eine **Spiel- und Liegewiese** mit Bänken am Ufer des gemächlich fließenden Flusses. Die grüne Wiesenfläche zieht sich von hier wie ein Band

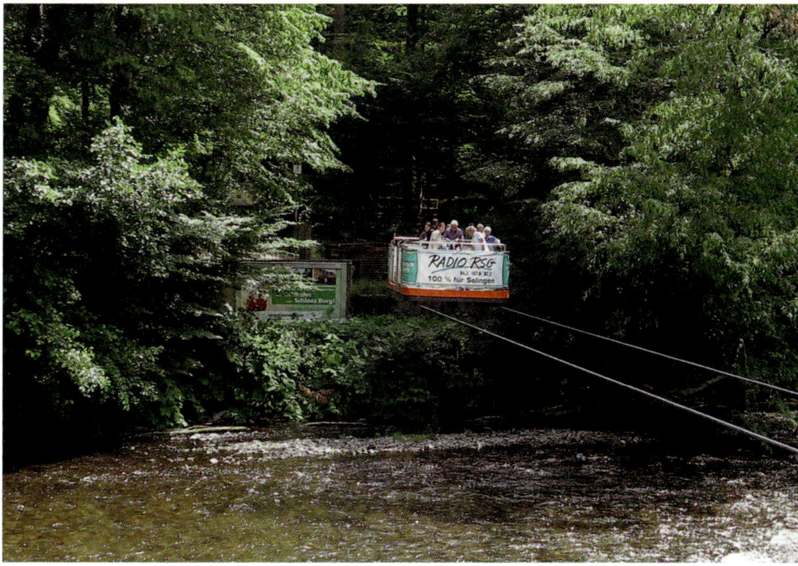

Mit der Schwebefähre mittels Muskelkraft über die Wupper

unter der Müngstener Brücke entlang bis zu einem kleinen **Spielplatz**. Kurz darauf lädt ein kleiner, gepflegter **Minigolfplatz** mit 18 Bahnen zu einer Runde des beliebten Geschicklichkeitsspiels ein. Der dazugehörige Kiosk verkauft neben Eis und Getränken auch bergische Spezialitäten wie süße Burger Brezel, Bergischen Zwieback und Lebkuchen namens Wupperschlamm. Nur etwa 50 Meter weiter geht es links zum Ufer der Wupper mit der Schwebefähre.

Vom Wupperufer zum Bahnhof Solingen-Schaberg — km 2–3,2

Das Überqueren der Wupper mit der **Schwebefähre** macht großen Spaß. Denn es handelt sich nicht um eine reguläre Fähre, sondern um einen großen Korb, der mittels Muskelkraft auf gespannten Stahlseilen von einem Flussufer zum anderen Flussufer gleitet. Und dabei dürft ihr dem Fährpersonal wie bei einer Eisenbahn-Draisine tatkräftig beim Rauf- und Runterdrücken der Antriebshebel helfen. Für kleinere Kinder sind die Hebel zu hoch. Größere können die Erwachsenen aber tatkräftig unterstützen.

Nach dem Überqueren führt euch nach rechts ein fester Weg durch den grünen Laubmischwald. Am Wegesrand stehen interes-

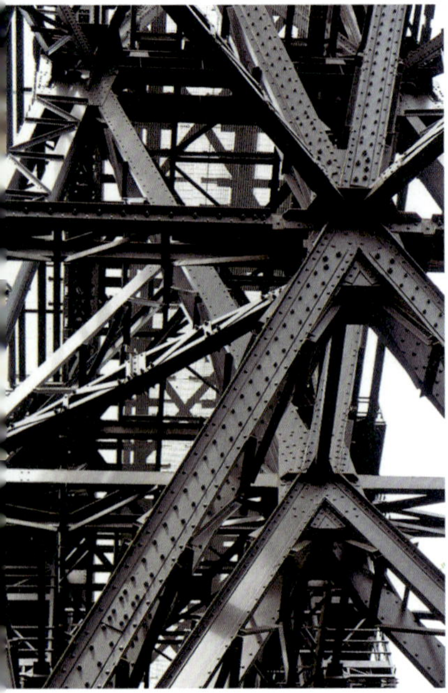
Beeindruckende Ingenieurskunst

sante Steinskulpturen des Leichlinger Künstlers Berthold Welter. Dabei können alle wild raten, um was es sich bei den Kunstwerken handeln könnte. Kurz darauf gelangt ihr rechter Hand zu einem sehr idyllischen Uferabschnitt an der Wupper. Das von ausladenden und schattenspendenden Bäumen gesäumte Ufer besteht aus lauter Steinen, die sich hervorragend zum Stapeln, Bauen und zum Titschen über die Wasseroberfläche eignen. Das ist genau der richtige Ort für ein ausgiebiges Picknick. In dieser Umgebung schmecken die belegten Brötchen und Kekse gleich noch mal so gut.

Abstecher zum Schloss Burg:

Von hier aus lässt sich die Wanderung durch den Wald im Verlauf der Wupper bis zur sehenswerten mittelalterlichen Schloss Burg erweitern (Hin- und Rückweg ca. 7,6 km, 2 Stunden Gehzeit, großteils gekennzeichnet mit einem Dreieck oder <, Abschnitt der familienfreundlichen Drei-Täler-Tour: www.bergisch-mal-drei.de). Wer möchte, kann von der Bushaltestelle Burg Schloss mit der Linie 687 bis Müngsten Brückenpark zurückfahren (Ende März bis Oktober Sa/So/Fei mittags bis abends stündlich, ca. 21 Min).

Danach geht es wieder zurück zur Schwebefähre und rüber zum Müngstener Brückenpark. Ihr lauft zurück bis zum Haus Müngsten, an dem links ein Weg den Berg hoch verläuft. Ab hier ist die Wanderung mit dem Kinderwagen etwas anstrengend, da es bis zum Bahnhof Solingen-Schaberg über einen stückweise recht steinigen Weg durch den Wald aufwärts geht. Ihr trefft aber nun auf den kompletten Seilparkour, der euch ein ganzes Stück hoch begleitet. Zudem warten zum Abschluss die weiteren attraktiven Spielstationen auf euch, die ihr bereits von eurem Hinweg kennt.

Die Schatzkarte

Auf dem Spielpfad an der Müngstener Brücke rutschen Christian und die kleine Eidechse rasant die steile Rutsche herunter. „Aua“, ruft Christian, als er im Sand gelandet ist. „Da ist was Hartes im Boden.“ „Das ist bestimmt ein Stein“, meint die kleine Echse.

Christian buddelt im Sand. „Nein, da ist etwas aus Metall.“ Nach einigem Graben hält Christian eine alte Blechdose in den Händen. „Da steht eine Jahreszahl drauf, 1897“, kann das grüne Tier entziffern. Christian öffnet mit aller Kraft den festsitzenden Deckel der Dose. „Guck mal, da liegt ein Stück Papier drinnen“, sagt Christian erstaunt. Auf dem vergilbten Papier können sie die Zeichnung einer Brücke mit einem roten X erkennen.

Die Eidechse ruft aufgeregt: „Das muss eine Schatzkarte sein.“ Denn dem kleinen Reptil ist wieder eine alte Geschichte eingefallen. In der erzählt man sich, das die letzte der 950.000 Nieten, die die Müngstener Brücke zusammenhalten, aus purem Gold bestehen soll. Und bis heute hat sie noch niemand gefunden. „Dann zeigt das X auf der Karte, wo sich die goldene Niete befindet?“, fragt Christian. „Ja, bestimmt. Lass uns schauen, ob wir sie entdecken können.“

Und schon laufen sie zu der Stelle, die auf der Schatzkarte eingezeichnet ist. Und tatsächlich, hoch oben ganz versteckt in einer Ecke des Brückenbogens glänzt golden eine Niete. „Juhu. Wir haben den Schatz gefunden“, jubelt Christian. „Das ist ja kaum zu glauben. Das müssen wir allen erzählen“, freut sich die Eidechse. Und kaum eine Stunde später steht die Lokalpresse an der Brücke und der Bürgermeister gratuliert beiden zum Fund des Jahrhunderts.

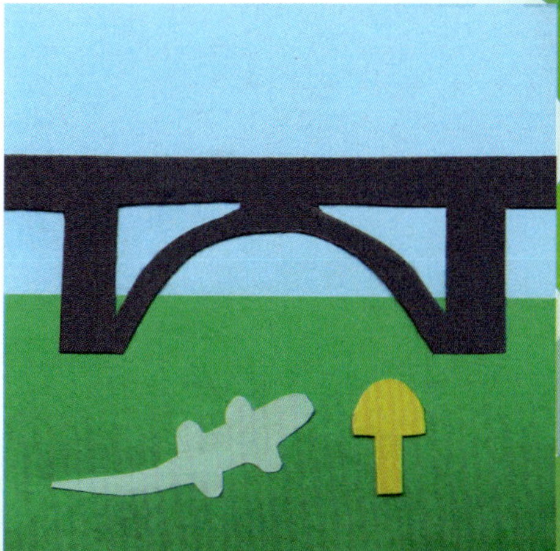

Naturregion Sieg

Wo früher Wein wuchs, lassen sich heute Schafe das Gras schmecken ► Seite 64

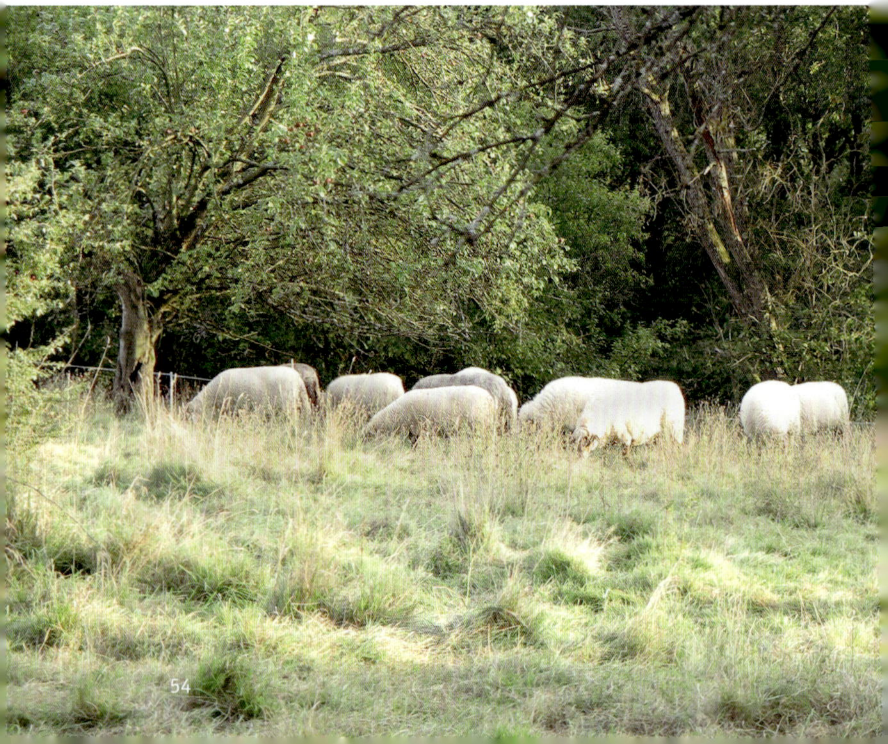

Das wunderschöne Siegtal überzeugt mit einer artenreichen Auenlandschaft und bewaldeten Erhebungen mit mittelalterlichen Burgruinen und einem Erlebnis-Lehrpfad. Streuobstwiesen, geschichtsträchtige malerische Orte, Spiel- und Bolzplätze sowie Badestellen an Sieg und Allner See laden zum Entdecken, Spielen und Planschen ein.

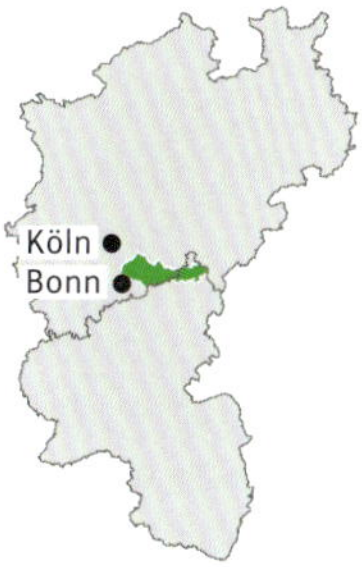

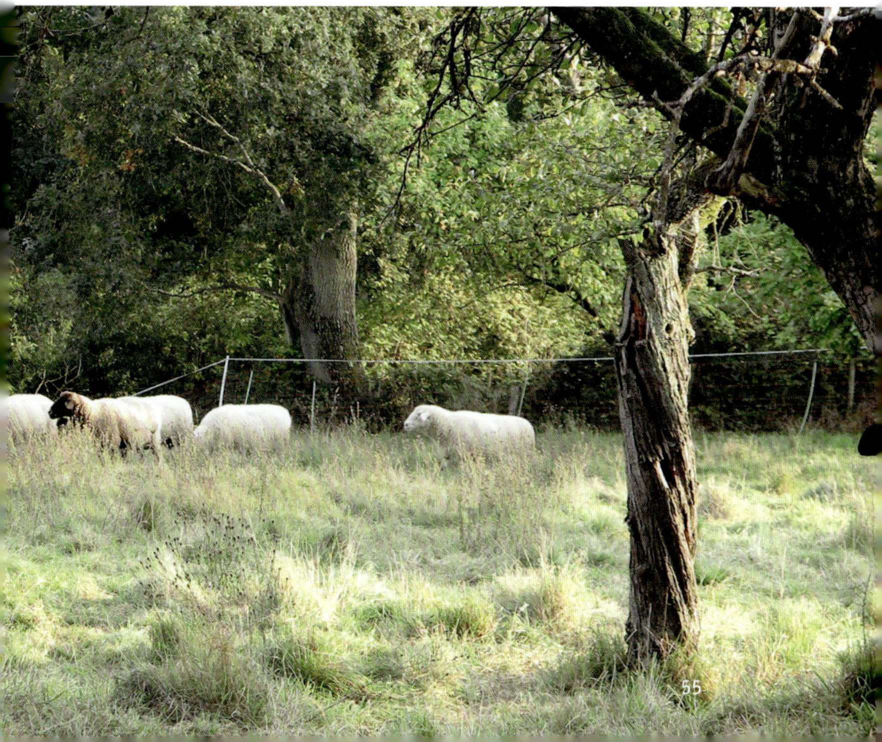

Hennef

6 Natur und Kultur – Durch die Siegaue über luftige Höhen zum Allner See

Start	Ziel	Länge	Gehzeit	Schwierigkeit
Bhf Hennef (Sieg)	Bhf Hennef (Sieg)	8,5 km	2,5 Std.	● herausfordernd

Eine abwechslungsreiche Wanderung führt euch von der flachen, artenreichen Siegaue hinauf auf die Höhen von Hennef-Weingartsgasse entlang von Streuobstbäumen, einem kleinen Weinberg und durch den Wald hinunter bis zum Allner See. Euch erwartet ein toller Blick über das Siegtal bis weit nach Bonn und ins Siebengebirge. Dabei begegnen euch die Spuren einer alten Kulturlandschaft, geprägt vom ehemaligen Weinbau und Erzabbau. Das klare Wasser des Allner Sees lädt an einer großen Liege- und Spielwiese zum Baden und Schwimmen ein. Zahlreiche Rastmöglichkeiten, ein kleiner Spielplatz, Bolzplätze sowie Einkehrmöglichkeiten machen die Wandertour zu einem gelungenen Erlebnis.

Die große Wiese am Allner See lädt zum Ballspielen ein

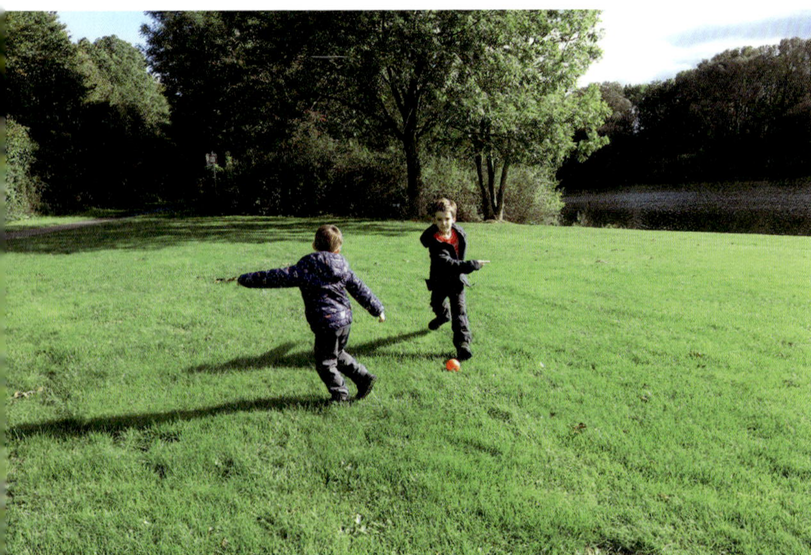

Infos zur Tour

An-/Rückfahrt
Bahnhof Hennef (Sieg) (S12, S19, RE9 ab Köln Hbf., mehrmals stündlich, ca. 25–37 Min je nach Verbindung)

Streckenverlauf
Bahnhof Hennef – Siegaue – Sieglinde – Aussichtspunkt – Weinberg – Allner See – Bahnhof Hennef

Streckencharakteristik
Städtische Siedlung, meist ebene Wege durch Aue und um Allner See, zwischendurch längerer An- und Abstieg durch Kulturlandschaft und Wald

Wegbeschaffenheit
Abwechslungsreich über Gehwege, Straßen sowie feste, teils geteerte Feld- und Waldwege

Beschilderung
Großteils rot-weißes Logo der Erlebniswege Sieg mit der stilisierten Sieg

Spielplätze
Spiel- und Bolzplatz in Hennef-Allner; Bolzplatz in Hennef-Weingartsgasse

Baden
Allner See an der Spiel- und Liegewiese

Einkehren
Gasthaus Sieglinde
Brückenweg 2 · 53773 Hennef · (0 22 42) 14 59 · www.sieglinde-hennef.de
Sommer Di–So 12–23 Uhr, Montag Ruhetag (außer feiertags); Herbst/Winter Sa/So 12–17.30 Uhr
Traditionslokal in einem alten Fachwerkhaus mit Biergarten unter Kastanienbäumen direkt an der Sieg. Gutbürgerliche deftige Küche. Sehr lecker: die frischen Waffeln mit Puderzucker. Einen leeren Räuberteller zum Mitessen bei Mama und Papa gibt es kostenlos.

Eiscafé Remor
Frankfurter Straße 94 · 53773 Hennef · (0 22 42) 90 53 29 · facebook: remor.hennef
Saison von Feb. bis Okt.
täglich 10–20, im Sommer bis 21.30 Uhr
Italienische Eiskreationen aus Hennefer Landmilch und Niederkasseler Freilandeiern. Außen- und Innensitzplätze, Selbstbedienung. Ein Automat versorgt euch rund um die Uhr mit Eis im Becher.

Gilgen's Bäckerei und Konditorei
Frankfurter Straße 93 · 53773 Hennef · (0 22 42) 96 92 40 · www.gilgens.de
Mo–So 6–17 Uhr, Fei variabel
Bäckerei und Café im wunderschönen alten Verwaltungsgebäude der ehemaligen Firma Chronos. Reichlich Sitzplätze. Frühstücksangebot, Kuchen, Torten, belegte Brötchen, Omelettes und Strammer Max.

Hennef

Die Stadt **Hennef** ist mit etwa 105 Quadratkilometern Fläche die zweitgrößte Kommune im Rhein-Sieg-Kreis. Die ländlich geprägte Gemeinde zählt 90 Ortsteile mit rund 100 Dörfern und Weilern. Das von Geschäften, Gastronomiebetrieben und Wohnhäusern geprägte Zentrum Hennefs liegt im Nordwesten direkt an der idyllischen Sieg.

km 0–1,5 **Vom Bahnhof Hennef in die Siegaue**

Vom Bahnhof aus geht ihr den Adenauerplatz hinunter bis zur verkehrsreichen Frankfurter Straße. Ihr überquert diese und folgt ihr nach rechts entlang einiger wunderschöner alter Villen und Gründerzeithäuser. Nun biegt ihr am Hinweisschild Nowy-Dwór-Gdański-Platz nach links ab und folgt dem Weg, der euch direkt zu einer breiten, lang gestreckten Brücke, dem Horstmannsteg führt. Ihr überquert diese aber nicht, sondern wandert nach links entlang der idyllischen Sieg.

Rechter Hand begleitet euch der naturnahe von Bäumen gesäumte Fluss und linker Hand erblickt ihr moderne Wohnhäuser. Habt Ihr links am Wegesrand das kleine **Gärtchen der Siegzwerge** entdeckt? Je nach Jahreszeit ist das Beet unterschiedlich bepflanzt und dekoriert. Ihr kommt nun an der Rückseite des ehemaligen **Chronos Fabrikgeländes** vorbei. Breite Stufen führen hinab zur Sieg und laden euch zu einer kurzen Rast mit Blick auf die Siegaue ein. Bunte, reich bebilderte Tafeln am Ufer erklären euch, welche Fische und Wasservögel ihr in bzw. an der Sieg entdecken könnt. Nach einem kurzen Wegstück trefft ihr auf einen parallel zur Wohnstraße verlaufenden schmalen Pfad an der Sieg, der in einen breiten Weg mit Alleebäumen übergeht.

km 1,5–2,5 **Von der Siegaue zur Sieglinde**

Ihr wandert nun die ganze Zeit auf dem Siegdamm entlang des **Naturschutzgebietes Siegaue**, das sich rechts von euch erstreckt. Lediglich eine zu unterquerende Autobahnbrücke unterbricht euren Weg. Unzählige Wildblumen blühen hier vom Frühling bis in den Herbst um die Wette. Auch zahlreichen Tierarten bietet die Siegaue einen wertvollen Lebensraum. Vielleicht entdeckt ihr in den Bäumen an der Sieg einen Kormoran, wie er seine ausgebreiteten nassen Flügel in der Sonne trocknet.

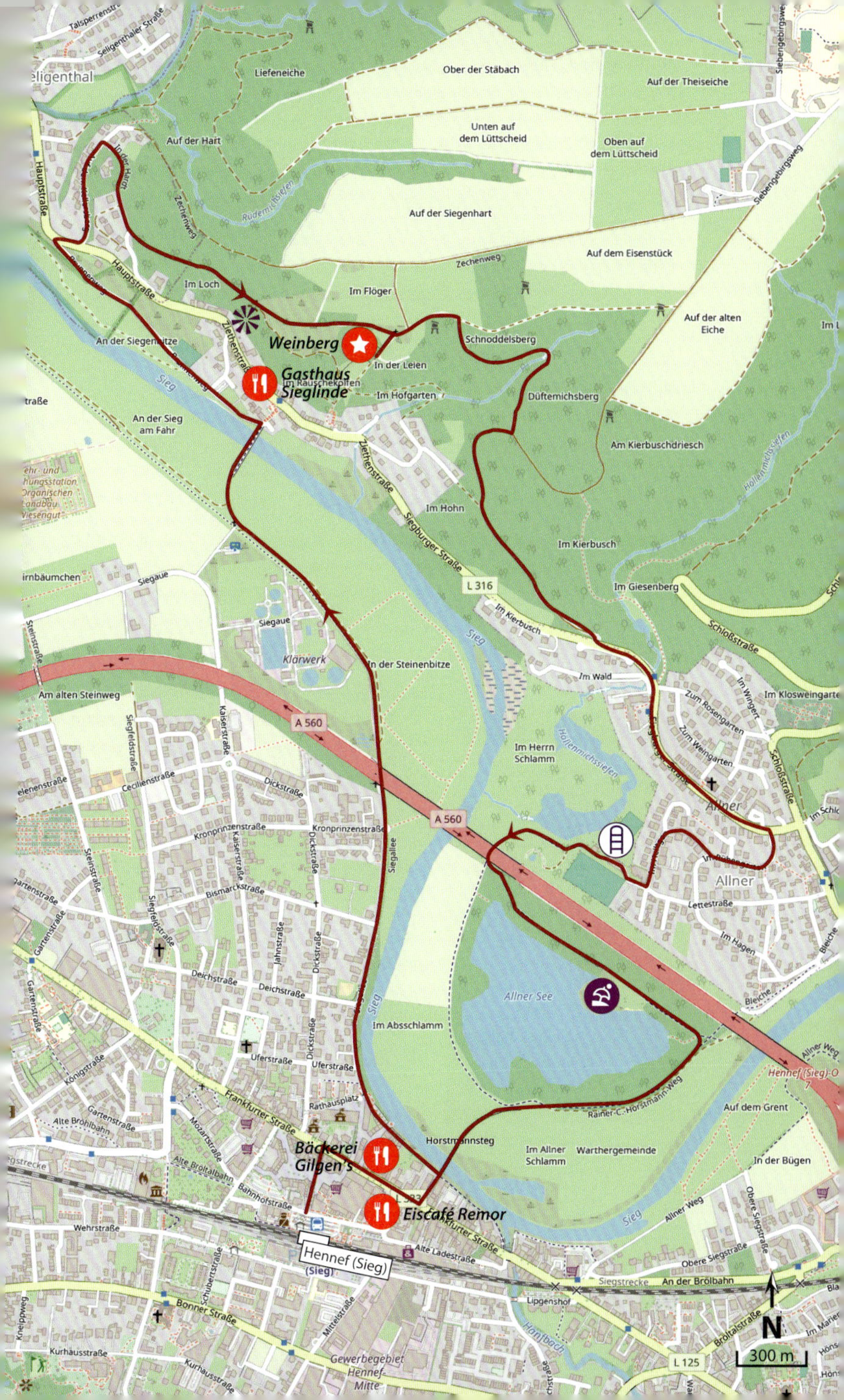

Seligenthal
Talsperrenstr.
Seligenthaler Straße
Liefeneiche
Ober der Stäbach
Auf der Theiseiche
Siebengebirgsweg
Auf der Hart
In der Hart
Unten auf dem Lüttscheid
Oben auf dem Lüttscheid
Hauptstraße
Zechenweg
Rüdenichsiefen
Auf der Siegenhart
Auf dem Eisenstück
Im Loch
Im Flöger
Auf der alten Eiche
An der Siegenbitze
Weinberg
Schnoddelsberg
Gasthaus Sieglinde
Im Rauschekoffen
In der Leien
Im Hofgarten
Düftemichsberg
Sieg
An der Sieg am Fahr
Ziethenstraße
Am Kierbuschdriesch
Lehr- und Forschungsstation Organischer Landbau Wiesengut
Im Hohn
Im Kierbusch
Siegburger Straße
L 316
Im Giesenberg
Siegaue
Im Kierbusch
Schloßstraße
Klärwerk
In der Steinenbitze
Im Wald
Im Wingert
Im Klosweingarten
Steinstraße
Am alten Steinweg
A 560
Zum Rosengarten
Zum Weingarten
Kaiserstraße
Im Herrn Schlamm
Siegfriedstraße
Cäcilienstraße
Dickstraße
Allner
Kronprinzenstraße
Siegallee
Lettestraße
Bismarckstraße
Jahnstraße
Im Hagen
Deichstraße
Allner See
Bleiche
Uferstraße
Im Abschlamm
Allner Weg
Hennef (Sieg)-Ost
Königstraße
Rathausplatz
Frankfurter Straße
Rainer-C.-Horstmann-Weg
Auf dem Grent
Gartenstraße
Alte Bröltalbahn
Mozartstraße
Bäckerei Gilgen's
Horstmannssteg
Im Allner Schlamm
Warthergemeinde
In der Bügen
Siegstrecke
Bahnhofstraße
Eiscafé Remor
Wehrstraße
Hennef (Sieg)
Alte Ladestraße
Obere Siegstraße
An der Brölbahn
Lipgenshof
Bonner Straße
Schubertstraße
Mittelstraße
Hanfbach
Bröltalstraße
N
Kurhausstraße
Gewerbegebiet Hennef-Mitte
L 125
300 m

Rechter Hand könnt ihr bis zum Höhenzug von Hennef schauen, auf dem ihr gleich entlang wandert. Nach einem Wegstück seht ihr rechts von euch ein Schild mit der Aufschrift **Restaurant Sieglinde** und einem roten Pfeil, dem ihr folgt. Dabei kommt ihr an einem von drei großen Lindenbäumen umrahmten sehr alten Steinkreuz von 1794 vorbei. Eine Hängebrücke für Fußgänger und Radfahrer führt euch nun über die Sieg hinüber nach Hennef-Weingartsgasse zum Ausflugslokal Sieglinde. Das familienfreundliche Gasthaus in einem Fachwerkhaus mit Wintergarten lädt euch zu einer ausgiebigen Einkehr ein. Der direkt angrenzende Biergarten unter Kastanienbäumen bietet einen wunderschönen Blick auf die Sieg.

km 2,5–3,5 **Von der Sieglinde zum Aussichtspunkt**

Von der Sieglinde wandert ihr die geteerte Straße, den Brunnenweg, entlang. Links von euch fließt die Sieg und auf der rechten Seite trefft ihr auf einen **Grasbolzplatz** der Stadt Hennef. Nun überschreitet ihr unmerklich für ein kurzes Stück die Stadtgrenze und befindet euch in **Siegburg-Seligenthal**.

Baumallee auf dem Siegdamm

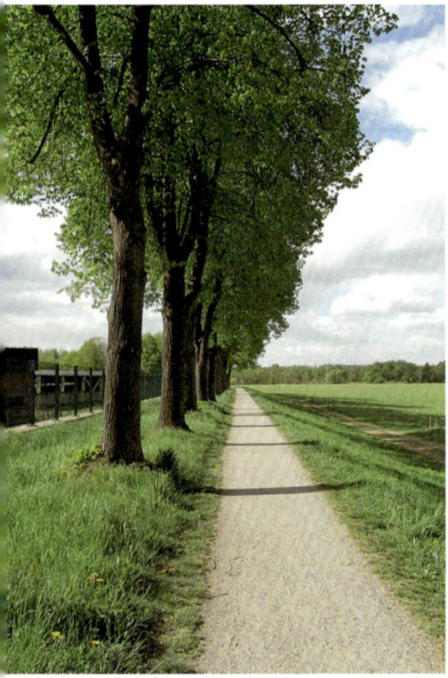

Verlief euer Wanderweg bis hierhin eher flach durch das Gelände, steigt er ab hier für längere Zeit bis auf die Höhen von Hennef-Weingartsgasse an. Mit dem Kinderwagen durchaus herausfordernd, aber die Mühe lohnt sich. An der weiterhin aufwärts verlaufenden Straße stoßt ihr auf der rechten Seite auf die Überreste der Grube Ziethen. Sie erstreckte sich von Siegburg-Seligenthal bis Hennef-Weingartsgasse. Von 1855 bis zu ihrer Ausschöpfung im Jahr 1878 bauten Bergarbeiter in Stollen Blei, Zink und Silber ab. Doch stände hier nicht eine Infotafel, ihr würdet glatt daran vorbeilaufen.

Nun geht ihr weiter die Straße hoch, überquert eine vielbefahrene Straße und folgt dem Fußgängerweg nach rechts. Kurz darauf biegt ihr links in die weiterhin ansteigende Straße Auf dem Kellersberg. Nach einem kleinen Wegstück nach rechts in die Straße In der Hardt und darauf links in eine Rechtskurve auf einem schmalen Erdweg, seid ihr auf den Höhen von Hennef-Weingartsgasse angekommen.

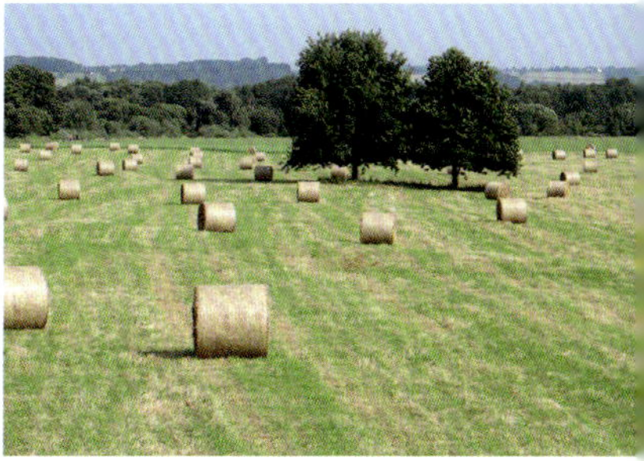

Heuernte in der Siegaue

Ihr folgt dem Weg entlang der rotweißen Wegmarkierung der **Erlebniswege Sieg**. Auf einem festen Feldweg geht es den Hang hinauf, entlang von üppig sprießendem Grün. Kurz darauf habt ihr den Aussichtspunkt mit einer Bank, einer Infostele und einer als Panoramafenster bezeichneten durchsichtigen Scheibe mit den aufgedruckten Umrissen der Umgebung erreicht. Von hier bietet sich euch ein toller Blick über das Siegtal. Unter euch glitzert die Sieg und euer Blick wandert über Hennef bis ihr rechter Hand den **Siegburger Michaelsberg** samt der ehemaligen **Abtei** entdeckt. Bei klarer Sicht könnt ihr bis nach Bonn und zu den weit dahinter liegenden Höhenzügen schauen.

Vom Aussichtspunkt zum Weinberg

km 3,5–4

Vom Aussichtspunkt verläuft euer Wanderweg aufwärts entlang einer großen **Streuobstwiese** am Hang. Summende Wildbienen umschwirren im Frühling die zarten Blüten, aber die unter den Bäumen grasenden Schafe lassen sich nicht davon stören. Geht an der Wiese den Hang ein kleines Stück hinab. Denn dort erblickt ihr einen kleinen Weinberg. Seit dem Mittelalter bis zum Beginn des vorigen Jahrhunderts existierten an der gesamten unteren Sieg von der Mündung bis nach Eitorf Weinberge.

Vom Weinberg zum Allner See

km 4–7

Ihr folgt dem Wanderweg weiter und gelangt schon nach einem kurzen Stück mitten in einen dichten Mischwald. Ab hier geht es die meiste Zeit angenehm abwärts durch einen herrlich grünen und schattigen Wald. Am nächsten Wegabzweig folgt ihr rechts der nun geteerten Straße weiter abwärts durch den Wald bis zur Wohnbebauung von Hennef-Allner. Unten angekommen, wandert ihr nach links auf dem Fußgängerweg entlang der Autostraße durch den Ort. Nach einem Wegstück überquert ihr die Verkehrsstraße, um in die Straße Im Rübengarten abzubiegen. Die gepflasterten Straßen führen euch quer durch ein Wohngebiet entlang von Ein- und Mehrfamilienhäusern.

Gegenüber einem Fußballplatz erblickt ihr auf der rechten Seite einen lang gestreckten Wiesenbolzplatz mit einem kleinen vorgelagerten Spielplatz. Vom Spiel- / Bolzplatz geht es nach rechts den geteerten Fußweg entlang. Rechts von euch erblickt ihr durch Bäume hindurch ein unter Naturschutz stehendes idyllisches Gewässer. Nachdem ihr nach einer Linkskurve unter einer Autobahnbrücke hindurchgegangen seid, biegt ihr nach links ab. Der geteerte Weg führt euch entlang des **Allner Sees**, den ein Gürtel aus Bäumen umgibt.

Der etwa zehn Hektar große See liegt im Landschaftsschutzgebiet Siegaue und entstand von 1984 bis 1986 durch den Aushub von Kies und Sand für den Bau der nebenliegenden A560. Nach einem Wegstück gibt rechts das dichte Grün den Blick auf eine große grüne Wiese und den Allner See frei. In diesem Bereich, der Vorrangzone für die Erholungsnutzung, duldet die Stadt Hennef das Badevergnügen im Landschaftsschutzgebiet im Gegensatz zum übrigen Gebiet. Der Allner See und seine Umgebung sind wertvoller Lebensraum für zahlreiche Tierarten. Im klaren Wasser tummeln sich bis zu dreißig Pfund schwere Karpfen und Hechte. Während am Ufer Kanadagänse und Stockenten herumwatscheln, ziehen auf dem See gemächlich weiße Höckerschwäne ihre Runden. Manchmal könnt ihr am Ufer auch ein wenig scheues Nutria entdecken.

km Vom Allner See zurück zum Bahnhof Hennef

7–8,5 Ihr wandert den geteerten Weg an der offiziellen Spiel- und Liegewiese weiter und biegt nach rechts ab. Eine Allee aus großen Birkenbäumen begleitet euch und linker Hand blickt ihr über die Glatthaferwiesen der Siegaue bis zur Sieg. Der Weg führt direkt zur markanten und über 200 Meter lang gezogenen Fußgängerbrücke, dem **Horstmannsteg**, die ihr nun überquert. An dem Brückenbauwerk seid ihr bereits auf eurem Hinweg vorbeigegangen. Nun seid ihr wieder im Zentrum Hennefs angekommen und folgt dem euch bekannten Fußweg zurück zum Bahnhof.

Eine fruchtige Überraschung

Jonas und Anton unternehmen heute mit ihren Eltern einen Herbstausflug ins Grüne. Ihre Mama packt zu Hause Leckereien in die Provianttasche und legt versteckt noch etwas Großes und Langes dazu.

„Was hast du da reingetan?“, fragt Anton seine Mutter. „Das ist eine kleine Überraschung fürs Picknick. Das hat etwas mit unserem heutigen Ausflugsziel zu tun“, deutet sie geheimnisvoll an. Als sie später hoch oben über Hennef wandern, läuft ihnen plötzlich die kleine Eidechse über den Weg. „Hallo kleine Eidechse“, freuen sich Jonas und Anton. „Willst du uns ein Stück begleiten?“ „Sehr gerne“, antwortet das kleine Tier. „Wo sind wir hier eigentlich?“, fragt Jonas das Reptil. Die kleine Eidechse weiß es ganz genau: „Wir sind hier in Hennef-Weingartsgasse. Und gleich werdet ihr sehen, woher der Ort seinen Namen hat.“ Denn nach einem kurzen Wegstück erblicken sie am Hang einen kleinen Weinberg.

„Weingart nannten die Menschen früher einen Weinberg und diese gab es hier bis vor 100 Jahren viele“, erzählt das grüne Tier. „Mmh lecker, Weintrauben“, träumt Anton laut, denn er liebt dieses Obst. „Das sind aber leider keine Tafeltrauben, wie du sie aus dem Supermarkt kennst. Aus diesen Sorten hier wird Wein hergestellt. Man kann aus ihnen aber auch sehr leckeren Traubensaft pressen“, erklärt die kleine Eidechse. Daraufhin holt die Mutter aus der Provianttasche eine Flasche und verkündet: „Als Überraschung für das Picknick habe ich Traubensaft vom Winzer mitgebracht.“ „Oh toll!“, rufen die Kinder. Und dann setzen sie sich auf eine Bank und genießen den Traubensaft zu Butterbrot und Keksen.

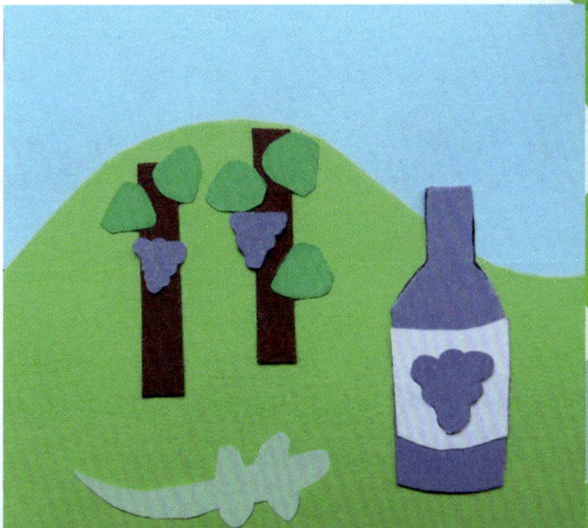

7 Höhenburg, Streuobstwiesen & Berge – In und um Stadt Blankenberg

Start	Ziel	Länge	Gehzeit	Schwierigkeit
Bhf Blankenberg (Sieg)	Bhf Blankenberg (Sieg)	8,8 km	3 Std.	● herausfordernd

Schon von weitem sind die mächtigen Gemäuer und Türme der mittelalterlichen Burgruine Blankenberg sichtbar. Zu dieser gelangt ihr nach dem Durchwandern der weiten Siegwiesen und dem Ersteigen des steilen Burgbergs, vorbei an einer alten Wassermühle. Im Burggarten lassen sich über 200 alte Küchen- und Heilkräuter entdecken. Danach wartet die historische Stadt Blankenberg mit ihrer Stadtbefestigung und alten Fachwerkhäusern auf eure Erkundung. Am Rand eines Naturschutzgebietes mit Streuobstwiesen laden am Wanderweg Apfel- und Birnbäume zu einer süßen Kostprobe ein. Und anschließend geht es vom Ortsteil Attenberg hinein in einen Wald mit in den Berg eingeschnittenen Bächen.

Blick auf den Burggarten der Burg Blankenberg

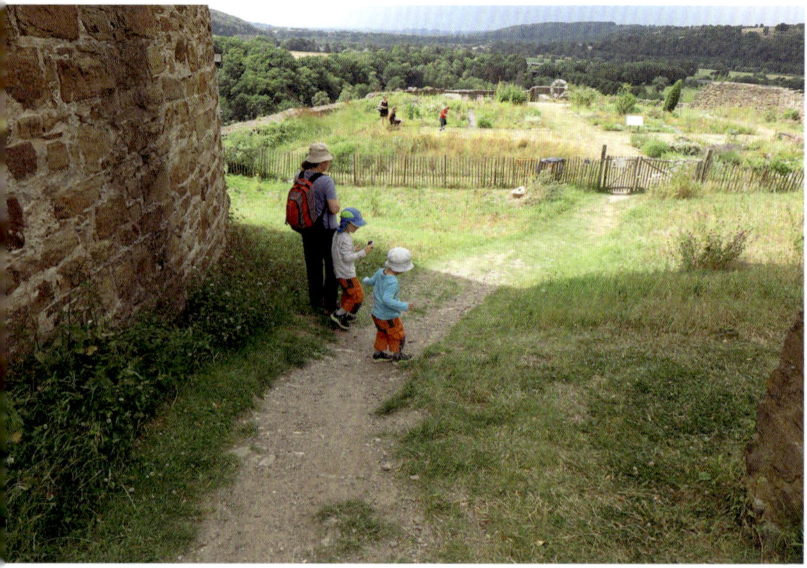

Infos zur Tour

An-/Rückfahrt
Bahnhof Blankenberg (Sieg) (S12, S19 ab Köln Hbf., mehrmals stündlich, Sa 8 bis 20 Uhr stündlich, So/Fei bis 20 Uhr stündlich, ca. 39–42 Min je nach Verbindung)

Streckenverlauf
Bahnhof Blankenberg – Burg Blankenberg – Spiel- und Sportplatz – Streuobstwiesen – Wald – Stadt Blankenberg – Bahnhof Blankenberg

Streckencharakteristik
Durch Aue, Siedlung und Wald sowie entlang von Streuobstwiesen mit zwei langen Anstiegen

Wegbeschaffenheit
Bürgersteig, asphaltierte Wege und Straßen sowie feste Feld- und Waldwege mit Schotter oder Split

Beschilderung
Großteils rot-weißes Logo der Erlebniswege Sieg und B2 (Rundweg)

Spielplätze
Nähe Stadtmauer, Scheurengarten 14

Besichtigungen
Burganlage Stadt Blankenberg
Burg 1 · 53773 Hennef-Stadt Blankenberg ·
(0 22 42) 19 43 3 ·
www.tourismus-hennef.de
Feb.–Okt. Di–So 10–18 Uhr
Nov.–Jan. witterungsbedingt geöffnet Di–So 10–16 Uhr
Montags und Weihnachten bis einschl. 1. Jan. geschlossen
Kostenfrei zugängliche Ruine einer Höhenburganlage aus dem 12. Jahrhundert mit Bergfried, besteigbarem St. Georgsturm und Burggarten. Jährliche Kunstausstellung mit modernen Skulpturen.

Turmmuseum
Graf-Heinrich-Straße 20 · 53773 Hennef-Stadt Blankenberg ·
(0 22 42) 19 43 3 ·
www.hvv-stadt-blankenberg.de
Apr.–Okt. So 14–17 Uhr
Eintritt 2 € Erw., Kinder bis 16 J. frei
Heimatmuseum im Katharinenturm, Torturm der Stadt Blankenberg aus dem 13./14. Jahrhundert. Vier Stockwerke zeigen z. B. ur- und frühgeschichtliche Funde, Modell der Burg- und Stadtanlage Blankenberg, regionale Alltagsgegenstände und alte Handwerkstechniken.

Einkehren
Restaurant & Eismanufaktur Zum Alten Turm
Katharinastraße 6 · 53773 Hennef-Stadt Blankenberg ·
(0 22 48) 21 02 ·
www.zumaltenturm.de
Do–So/Fei ab 11.30 Uhr durchgehend, Küchenzeiten Do–Sa bis 20.30, So/Fei bis 20 Uhr
Traditionsgasthaus im wunderschönen Fachwerkgebäude. Deftige Küche, vegetarische & vegane Angebote, Salate, Flammkuchen sowie Gerichte für kleine Gäste. Hausgemachtes Eis, Windbeutel und Bergische Waffeln. Innen- und Außensitzplätze. Wickelmöglichkeit vorhanden.

Stadt Blankenberg

Etwa 80 Meter hoch über dem Siegtal liegt auf einem steilen Bergkamm der kleine, mittelalterlich geprägte Ort Stadt Blankenberg. Er ist Teil der Stadt Hennef und zählt 615 Einwohner. Da Blankenberg von 1245 bis 1805 eine eigenständige Stadt war, trägt die Siedlung seit 1954 den Stadttitel in Erinnerung an diese Zeit wieder in ihrem Namen. Ortsbildprägend sind die unter Denkmalschutz stehenden Überreste der Höhenburg aus dem 12. Jahrhundert und der historische Stadtkern mit seinen malerischen Fachwerkhäusern, umgeben von Stadtmauer und -türmen.

km 0–2,5 Vom Bahnhof Blankenberg zur Burg Blankenberg

Startpunkt der Wanderung ist der Bahnhof Blankenberg. Ein geteerter Weg führt den Hang hoch bis zur Bahngleise überspannenden Brücke. Diese überquert ihr, wechselt die Straßenseite und folgt dem Gehweg. Auf der gegenüberliegenden Straßenseite stehen zwei kleine Holzhäuschen der **Milchtankstelle Haus Attenbach**. Hier könnt ihr euch jetzt oder zum Abschluss eurer Wanderung ein leckeres Hofmilcheis im Becher am Automaten ziehen.

Die nächste Möglichkeit geht es nach rechts auf einer Straße den bewaldeten Hang hinab. Linker Hand zweigt nun ein Feldweg ab. Beim Entlangwandern des zuerst gerade verlaufenden Schotterweges bietet sich ein Blick über große Wiesenflächen bis zum grün bewachsenen Siegufer und den Erhebungen von Hennef. Nach einem Wegstück seht ihr schon die Türme der **Burgruine Blankenberg** hoch oben auf dem Berg stehen. Es geht in einem Bogen direkt an der Sieg unter einer Eisenbahnbrücke hindurch und weiter entlang von Bäumen und Wiesen bis zum ersten Wohnhaus. Nun habt ihr die Verkehrsstraße Am Burghart erreicht, die ihr nach einem Stück nach rechts überquert, um auf einem festen Fußweg der Straße Steinermühle bergauf zu folgen.

Dabei kommt ihr anfangs an der **Unteren Steiner Mühle**, auch als Mühle zu Blankenberg bekannt, vorbei. Die denkmalgeschützte Wassermühle mit Mühlrad steht direkt am Ahrenbach. Vermutlich erbaut im Jahr 1442, ist sie eine der zwei Bannmühlen, in denen einst die Bürger im Herrschaftsbereich des Landesherrn ihr Getreide mahlen lassen mussten. In ihr könnt ihr heute lecker essen und trinken. Ab einem Heiligenbildstock leitet euch entweder ein teils sehr schmaler Fußgängerweg an der Straße den Berg hoch. Oder

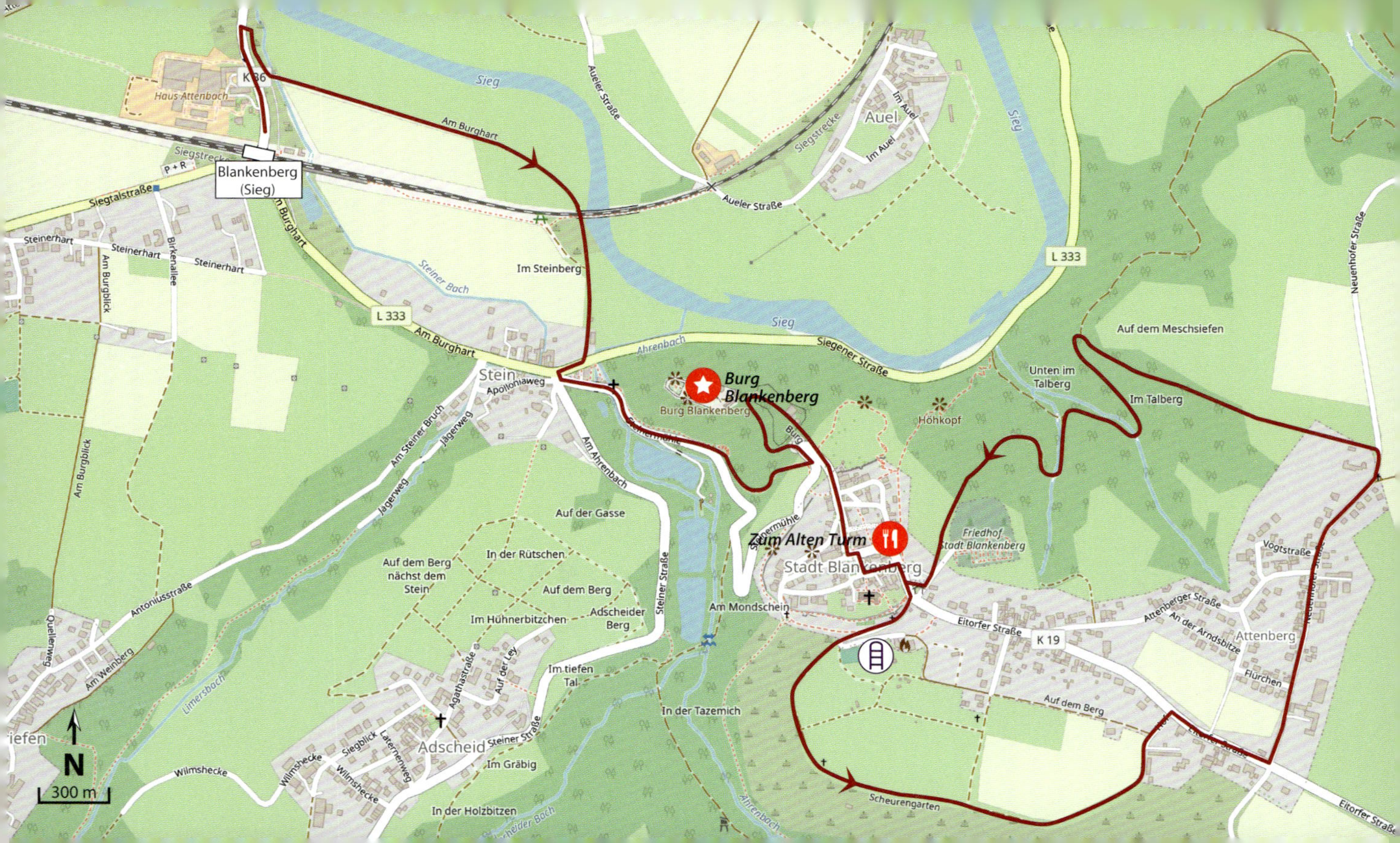

Burg Blankenberg
Zum Alten Turm
Blankenberg (Sieg)
Stadt Blankenberg
Stein
Auel
Attenberg
Adscheid
Sieg
L 333
K 36
K 19
Am Burghart
Haus Attenbach
Siegtalstraße
Steinerhart
Birkenallee
Am Burgblick
Im Steinberg
Steiner Bach
Ahrenbach
Siegener Straße
Auf dem Meschsiefen
Unten im Talberg
Im Talberg
Höhkopf
Friedhof Stadt Blankenberg
Eitorfer Straße
Attenberger Straße
An der Arndsbitze
Vogtstraße
Neuenhofer Straße
Flürchen
Auf dem Berg
Scheurengarten
Am Mondschein
Auf der Gasse
In der Rütschen
Auf dem Berg nächst dem Stein
Im Hühnerbitzchen
Adscheider Berg
Steiner Straße
Im tiefen Tal
In der Tazemich
Am Ahrenbach
Apolloniaweg
Am Steiner Bruch
Jägerweg
Antoniusstraße
Quellenweg
Am Weinberg
Limersbach
Wilmshecke
Siegblick
Laternenweg
Agathastraße
Auf der Ley
Im Gräbig
In der Holzbitzen
Auel Straße
Im Auel
Siegstrecke
P + R
N
300 m

parallel verläuft etwas oberhalb entlang des baumbestandenen Hangs ein Pfad, allerdings mit Treppenstufen am Anfang und am Ende des Weges. Ihr befindet euch hier am Fuß des Burgbergs, auf dem die Burg Blankenberg thront. Danach geht es einen asphaltierten Weg abseits der Verkehrsstraße im Bogen weiter den Hang hinauf.

Nun nur noch nach links ein Stück die Straße hoch und ihr seid am Parkplatz der **Burg Blankenberg** angekommen. Linker Hand führt ein Schotterweg entlang von Streuobstbäumen hoch zur imposanten Burgruine aus dem 12. Jahrhundert. Obwohl nur noch Reste der einstigen Wohnstätte der Grafen von Sayn erhalten blieben, bekommt ihr einen guten Eindruck vom einstigen Ausmaß. Besteigt den **St. Georgsturm** und genießt eine fantastische Aussicht über das Siegtal. Kinder fasziniert das Bronzemodell, an dem man sehen und wortwörtlich begreifen kann, wie es hier und drumherum im 15./16. Jahrhundert ausgesehen hat. Und auf der Bastionsfläche lädt euch der **Burggarten** zum Kennenlernen von rund 200 Kräutern, Nutz- und Färbepflanzen ein.

km 2,5–4 **Von Burg Blankenberg zu den Streuobstwiesen**

Danach führt euch die Wanderung vom Parkplatz bergauf direkt in den historischen Teil der Stadt mit den erhalten gebliebenen Teilen der mittelalterlichen Stadtbefestigung. Die reiche Vergangenheit sieht man dem Städtchen an jeder Ecke an. Bewundert die in Holzfachwerkbauweise errichteten und liebevoll restaurierten Häuser aus dem 17. bis 19. Jahrhundert.

Kurz vor dem kleinen Marktplatz spendet euch linker Hand eingerahmt von Sitzbänken eine historische Schwengelpumpe Wasser zur Abkühlung an heißen Tagen. Durchschreitet am Marktplatz den kleinen Hausdurchgang von 1709, um zum Innenhof der sehenswerten **St. Katharinakirche** zu gelangen. Weiter geht es nach links durch die Katharinastraße mit ihren alten Fachwerkhäusern, in der auch das familienfreundliche Restaurant **Zum Alten Turm** liegt. Auf der gegenüberliegenden Straßenseite stehen Automaten, an denen ihr Kaffee, Snacks und Getränke ziehen könnt.

Direkt nach rechts verlasst ihr das Städtchen durch das Tor des wunderschönen **Katharinenturms** mit dem **Turmmuseum**, einem interessanten Heimatmuseum zum Erkunden. Vorbei am Parkplatz und entlang der mächtigen Stadtmauer biegt ihr rechts in die Stra-

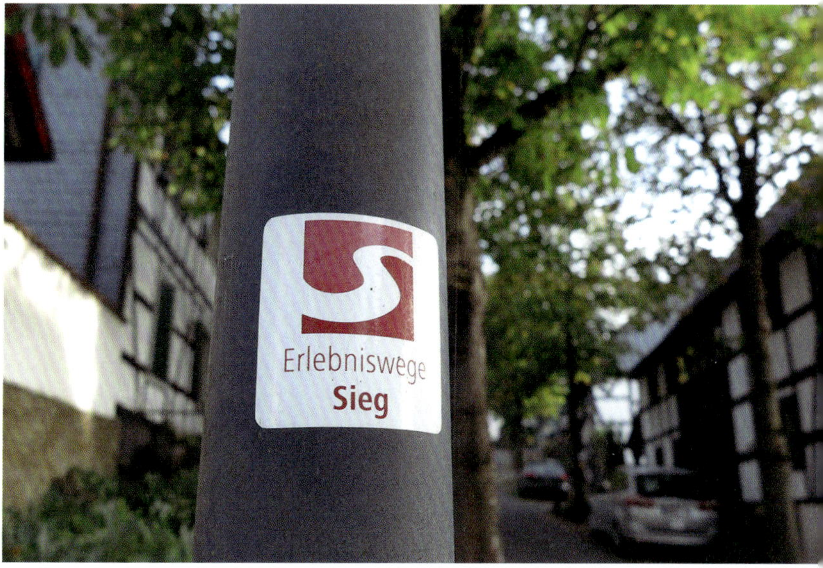

Begleiten euch auf der Wanderung: Die Wegmarkierung der Erlebniswege Sie

ße Scheurengarten ab. Rechter Hand verläuft weiter die Stadtmauer und am Hang erstreckt sich ein kleiner Weinberg. Die Wanderstrecke leitet euch aufwärts, bis ihr ein Schild mit der Aufschrift Naturschutzgebiet erblickt. Links liegt ein Spiel- und Sportplatz.

Nun spaziert ihr auf dem Schotterweg entlang des **Naturschutzgebietes Ahrenbachtal und Adscheider Tal**. Hier erstreckten sich bis etwa 1900 Weinberge. Ihr wandert außer an verwilderten Flächen und Wiesen auch an alten Streuobstwiesen mit friedlich grasenden Schafen entlang. Nach einem Wegstück ragen direkt am Wegesrand vor dem Zaun eine Reihe von Obstbäumen in den Himmel. Im Herbst hängen sie übervoll mit reifen Äpfeln oder Birnen. Die Bäume gehören der Stadt Hennef, die Mitglieder des Heimat- und Verkehrsvereins Stadt Blankenberg e. V. pflegen. Zum Eigenverzehr dürft ihr euch gerne einen der leckeren Äpfel oder Birnen mitnehmen. Verboten ist hingegen das Ernten größerer Mengen.

Von den Streuobstwiesen bis zum Wald

km 4–6,5

Am Ende der Obstbaumreihe verläuft der Weg nach links an großen Wohnhäusern vorbei bis zur Eitorfer Straße. Ihr wandert nach

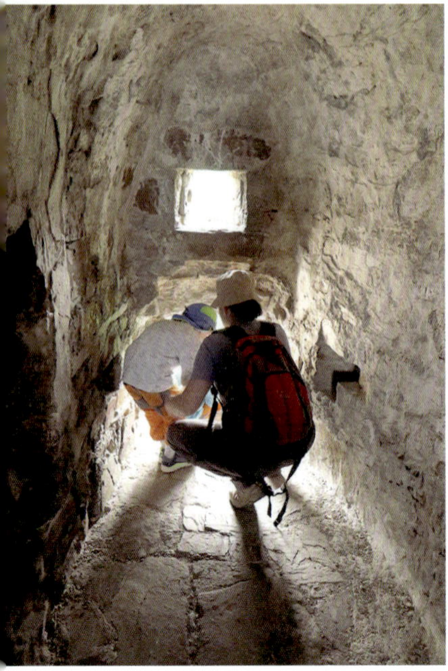

Uraltes Gemäuer des St. Georgsturms

rechts durch das Wohngebiet den gepflasterten Fußgängerweg entlang, bis ihr links in die Neuenhofer Straße abbiegen könnt. Sie führt durch die Siedlung des ruhigen und beschaulichen Hennefer Ortsteils **Attenberg**. Dabei kommt ihr auch an einigen alten Fachwerkhäusern vorbei. Bald trefft ihr auf ein altes Wegkreuz, eingerahmt von Lindenbäumen mit einer davor stehenden Bank.

Nun leitet euch die Wanderung nach links auf einem geschotterten Weg entlang einer großen Pferdekoppel und kurz darauf in einen Laubmischwald. Zuerst geht es in Kurven angenehm abwärts durch einen schluchtartigen Wald, unterbrochen von einem kleinen Bach. Danach führt der breite, geschotterte Weg für einige hundert Meter den bewaldeten Berg hoch. Mit dem Kinderwagen durchaus eine Herausforderung. Aber danach seid ihr wieder im Zentrum der Stadt Blankenberg angekommen.

km 6,5–8,8 **Vom Wald bis zum Bahnhof Blankenberg**

Nun befindet ihr euch an der anderen Seite des euch bereits bekannten Parkplatzes am Katharinenturm. Von hier geht es die gleiche Strecke zum Bahnhof zurück, die ihr bereits von eurem Hinweg kennt. Vorteil ist, dass der anfangs ansteigende Weg nun angenehm abwärts ins Tal verläuft.

Tipp: Für Kinder (empfohlenes Alter 8 bis 12) gibt es die spannende Rätseltour „Rettet Stadt Blankenberg!“ mit Start am Katharinenturm. Bei der Wanderung durch die Stadt gilt es an 8 Stationen Rätsel zu lösen, um die Zerstörung Blankenbergs durch den finsteren Alchemisten Malus Sinistrus zu verhindern (Download des Lösungsbogens: www.tourismus-hennef.de).

Rätselraten im Burggarten

Heute besucht die kleine Eidechse mit einer Schulklasse den Burggarten der Burg Blankenberg. Die Eidechse ruft: „Hört mal alle her! Ich habe ein tolles Rätsel für euch. Teilt euch in zwei Gruppen auf und die Gruppe, die die meisten Fragen richtig beantwortet, hat gewonnen. Habt ihr Lust?“ „Ja!“, rufen alle begeistert.

„Ihr müsst jeweils erraten, welche Pflanze aus dem Burggarten gesucht ist“, erklärt das kleine grüne Tier und fängt mit dem ersten Rätsel an. „Heute Morgen hole ich aus dem Schrank meine Anziehsachen. Dabei roch es ganz intensiv. Denn meine Mama legt Stoffsäckchen gefüllt mit Blüten zur Kleidung, weil Motten den Duft nicht mögen. Welche Blume meine ich?“ Die Kinder suchen eifrig die Beete ab. „Ich weiß es“, ruft Christian. „Es ist Lavendel. Der riecht doch so stark.“ „Richtig. Einen Punkt für Gruppe 2“, stellt das kleine Reptil fest.

„Weiter geht das Rätsel. Heute gibt es selbst gemachte Pizza. Für die Tomatensoße brauche ich klein geschnittene Tomaten und würze sie mit welchen Kräutern?“ Wieder suchen die Kinder nach der richtigen Pflanze. Alexander weiß die Antwort aber sofort, da sein Papa Pizzabäcker ist. „Oregano“, ruft er. „Richtig. Punkt für Gruppe 1“, verkündet die kleine Eidechse. Und nun das letzte Rätsel: Zum Nachtisch gibt es Schokoladenpudding, aber ich esse so viel, dass ich Bauchweh bekomme. Deswegen kocht mir mein Papa einen Tee aus welcher Pflanze?“

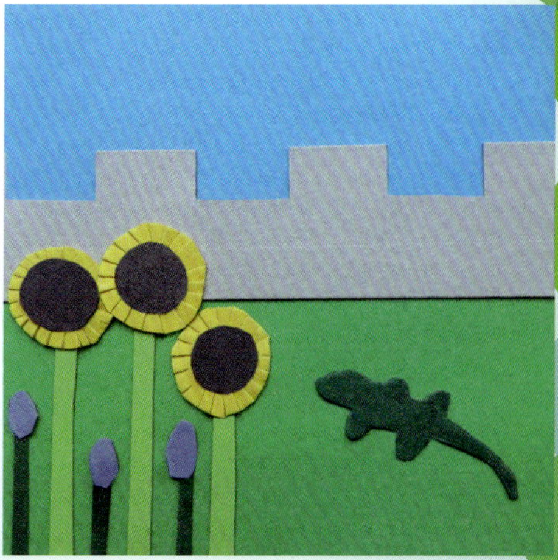

Schnell laufen Tom aus Gruppe 1 und Sarah aus Gruppe 2 zu den Blumen und rufen gleichzeitig: „Kamille!“ „Gleichstand. Beide Gruppen haben gewonnen“, freut sich das kleine Tier und alle jubeln zusammen.

Eitorf

8 Stadtflair und Naturerlebnis

Start	Ziel	Länge	Gehzeit	Schwierigkeit
Bhf Eitorf	Bhf Eitorf	7 km	2 Std.	● mittel

Auf den Spuren der Geschichte Eitorfs geht es entlang prächtiger alter Fabrikantenvillen und einer alten Zigarrenfabrik mit einem großen Skulpturengarten durch das Zentrum der Sieggemeinde. Dabei bieten Spielplätze, Sportanlagen, ein großer Park, Plätze an der Sieg und ein Abschnitt des baumbestandenen Eipbachs jede Menge Abwechslung. Hoch auf dem bewaldeten Hausberg, dem Keltersberg, lädt der Kiki Erlebnis-Lehrpfad mit mehreren Stationen zum spielerischen Kennenlernen der Natur ein. Dabei habt ihr eine schöne Aussicht über Eitorf und das Siegtal. Restaurants und Cafés im Zentrum Eitorfs laden zur Einkehr ein. Und zum Abschluss lockt ein Hallen- und Freibad zum Abkühlen.

Der Kiki Erlebnis-Lehrpfad führt hoch auf den bewaldeten Keltersberg

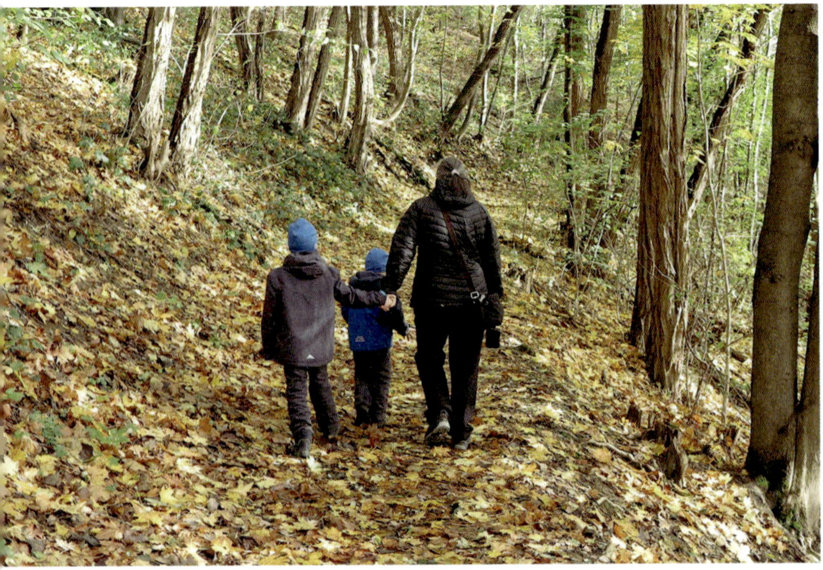

Infos zur Tour

An-/Rückfahrt
Bahnhof Eitorf (S12, S19, RE9 ab Köln Hbf., mehrmals stündlich, ca. 36–50 Min. je nach Verbindung)

Streckenverlauf
Bahnhof Eitorf – Kiki Erlebnis-Lehrpfad – Siegpark – Villa Gauhe – Marktplatz – Eipbach – Zigarrenfabrik – Villa Boge – Bahnhof Eitorf

Streckencharakteristik
Abwechslungsreich durch Stadt mit großem Park an der Sieg, entlang einem Bach und hoch auf einen bewaldeten Berg

Wegbeschaffenheit
Meist asphaltierte oder gepflasterte Wege und Bürgersteig, ansonsten feste Feld- und Waldwege

Beschilderung
Rot-weißes Logo mit der stilisierten Sieg und Schriftzug Stadtrundgang Eitorf oder Erlebniswege Sieg

Spielplätze
Im Siegpark; an der Grundschule Mosaikschule; am Marktplatz; Schmidtgasse

Baden
Hermann-Weber-Bad Eitorf
www.eitorf.de/bad/
Mo 12–18, Di–Fr 7.30–18, Sa/So/Fei 11–15 Uhr ·
letzter Einlass 60 Min vor Ende der Öffnungszeiten, Eintritt Erwachsene 5,50 €, Jugendliche bis 17 J. 4 €, Kinder unter 6 J. kostenlos.

Einkehren
Gilgen's Bäckerei und Konditorei
Markt 13 · 53783 Eitorf ·
(0 22 43) 77 37 ·
www.gilgens.de
Mo–Fr 7–18, Sa 7–17, So 7–18 Uhr, Fei variabel
Bäckerei und Café mit Frühstücksangebot, Kuchen, Torten, belegten Brötchen, Omelettes, Strammer Max. Innen- und Außensitzplätze. Hochstühle und Wickelmöglichkeit vorhanden.

Das „kleine" Eiscafé am Markt
Markt 5 · 53783 Eitorf ·
(0 22 43) 92 92 59 8 ·
facebook: daskleineeiscafeammarkt
Saison Februar bis September
Mo–So 11–18 Uhr
Selbstgemachtes italienisches Milch- und Fruchtspeiseeis in der Waffel und im Becher zum Mitnehmen.

Food Bar
Markt 12 · 53783 Eitorf ·
(0 22 43) 92 35 46 3 ·
www.food-bar.eatbu.com
Mo–So 11–20 Uhr
Burger, Salate, Schnitzel, Currywurst oder Chicken Wings mit Pommes und weitere Fast Food Klassiker. Wechselnde Wochenhighlights. Innen- und Außensitzplätze. Barrierefrei.

Eitorf

Eitorf liegt im östlichen Rhein-Sieg-Kreis und bezeichnet sich selbst als „Die Brücke zwischen Stadt und Natur". An die ehemalige Weinbautradition Eitorfs erinnert am Keltersberg nur noch ein kleiner privater Weingarten. Heute ist der Berg stark bewaldet und dient als Naherholungsgebiet.

km 0–2,5 Vom Bahnhof Eitorf zum Kiki Erlebnis-Lehrpfad

Nach dem Wechsel der Bahnhofsseite durch die kinderwagengerechte Unterführung startet die Wanderung. Der Weg führt geradeaus entlang einer Grünfläche unterbrochen von einer Brücke über den Eipbach. Nach dem Überqueren der Straße verläuft der Wanderweg über das Gelände des Siegtal-Gymnasiums mit einer lang gestreckten öffentlichen **Erlebnishügellandschaft**. Hier können Kinder Skaten und BMX-Radfahren üben. Es macht aber auch großen Spaß, einfach nur die Hügel hoch- und runterzulaufen. Linker Hand liegt das Hallen- und Freibad **Hermann-Weber-Bad Eitorf**. Ein Besuch lohnt sich als gelungener Abschluss der Wanderung.

Wie schnell kannst du rennen?

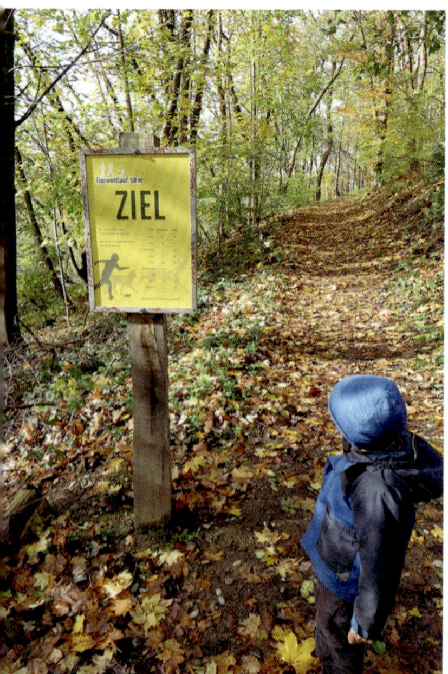

Nach dem Verlassen des Schulgeländes empfängt euch die baumbestandene Sieg gesäumt von einer Auenwiese. Direkt vor euch steht auf dem Siegdamm ein als Siegbalkon bezeichneter Aussichtspunkt aus einer umzäunten Holzplattform. Der asphaltierte Weg verläuft nach rechts entlang der Siegwiese bis zur Keltserser Brücke. Nach dem Überqueren der Brücke über die Sieg liegt auf der gegenüberliegenden Straßenseite links neben dem Wohnhaus der Einstieg zum **Kiki-Erlebnis-Lehrpfad**.

Der zwei Kilometer lange Weg in Begleitung des Eichhörnchens "Kiki Eichhorn" durch den Wald hoch auf den Keltersberg ist für Kinder ab dem Kindergartenalter bis ca. 12 Jahre

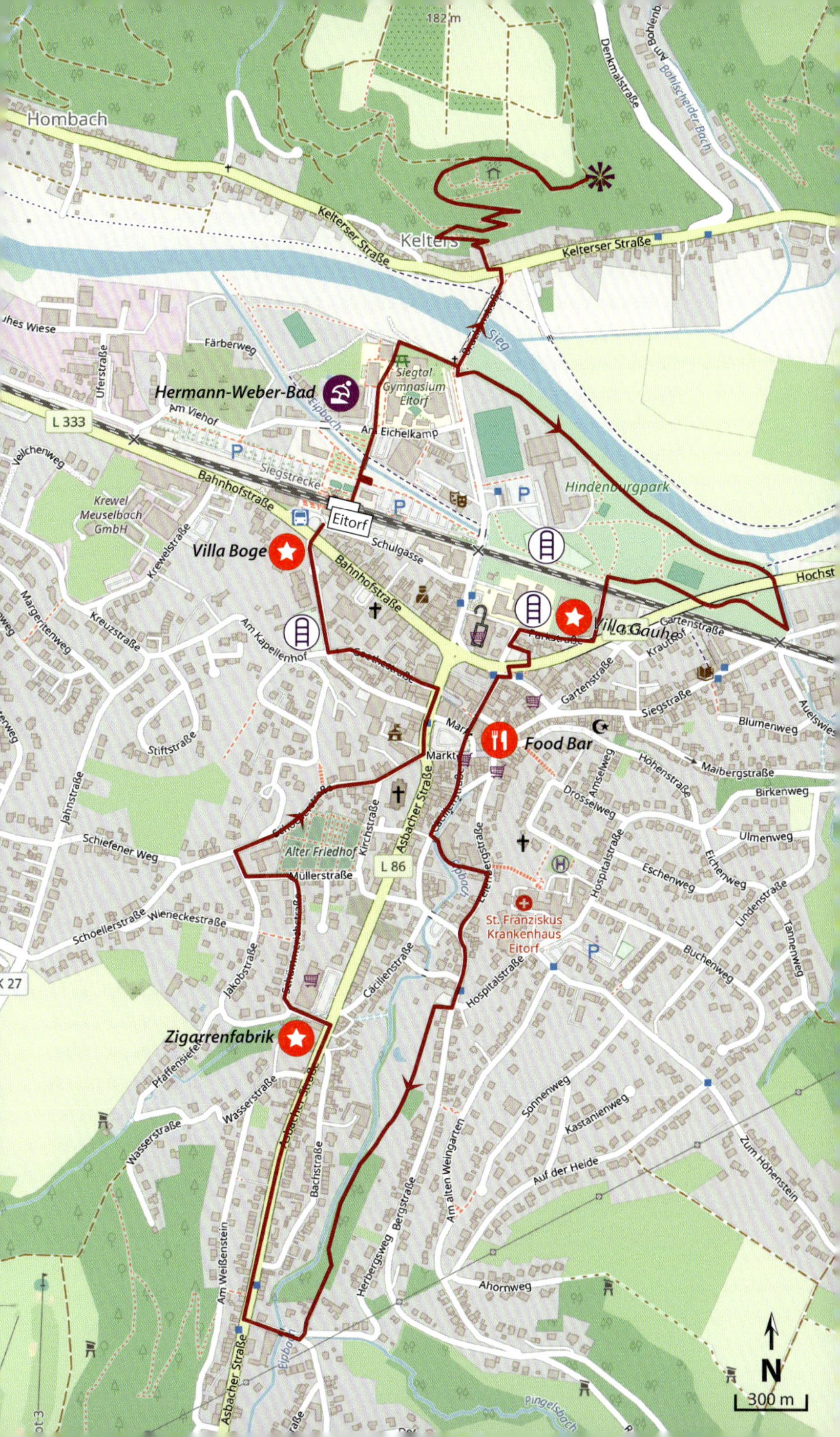
182 m
Hombach
Kelterser Straße
Kelters
Denkmalstraße
Bohlscheider Bach
Sieg
Färberweg
Hermann-Weber-Bad
Siegtal Gymnasium Eitorf
L 333
Am Viehof
Eipbach
Am Eichelkamp
Siegstrecke
Veilchenweg
Krewel Meuselbach GmbH
Bahnhofstraße
Eitorf
Hindenburgpark
Schulgasse
Villa Boge
Krewelstraße
Villa Gauhe
Gartenstraße
Kreuzstraße
Margeritenweg
Am Kapellenhof
Stiftstraße
Markt
Food Bar
Siegstraße
Blumenweg
Höhenstraße
Maibergstraße
Amselweg
Drosselweg
Birkenweg
Ulmenweg
Eichenweg
Eschenweg
Jahnstraße
Schiefener Weg
Alter Friedhof
Kirchstraße
Asbacher Straße
L 86
Müllerstraße
Leienbergstraße
Hospitalstraße
St. Franziskus Krankenhaus Eitorf
Lindenstraße
Tannenweg
Buchenweg
Schoellerstraße
Wieneckestraße
Jakobstraße
K 27
Cäcilienstraße
Zigarrenfabrik
Pfaffensiefen
Wasserstraße
Sonnenweg
Kastanienweg
Am alten Weingarten
Auf der Heide
Zum Höhenstein
Bachstraße
Bergstraße
Herbergsweg
Am Weißenstein
Ahornweg
Pingelsbach
N
300 m

geeignet. Der Pfad ist mit dem Kinderwagen begehbar, allerdings ist bei dem steilen Aufstieg kräftiges Schieben nötig. Begleitend zum Lehrpfad gibt es das Kiki-Rätselheft, erhältlich im Rathaus am Markt in der Tourist-Information oder als Download (www.naturregion-sieg.de/service/broschueren-bestellen). Über Serpentinen geht es durch einen Laubmischwald den Berghang hinauf. Dabei trefft ihr auf insgesamt neun Stationen, die kindgerecht auf Infotafeln und an Mitmachstationen Wissenswertes über die Tiere und Pflanzen des Waldes und seiner Gewässer vermitteln.

Viel Spaß macht das Wettrennen auf der abgesteckten **50 Meter Tierlaufstrecke**. Erfahrt auf dem Zielschild, ob ihr so schnell oder schneller als eines der Waldtiere laufen könnt. Oben angekommen verläuft am Hang entlang ergänzend eine 100 Meter Tierlaufstrecke. Auf einer Wiese steht eine offene, überdachte runde Hütte mit Bänken, von der sich ein Blick über Eitorf bis zu den bewaldeten Erhebungen bietet. Auf der Wiese veranschaulicht eine große Baumscheibe mit Markierungen kindgerecht, was in welchem Jahr eines Jahresringes passiert ist. Ein Stück weiter erstreckt sich ein kleiner **Barfußpfad**. Zieht eure Schuhe und Socken aus und ertastet mit den bloßen Füßen, wie sich die verschiedenen Bodenbeläge anfühlen. Es macht Spaß, den Unterschied zwischen weicher und härter sowie spitzer und runder zu spüren.

Den Weg weiter am bewaldeten Hang entlang, gelangt ihr zur letzten Station des Lehrpfads, dem Tierweitsprung. Hier gilt es, so weit wie möglich zu springen. Kleine Schilder an der Sprunggrube markieren, wie weit Springfrosch, Reh und Hirsch springen können. Auf einem Sporn am Rand des Hanges steht umgeben von Eichenbäumen ein historischer Aussichtspavillon mit Bänken und Tisch. Nun geht es wieder den gleichen Weg den Berg hinab. Achtet auf das von Weinranken verzierte Eisentor in einem Bruchsteinbogen. Durch das Tor hindurch erblickt ihr einen kleinen privaten Weingarten, der an die einstige Weinbautradition Eitorfs erinnert.

km 2,5–3,5 **Vom Kikis Erlebnis-Lehrpfad zur Fabrikantenvilla Gauhe**

Nach dem Überqueren der Brücke biegt der markierte Wanderweg nach links ab. Der feste, mit Split durchsetzte Weg verläuft auf dem Siegdamm entlang der von Bäumen gesäumten Sieg. Dabei gelangt ihr nach einem kurzen Stück gradewegs in den großen **Siegpark** mit Wiesen und Parkbänken. Die lang gestreckte Grünanlage bietet ei-

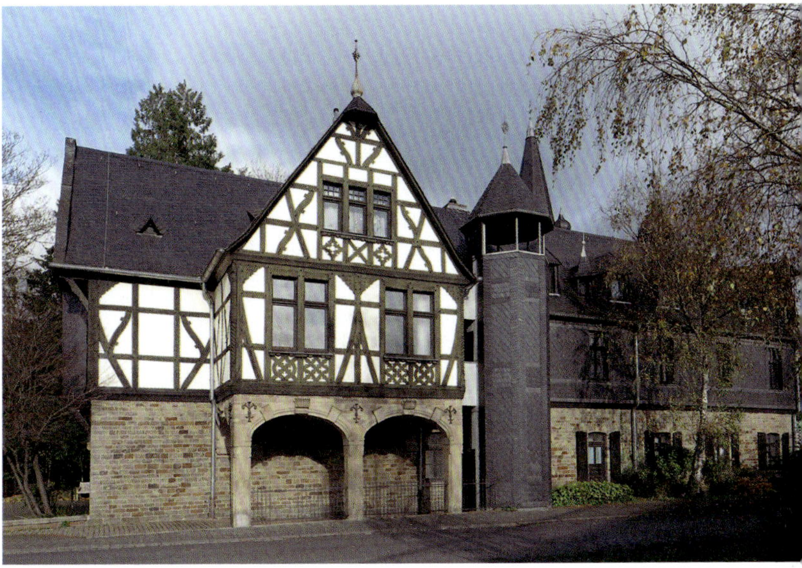

Der Baustil der Villa Gauhe soll an eine gotische Burganlage erinnern

nen großen **Kinderspielplatz**.

Zum Fußballspielen laden ein professionelles DFB-Minispielfeld und ein Bolzplatz auf der grünen Wiese ein. Zudem stehen ein Outdoor-Fitnessparcour und eine Bouleanlage zur Verfügung (kostenfreies Ausleihen von Boulekugeln in der Tourist Information im Rathaus am Markt). Der Wanderweg führt aus dem Park durch eine niedrige Eisenbahnunterführung heraus. Entlang einem Vorgarten voller alter Eisenbahnsammlerstücke steht rechter Hand die alte **Fabrikantenvilla Gauhe**.

Von der Fabrikantenvilla Gauhe zum Eipbach — km 3,5–5

In der sich anschließenden Parkstraße liegt rechts ein kleiner Spielplatz der Mosaikschule. Nun geht es im Bogen der Wanderwegmarkierung folgend durch eine Unterführung bis zur Hochstraße, die ihr überquert. Nach links über die Eipstraße, gelangt ihr durch eine Unterführung direkt auf den **Eitorfer Marktplatz**.

Obwohl auf dem zentralen Platz Autos parken, lädt er ringsherum mit Parkbänken zwischen Bäumen, einem Spielplatz, einem öffentlichen Bücherschrank und Gastronomiebetrieben zum Verweilen ein. Zum Frühstück empfiehlt sich der Besuch der Bäckerei **Gilgen's**. Eis bietet **Das „kleine" Eiscafé** am Markt und wer Burger und Pommes mag, findet eine große Auswahl in der **Food Bar**.

Ihr verlasst über die Cäcillienstraße den Marktplatz und trefft linker Hand auf den **Eipbach**, eingefasst von einer Natursteinmauer als Hochwasserschutz. Das Gewässer gab Eitorf seinen Namen und teilt das Gemeindegebiet südlich der Sieg in zwei Hälften. Ihr folgt dem Bach, überquert ihn über eine Holzbrücke und wandert auf dem gepflasterten Weg bis zur Leienbergstraße. Dieser folgt ihr nach rechts, um kurz darauf nach links über die ansteigende Bergstraße zu wandern. An einem Wohnhaus knickt der Wanderweg nach rechts ins Grüne ab. Ihr spaziert entlang von Gärten und Wiesen. Darauf kommt ihr in einen waldartig geprägten Abschnitt, durch den naturnah der Eipbach plätschert.

km 5–7 Vom Eipbach zum Bahnhof Eitorf

Nach dem Verlassen der kleinen grünen Stadtoase führt der Wanderweg auf dem Bürgersteig entlang von Ahornbäumen durch ein Wohngebiet. Kurz bevor ihr von der Asbacher Straße links in die Schümmerichstraße abbiegt, erblickt ihr die gelb gestrichene **Villa Keysers** aus der Gründerzeit. Sie gehörte einst dem Eitorfer Zigarrenfabrikanten Reinhard Keysers.

Der Wanderstrecke folgend, erblickt ihr linker Hand seine ehemalige Zigarrenfabrik in einem alten roten Ziegelsteingebäude. Heute befinden sich hier u. a. die Kunstgalerie INCONTRO und das Atelier des italienischen Malers und Bildhauers Giovanni Vetere. An das Haus grenzt ein großer **Skulpturengarten** mit einem kleinen Bach und Plätzen zum Ausruhen. Nun geht es die Schümmerichstraße herunter bis zum Alten Friedhof von Eitorf. Ende der 1960er-Jahre stillgelegt, beherbergt die denkmalgeschützte Parkanlage Grabmäler Eitorfer Persönlichkeiten. Die Schoellerstraße hinab gelangt ihr wieder zum Eitorfer Marktplatz.

Zurück zum Bahnhof geht es nach links durch die Goethestraße und dann nach rechts durch die Schmitdtgasse. Hier trefft ihr auf einen kleinen Spielplatz. Unweit vom Spielplatz erstreckt sich linker Hand das Grundstück der **Villa Boge**. Nach dem Überqueren der Bahnhofstraße habt ihr den Bahnhof von Eitorf erreicht.

Der Weitsprungwettbewerb

Die kleine Eidechse hat sich heute auf dem Keltersberg mit ihren Freunden zum Weitsprungwettbewerb verabredet. Pünktlich treffen der Springfrosch, das Eichhörnchen, der Rothirsch und die Eidechse ein. Nur der Floh ist noch nicht da. Nach zehn Minuten Warten beschließen sie trotzdem mit dem Wettbewerb zu beginnen.

Die kleine Eidechse, Schiedsrichter des Spiels, verkündet: „Als erstes ist der Springfrosch dran." Der Springfrosch hüpft und springt ab. 2 Meter. „Toll!", rufen alle. „Ich kann noch viel weiter springen", behauptet das Eichhörnchen. Das Tier läuft rasend schnell und springt. Fast 5 Meter. Ob das Eichhörnchen den 1. Platz belegt?, fragen sich alle. Zum Schluss sprintet der Rothirsch los, springt und erreicht unglaubliche 11 Meter. Die kleine Echse erklärt: „Der Sieger ist ..."

„Halt! Stopp!", ruft es vom Boden. Der Floh ist doch noch gekommen. „Jetzt zeige ich euch, dass ich am weitesten springen kann", sagt der kleine Floh siegessicher und springt aus dem Stand 60 cm weit. „Juhu. Ich habe gewonnen", ruft er. „Warum? Ich bin doch viel weiter gesprungen", fragt der Hirsch. „Ja richtig, aber ich bin nur 3 mm und du hingegen fast 2 Meter lang. Im Verhältnis zu meiner Körperlänge bin ich viel weiter gesprungen", erklärt das winzige Insekt. Die kleine Eidechse urteilt: „Der Floh hat recht. Er ist das 200-fache seiner Körperlänge gesprungen und der Hirsch nur das 5,5-fache seiner Körperlänge. Damit steht der Sieger des Weitsprungwettbewerbs fest. Es ist der kleine Floh." Alle jubeln und gratulieren dem kleinen Tier zu seinem Rekord.

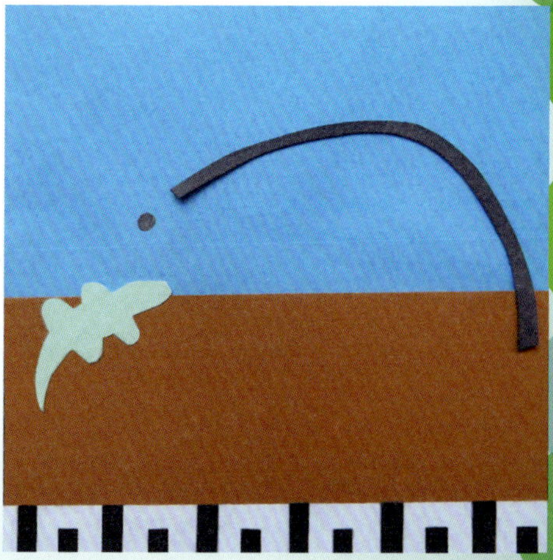

Windeck

9 Stolze Burg und edle Ritter – Im Windecker Ländchen zur Burgruine Windeck

Start	Ziel	Länge	Gehzeit	Schwierigkeit
Bhf Schladern (Sieg)	Bhf Schladern (Sieg)	6,5 km	2 Std.	● herausfordernd

Im Windecker Ländchen zeigt sich euch das Siegtal von seiner schönsten Seite. Ihr durchwandert ein Tal mit Wiesen und Altarmgewässern und erklimmt anschließend den Schlossberg mit der Burgruine Windeck. Der wunderschöne Blick über das grüne Siegtal sowie die imposanten mittelalterlichen Überreste der Höhenburg entschädigen euch für den Aufstieg. Danach geht es bergab durch Altwindeck mit alten Fachwerkhäusern und einem Museumsdorf. Am Ende eurer Wanderung wartet mit dem eindrucksvollen Siegwasserfall ein weiteres Highlight auf euch. Und zum Abschluss eines warmen Sommertages passt nichts besser als Baden in der Sieg.

Die Burgruine Windeck ist über 800 Jahre alt

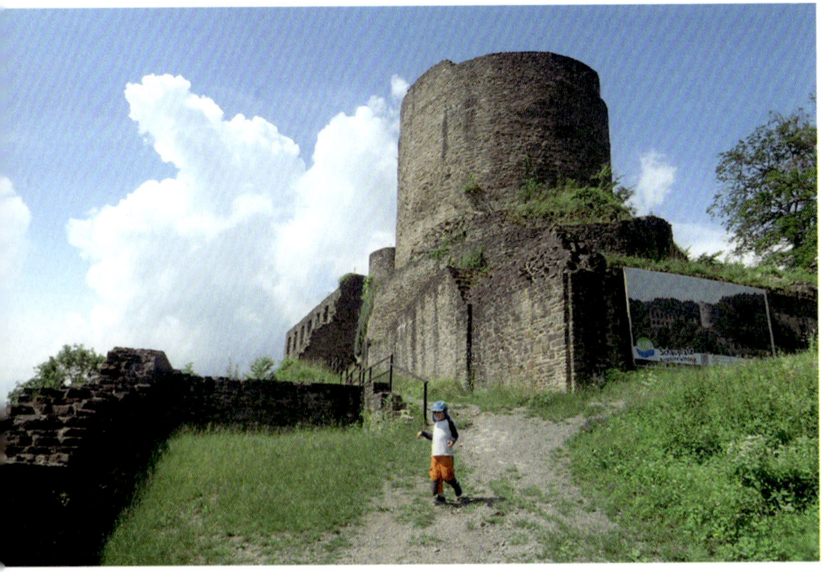

Infos zur Tour

An-/Rückfahrt

Bahnhof Schladern (Sieg) (S12, S19, RE9 ab Köln Hbf., mehrmals stündlich, ca. 47–63 Min je nach Verbindung)

Streckenverlauf

Bahnhof Schladern – Krummauel – Burgruine Windeck – Museumsdorf Altwindeck – Siegwasserfall – Bahnhof Schladern

Streckencharakteristik

Abwechslungsreich hoch und runter durch Siedlung, Feld und Wald mit einem längeren An- und Abstieg

Wegbeschaffenheit

Meist geteerte Wege und Straßen, feste Feld- und Waldwege

Beschilderung

Großteils rot-weißes Logo der Erlebniswege Sieg mit der stilisierten Sieg

Spielplätze

In Altwindeck neben der Marienkapelle

Baden

Offizielle Badestelle an der Sieg vor der Brücke „Am Wasserfall"

Besichtigungen

Museumsdorf Altwindeck
Im Thal Windeck 17 · 51570 Windeck-Altwindeck · (0 22 92) 38 88 · www.heimatmuseum-windeck.de
Saison von Apr. bis Okt.
Sa/So/Fei 14–18 Uhr
Eintritt 5 € Erwachsene, 2,50 € Kinder, 10 € Familien
Museumsdorf mit sieben historischen Fachwerkbauten von der Mühle bis zur Scheune. Setzt euch in eine Schulklasse um 1900, erkundet einen alten Tante-Emma-Laden und bestaunt die Ausstattung eines alten Friseursalons.

Einkehren

Thomas Eiscafé
Waldbröler Straße 7 · 51570 Windeck-Schladern · (0 15 7) 85 98 81 55 · facebook: Thomas Eiscafé Schladern
Saison von Feb. bis Okt.
Fr. 14–18, Sa/So/Fei 12–19 Uhr
Kleine Eisdiele mit Sitzplätzen unter freiem Himmel. Acht Standarteissorten, das „Eis des Tages" und ein 24 h/7 Tage Eisautomat versüßen euch die Wandertour.

Elmores Biergarten & Lounge
Schönecker Weg 5 · 51570 Windeck-Schladern · (0171) 27 07 26 3 · www.elmores.de
Saison von März bis Okt.
Di–Do 16–23, Fr 16–00, Sa 13–00, So/Fei 11–22 Uhr, Montag Ruhetag
Großer Biergarten auf dem Gelände der ehemaligen Metallwarenfabrik Elmores am Siegwasserfall. Kinder lieben die Süßkartoffelpommes, die Kräuterbratwurst im Brötchen und die regionalen Streuobstsäfte. Wochenende und feiertags selbst gemachte Waffeln und Torten.

Windeck

Namensgebend für die Gemeinde Windeck ist die mit dem Ort historisch eng verbundene **Burg Windeck** mit Ursprung im 12. Jahrhundert. Die Überreste der mittelalterlichen Burganlage thronen weit sichtbar über dem Siegtal auf einem bewaldeten Bergrücken. In der Mitte des 19. Jahrhunderts stellte die weite Siegschleife in Windeck-Schladern ein Hindernis beim Bau der Eisenbahnstrecke von Köln nach Gießen dar. Ingenieure veränderten durch Sprengungen den Verlauf des Flusses. Es entstand ein weitestgehend von der Sieg abgeschnittener Altarm mit einem Auwald, das Gebiet der Krummauel. Und durch den neuen Durchbruch des Flusses bildete sich der eindrucksvolle **Siegwasserfall**.

km 0–1 Vom Bahnhof Schladern ins Krummauel

Eure Wanderung startet in Windeck am **Bahnhof Schladern** mit seinem historischen Bahnhofsgebäude mit Treppengiebeln, das wie ein kleines rotes Schlösschen wirkt. Dieser Eindruck ist beabsichtigt. Denn bei seinem Bau 1859 orientierten sich die Bauherren am Aussehen des zeitgleich errichteten Schlosses Windeck, das einst in den mittelalterlichen Ruinen der Burg Windeck stand. Unter den Bahngleisen hindurch führt euch eine kinderwagenfreundliche Rampe auf die andere Seite. Ihr folgt dem Gehweg entlang der Verkehrsstraße und kommt an einer kleinen Eisdiele, dem **Thomas Eiscafé**, vorbei. Nun biegt ihr links in die Elmoresstraße und lauft aber nicht durch die Eisenbahnunterführung, sondern wandert rechts am Bahndamm den geteerten Fußweg bergauf.

Rechter Hand begleitet euch das **Naturschutzgebiet Krummauel**, ein grüner Auwald, durch den gemächlich ein Altarm der Sieg fließt. Den nächsten Abzweig nach rechts nehmend, verläuft der Weg weiter ansteigend an Wohnhäusern vorbei. Eine Besonderheit hält das letzte bebaute Grundstück links von euch bereit. Es beherbergt ein Tiny House im Stil eines Schäferwagens sowie ein Baumhaus mitten in einem mächtigen Ahornbaum, in denen man übernachten kann (www.baumhaus-schaeferwagen.de, Tel.: 0 22 92 / 91 18 37).

Ab hier geht der geteerte Weg über in einen Feldweg, der euch abwärts in die Talebene führt. In der Ferne erkennt ihr am Horizont einen bewaldeten Bergrücken mit der Silhouette der Burgruine Windeck, dem markanten Hauptturm neben der von Fensteröff-

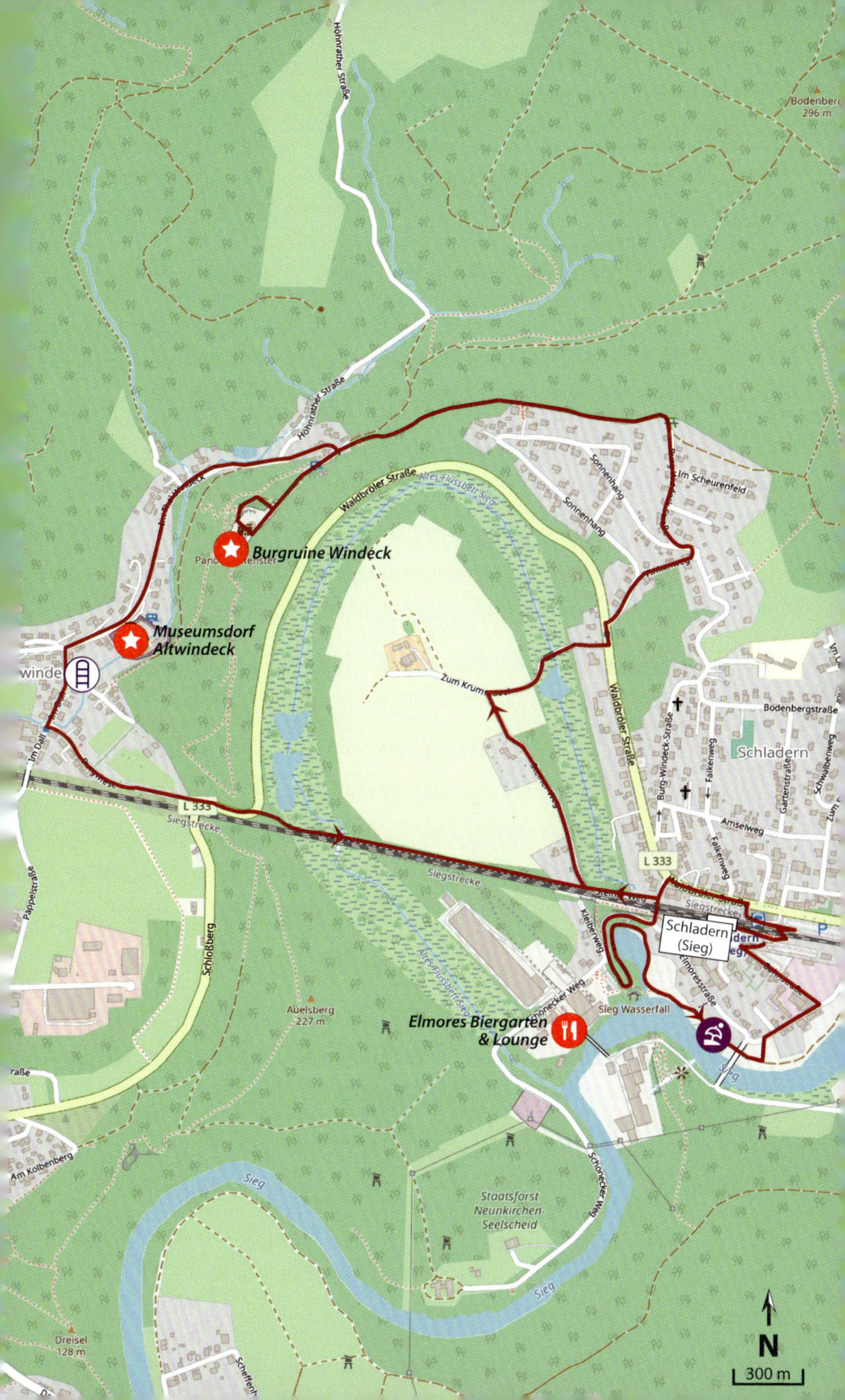

Burgruine Windeck
Museumsdorf Altwindeck
Elmores Biergarten & Lounge
Schladern (Sieg)
Schladern
Sieg Wasserfall
Waldbröler Straße
Altes Flussbett Sieg
Hohnrather Straße
Sonnenhang
Im Scheurenfeld
Zum Krummauel
Bodenbergstraße
Burg-Windeck-Straße
Falkenweg
Amselweg
Gartenstraße
Schwalbenweg
L 333
Siegstrecke
Im Dall
Pappelstraße
Schloßberg
Auelsberg 227 m
Kleiberweg
Elmorestraße
Schönecker Weg
Sieg
Staatsforst Neunkirchen-Seelscheid
Am Kolbenberg
Dreisel 128 m
Bodenberg 296 m
N
300 m

nungen durchzogenen Palaswand. Ihr folgt dem Wanderweg weiter abwärts und biegt nach rechts ab, um in einen kleinen Wald zu gelangen. Jetzt befindet ihr euch mitten im Naturschutzgebiet Krummauel. Beiderseits eures Weges erstreckt sich ein kleiner Auwald bis zu einer Brücke, die euch über ein Altarmgewässer der Sieg führt. Zahlreiche Tierarten fühlen sich in dem strukturreichen Mosaik aus Wasser, Bruchwald und Weidengebüschen wohl. Vielleicht habt ihr Glück und ihr hört, wie der Kleinspecht in das morsche Auwaldholz eine Höhle hämmert.

km 1–2,5 **Von der Krummauel zur Burgruine Windeck**

Von der Krummauel wandert ihr bis zur Verkehrsstraße, überquert diese und lauft den Sonnenhang aufwärts, um rechts in den Finkenweg abzubiegen. Darauf folgt ihr nach links die ganze Zeit der Burg-Windeck-Straße aufwärts, entlang von Einfamilienhäusern. Diese Straße führt euch nach einer Linksbiegung auf der Höhe entlang von Wald bis zum Parkplatz der Burgruine Windeck, an dem alte schwarz-weiße Fachwerkhäuser stehen. Folgt dem Weg aufwärts und ihr habt die Ruinen der Burganlage Windeck erreicht. Von hier habt ihr einen schönen Blick über das Windecker Ländchen, die zuvor durchwanderte Talebene mit der Krummauel und Windeck mit seinem markanten roten Bahnhofsgebäude.

Tipp:
Stellt euch vor eurer Wanderung im Internet individuell eine Brotzeit zusammen. Neben einer Bank an der Burgmauer steht eine mit einem Zahlencode zu öffnende Kiste, in der euer frisch zubereiteter Imbiss auf euch wartet (www.eulenhof.shop).

Zahlreichen Adeligen wie den Grafen und Herzögen von Berg gehörte die erstmalig im 12. Jahrhundert erwähnte Burg. Nach ihrer Zerstörung im Dreißigjährigen Krieg (1618 bis 1648) nutzte die Bevölkerung die Überreste als Steinbruch. Bestaunt die Mauer mit den Fensteröffnungen, die zu den ehemaligen Wohnräumen der Burg gehörte. Erkundet den Treppengang, den Bergfried, das Burgplateau und die Vorburg. Übrigens: Die originalen Bodenkacheln aus der Burgkapelle mit dem Wappen des Hauses von Nesselrode könnt ihr gleich im **Museumsdorf Altwindeck** bewundern.

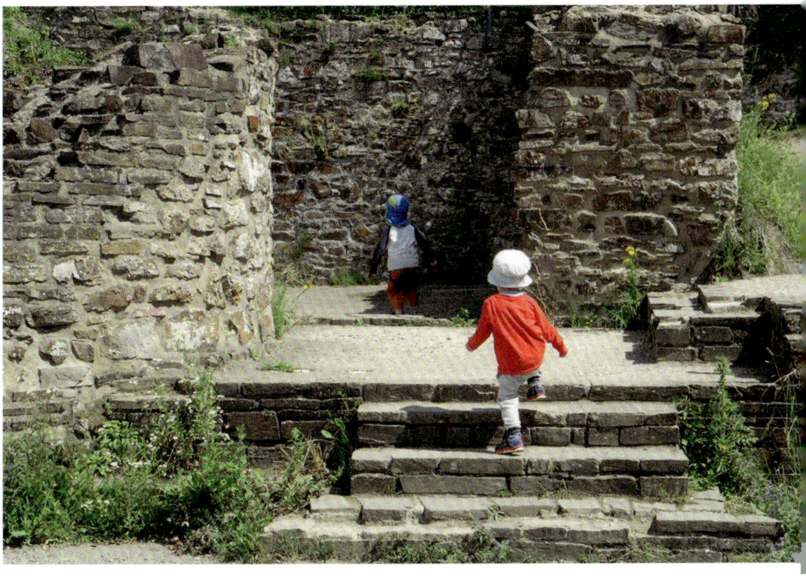

Die Burggemäuer eignen sich prima zum Spielen

Von der Burgruine Windeck zum Museumsdorf Altwindeck **km 2,5–3,5**

Nach der Erkundung der Burgruinen wandert ihr vom Parkplatz aus links die Straße herab. Der Wanderweg führt euch mitten durch den von Fachwerkhäusern geprägten wunderschönen Ortsteil **Altwindeck.** Erblickt ihr rechts von euch das kleine plätschernde Bächlein? Es ist der **Altwindecker Bach**, der direkt zum Mühlrad einer alten Mehlmühle fließt. Sie befindet sich in einer Fachwerkscheune von 1796. Ein kurzes Stück weiter sorgt an der linken Straßenseite das Wasser eines Brunnens für eine willkommene Abkühlung. Als Nächstes wartet das Museumsdorf Altwindeck auf eure Entdeckung. Sieben alte regionale Fachwerkbauten von der Mühle bis zur Scheune und ein Bauerngarten laden euch ein, das Leben eurer Vorfahren zu ergründen.

Vom Museumsdorf Altwindeck zum Siegwasserfall **km 3,5–6**

Ihr wandert die Straße weiter, bis ihr links an einem denkmalgeschützten Fachwerkhaus vorbei in die Straße Im Dall abbiegt. Nach wenigen Metern erblickt ihr linker Hand den großen, öffentlichen Spielplatz der Dorfgemeinschaft Altwindeck. Direkt am Spielplatz

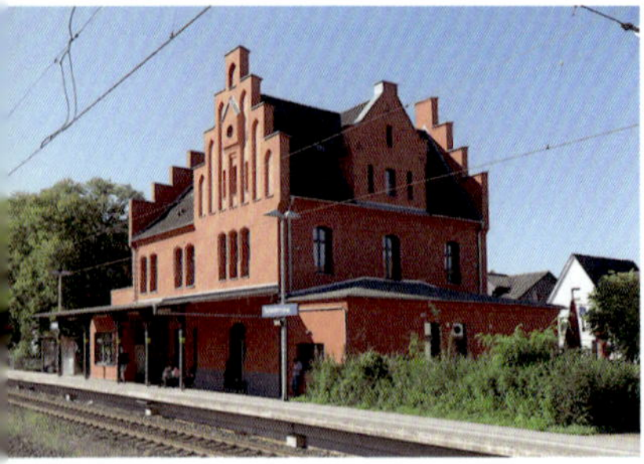

Der historische Bahnhof Schladern

steht eine kleine jahrhundertealte **Schieferdachkapelle.** Bunte Glasfenster tauchen bei Sonnenschein die Marienkapelle aus dem 18. Jahrhundert in ein mystisches Licht. Kommt euch die Marienfigur mit dem Jesuskind bekannt vor? Vielleicht habt ihr das barocke Original der sogenannten Madonna von Windeck bei eurem Besuch im Museumsdorf gesehen.

Nun geht es zurück in Richtung Bahnhof. Hier wartet mit dem Siegwasserfall in Windeck-Schladern ein weiteres Highlight auf euch. Der Wanderweg führt euch über die geteerte Straße geradeaus weiter, links in die Straße Burgwiese und ein kurzes Stück auf einem schmalen Fußgängerweg entlang der Landesstraße 333, bis ihr in der nächsten Kurve direkt nach rechts abbiegen könnt. Linker Hand erstreckt sich die dicht bewaldete Krummauel und rechter Hand von euch verläuft die Regionalbahntrasse. Der asphaltierte Fußweg führt bis zu der euch schon bekannten Eisenbahnunterführung vom Start der Wanderung, durch die ihr aber dieses Mal hindurchgeht.

Ihr biegt rechts in Richtung **Siegwasserfall** ab. Ein paar Meter vom Parkplatz entfernt, liegt auf einer kleinen Anhöhe ein überdachter Aussichtsplatz. Auf 84 Metern Breite fließt das Flusswasser über mehrere Stufen vier Meter tief. Dieses durch Menschenhand geschaffene Naturschauspiel ist das größte seiner Art in Nordrhein-Westfalen. Neben dem Parkplatz lädt euch Elmores Biergarten & Lounge an einer ehemaligen Metallwarenfabrik auf Getränke und Snacks ein. Hier befindet sich auch das Besucherzentrum der Naturregion Sieg und die Tourist-Information.

km 6–6,5 **Vom Siegwasserfall zum Bahnhof Schladern**

Vom Siegwasserfall aus wandert ihr im Bogen um einen von Flusswasser gespeisten Teich und folgt der Sieg. Kurz vor der Brücke „Am Wasserfall“ lädt euch eine offizielle Badestelle zum Wasserspielen in der Sieg und Sonnen ein. Zum Bahnhof zurück gelangt ihr hinter der Siegbrücke über die Elmoresstraße und Bahnstraße.

Mittelalterliches Burgfest

Als Max und Johanna am Bergfried, dem größten Turm der Burgruine Windeck vorbeikommen, hören sie von oberhalb ein Räuspern. „Der Burgherr Graf von Berg lädt zu einer großen mittelalterlichen Feier bei Speis und Trank ein", schallt es von oben herunter. Doch die Beiden können zuerst niemanden erblicken.

Nochmal tönt es von oben. „Doch da, sieh Max. Das ist die Eidechse mit einem kleinen Ritterhelm auf dem Kopf", ruft Johanna. Die Kinder laufen die Treppenstufen zum Bergfried hoch. „Hallo kleine Eidechse, was machst Du hier?" Das kleine Reptil antwortet: „Ich spiele den Burgherren der Burg Windeck." „Oh, dürfen wir mitspielen?", fragen Max und Johanna. „Ja, klar. Wir feiern, essen, trinken, singen und tanzen dort, wo sich einst die Wohnräume der Burg Windeck befanden. Das ist heute neben der hohen langen Mauer mit den vielen Fenstern", erklärt das Tier.

Und da Max und Johanna ein Kinderbuch über das Burgleben im Mittelalter gelesen haben, wissen sie, was man alles für eine solche Feier braucht. „Schau mal da, das große runde Gitter auf dem Boden. Das ist unsere Kochplatte", sagt Johanna. „Ja, gute Idee", stimmt Max ihr zu. Johanna erläutert: „Zuerst bereiten wir Wildschwein, Hecht und Fasan zu." „Und ich kümmere mich währenddessen um den Nachtisch", wirft Max ein.

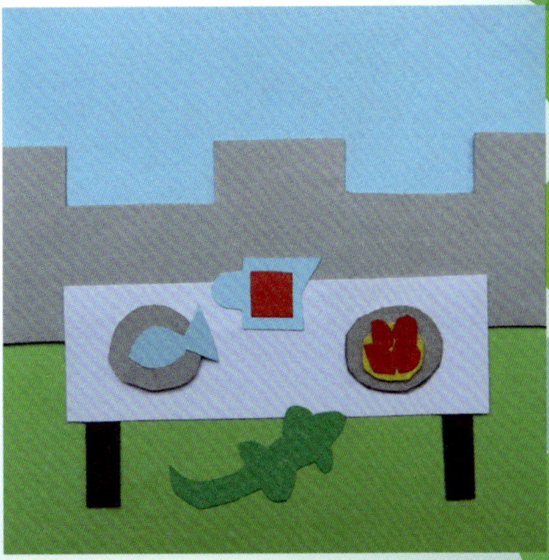

Die Kinder und die kleine Eidechse spielen, wie sie das fertige Essen zu den Tischen bringen und von silbernen Tellern essen. „Jetzt fehlt nur noch die Unterhaltung", sagt der kleine Burgherr. Das Reptil tut so, als würde es mit Bällen jonglieren und danach auf einer Laute spielen. Und zum Schluss singen sie zusammen fröhliche Lieder.

Bonn & Rheintal

Traumhafter Blick über die nördlichsten Weinbaulagen Westdeutschlands ► Seite 106

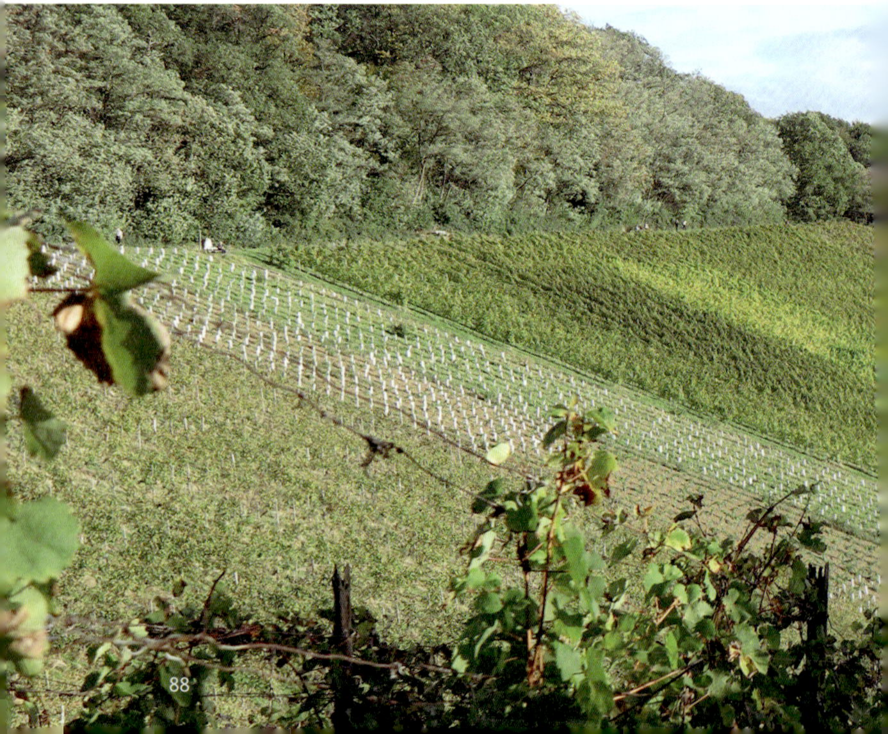

Aus gutem Grund ist die Waldau im Bonner Stadtwald und deren Umgebung bei Familien beliebt. Pferde auf der Weide, ein Naturerlebnispfad, ein Wildgehege zum Tiere füttern und ein großer Spielplatz lieben Groß und Klein. Auf der Wandertour im idyllischen Wald des Ennert könnt ihr zahlreiche Tier- und Pflanzenarten entdecken. Und in Königswinter geht es mit der Zahnradbahn hoch auf den berühmten Drachenfels, um anschließend durchs Grüne hinab zu wandern. Höhepunkte sind dabei Schloss Drachenburg und ein Freibad zum Abkühlen. Die Wanderung zur Klosteranlage Heisterbach mit ihrer mittelalterlichen Chorruine führt hoch auf einen Weinberg mit einer fantastischen Aussicht auf das Rheintal.

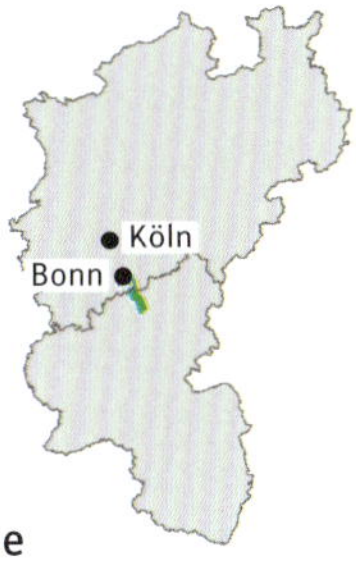

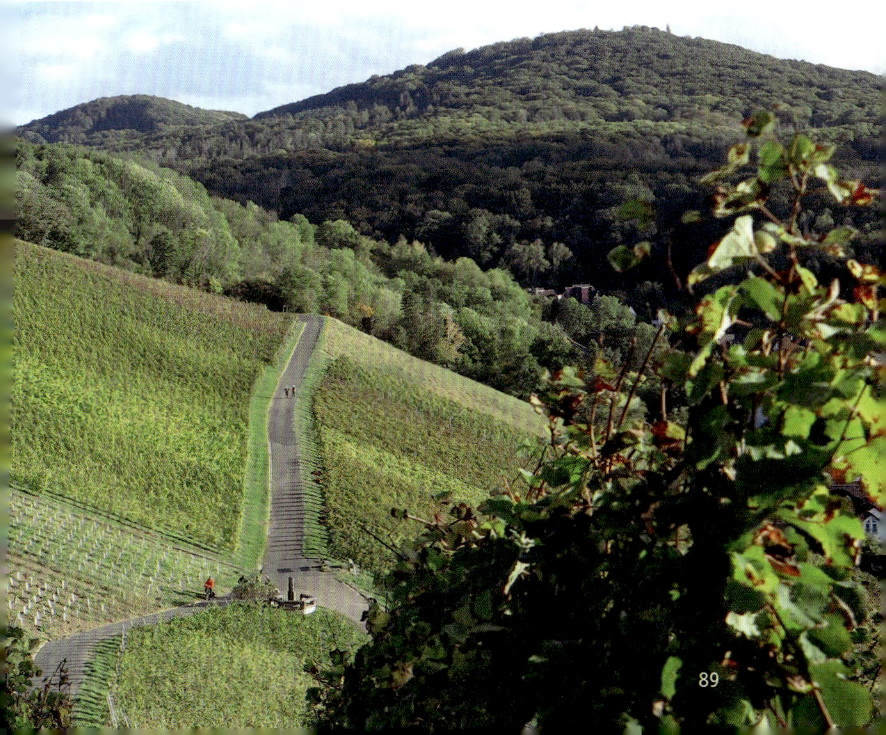

Bonn–Venusberg

10 Von der Waldau rund um den Annaberger Hof

Start	Ziel	Länge	Gehzeit	Schwierigkeit
Bushaltestelle Waldau	Bushaltestelle Waldau	5,5 km	1,5 Std.	● leicht

Die Rundtour führt euch durch den Bonner Stadtwald und entlang von ausgedehnten Pferdeweiden am Waldrand. Aufgrund der festen und meist flachen Wege eignet sich die Wanderung sehr gut für den Kinderwagen. Highlights sind der Naturerlebnispfad mit der beliebten Kinderbuchfigur Felix der Hase und das Wildgehege mit seinen Wildschweinen, Rothirschen und Damhirschen. Auf den Wiesen des Annaberger Feldes grasen Pferde des Annaberger Hofes und eine Obstbaumallee lädt im Herbst zum Naschen ein. Nach der Wanderung sorgen ein großer Spielplatz und eine Waffel oder ein leckeres Eis für strahlende Gesichter.

Mit den Laufrädern geht es rasant um das Annaberger Feld

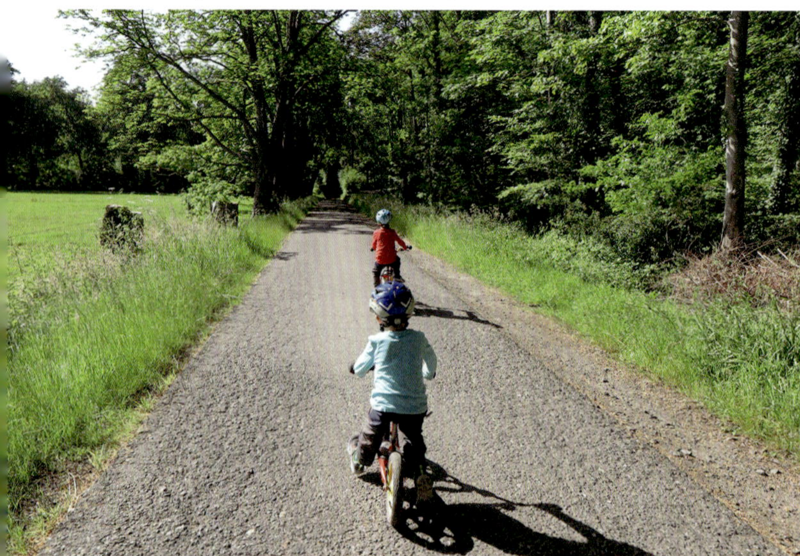

Infos zur Tour

An-/Rückfahrt

Bushaltestelle Waldau (Linie 602 ab Hbf. Bonn, Busbahnhof Bussteig A1, Mo–Sa mehrmals stündlich, So/Fei bis 11 Uhr stündlich, danach mehrmals stündlich, ca. 20–24 Min)

Streckenverlauf

Bushaltestelle Waldau – Aussichtspunkt – Rastplatz – Wildgehege – Spielplatz – Bushaltestelle Waldau

Streckencharakteristik

Schattige Wege durch Wald und entlang von Pferdeweiden am Waldrand

Wegbeschaffenheit

Feste, meist ebene Wald- und Feldwege, teilweise asphaltiert

Beschilderung

Markierung A17 und A18

Spielplätze

Großer Spielplatz gegenüber dem Haus der Natur

Besichtigungen

Haus der Natur
An der Waldau 48 · 53127 Bonn · (0 22 8) 77 87 72 2 · www.haus-der-natur.bonn.de
Apr.–Okt. Mi–Fr 10–17, Sa/So/Fei 10–18 Uhr
Nov.–März Mi–So/Fei 10–17 Uhr
kostenfrei außer ggf. bei Sonderveranstaltungen, Workshops und Kursen
Umweltbildungseinrichtung mit interaktiver und kindgerechter Dauerausstellung zum Thema Großstadtwald. Gelände mit Bauerngarten und Streuobstwiese. Angebote für Kinder wie Mikroskopieren im Waldlabor und Outdoorprogramm im Wald und Außenbereich. Wickelmöglichkeit vorhanden.

Einkehren

Gasthaus Waldau
An der Waldau 50 · 53127 Bonn · (0 22 8) 20 72 70 00 · www.waldau-restaurant.de
Mi–Sa 12–23, So 10–23 Uhr
am Wochenende am Besten telefonisch reservieren
Große Speisenauswahl von Salaten über Flammkuchen bis hin zu modernen Klassikern und Angeboten für Kinder. Zum Nachtisch ist der warme Schokoladenkuchen auf Kirschkompott sehr lecker. Nachmittags Kaffee und Kuchen sowie sonntags reichhaltiges Brunch-Buffet. Die Terrasse und der Biergarten mit Selbstbedienung haben bis in den Herbst geöffnet. Wickelmöglichkeit vorhanden.

Bonner Waldau

Südlich des Bonner Stadtzentrums erhebt sich der Venusberg, an dessen Ausläufer die Waldau im Stadtwald liegt. Anziehungspunkte sind ein sehr großer Spielplatz, ein Naturlehrpfad für Kinder, ein Wildgehege und das moderne Haus der Natur. Angrenzend erstreckt sich das etwa 110 Hektar große Annaberger Feld mit seinen artenreichen Weiden und Wiesen, in dessen Zentrum der Pferdehof Annaberger Hof liegt.

km 0–0,5 Von der Bushaltestelle zum Aussichtspunkt

Los geht eure Wald- und Weidenwanderung in der Waldau im Bonner Stadtwald im Kottenforst. Die für Klein und Groß interessante und teils interaktive Dauerausstellung Großstadtwald im **Haus der Natur** könnt ihr zur Einstimmung auf eure Entdeckungen besuchen.

Danach geht es auf dem geteerten Weg vorbei an einem Holzhäuschen mit einem Kiosk über den quer verlaufenden Forstweg nach rechts in den **Bonner Weg der Artenvielfalt**. Auf dem Naturlehrpfad laden verschiedene Stationen dazu ein, die Vielfalt der Tiere und Pflanzen des Kottenforstes kennenzulernen. Den Eingang des Weges bilden ein großes Holztor mit dem Namen des Weges in bunten Buchstaben und eine große Übersichtskarte. Direkt daneben liegen kindgerechte Faltblätter zum Mitnehmen bereit. Und auf einem Holzschild prangt zur Begrüßung der kleinen und großen Entdecker die Kinderbuchfigur Hase Felix, die eine Lupe in der Pfote hält. Denn der Hase ist das Maskottchen des Weges und begleitet die Besucher an den einzelnen Stationen.

Eure Wanderroute führt nicht über den kompletten Weg der Artenvielfalt, sondern über den schönsten Teil am Anfang und gegen Ende eurer Wandertour. Der feste, ebene Weg verläuft mitten durch den dichten Laubmischwald. Darauf taucht auf der linken Seite auch schon die erste Station auf. Eine Holzhütte mit großen Fensteröffnungen lädt mit Blick in den Wald zum Entdecken der in der Waldau lebenden Vögel ein. Ein von Holzpfählen gesäumter, ansteigender Weg ermöglicht es auch mit dem Kin-

Aussichtsplattform mit Fernsicht

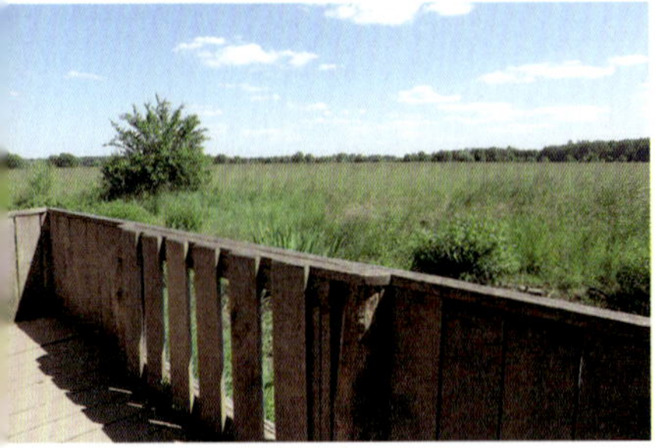

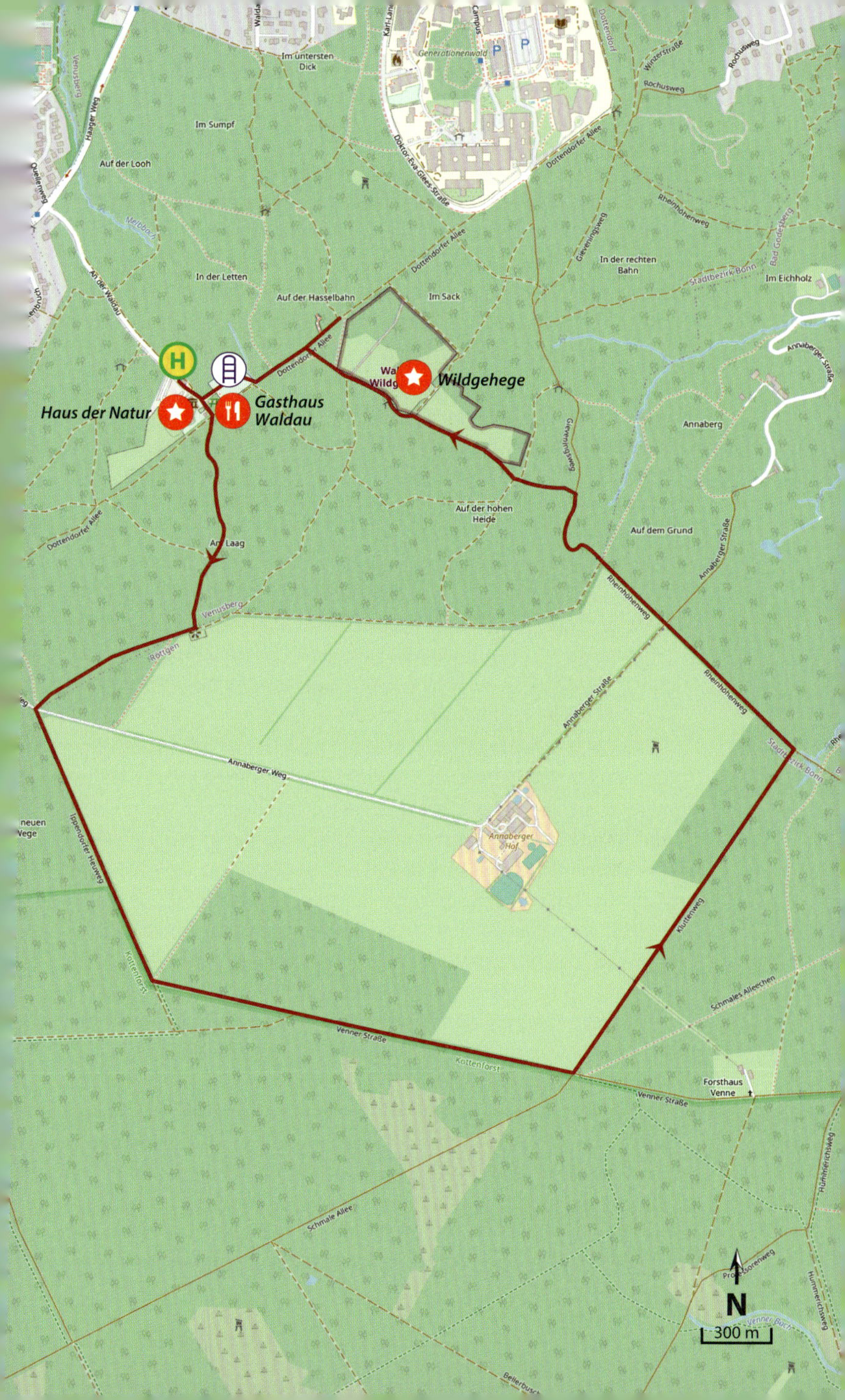

Haus der Natur
Gasthaus
Waldau
Wildgehege
Im untersten
Dick
Generationenwald
Campus
Karl-Lang
Dottendorf
Winzerstraße
Rochusweg
Im Sumpf
Auf der Looh
Haager Weg
Venusberg
Quellenweg
Melbbach
An der Waldau
Doktor-Eva-Giese-Straße
Dottendorfer Allee
Rheinhöhenweg
Gleveningsweg
In der rechten
Bahn
Stadtbezirk Bonn
Bad Godesberg
Im Eichholz
In der Letten
Auf der Hasselbahn
Im Sack
Annaberger Straße
Annaberg
Auf der hohen
Heide
Auf dem Grund
Am Laag
Venusberg
Röttgen
Annaberger Weg
Annaberger
Hof
neuen
Wege
Ippendorfer Heerweg
Kottenforst
Kluttenweg
Schmales Alleechen
Venner Straße
Forsthaus
Venne
Schmale Allee
Hümmerichsweg
Venner Bach
N
300 m

derwagen barrierefrei in die **Vogelbeobachtungshütte** zu gelangen. Danach geht es weiter durch das Waldgrün bis zur nächsten Station des Lehrpfads. Unter einem als **Laubtunnel** bezeichneten überdachten Unterstand erfahrt ihr, welche kleinen Bodenbewohner die heruntergefallenen Blätter des Waldes zu Erde verwandeln. Ein Schaukasten zeigt zudem einen echten Querschnitt des hier typischen Bodens, den Stauwasserboden Pseudogley.

Nach einem kurzen Wegstück seid ihr an einem Aussichtspunkt angekommen. Eine große, barrierefreie Aussichtsplattform bietet einen weiten Blick über das 110 Hektar große Annaberger Feld bis zum Waldrand. Vor der Aussichtsplattform steht auf dem Waldweg eine alte Grenzeiche. Und wenige Meter entfernt sorgt eine kleine Hütte für angenehmen Schatten und Schutz bei Regen.

km 0,5–2,5 **Vom Aussichtspunkt zum Rastplatz**

Ab hier verlasst ihr fürs Erste den Weg der Artenvielfalt. Nun verläuft der Wanderweg nach rechts durch den Laubmischwald, bis ihr an einem Wegeknotenpunkt auf den geteerten Annaberger Weg stoßt. Euer Wanderweg führt weiter geradeaus, aber es lohnt sich, einen Abstecher nach links zu unternehmen.

An der Straße stehen weit über einhundert hochstämmige Obstbäume. Die Obstbaumallee verläuft über eine Länge von 1,5 Kilometern entlang des Annaberger Feldes am Pferdehof vorbei. Alte Obstgehölze sind Lebensraum für zahlreiche heimische Tierarten. Die Höhlen im Stamm sind Wohnung und Wochenstube bzw. Brutplatz für Fledermäuse und Vögel. Ein paar Früchte vom Boden dürft ihr euch gerne mitnehmen. Aber das Obst am Baum erntet die Biologische Station, verkauft den daraus gewonnenen Apfelsaft im Weltladen Bonn und finanziert damit die Pflege der Allee.

Zurück auf eurem Wanderweg lauft ihr die meiste Zeit am Waldrand des Staatsforst Kottenforst entlang, einmal rund um die Wiesen des **Annaberger Feldes**. In der Mitte ragen die Gebäude des Pferdehofs Annaberger Hof heraus. Und in der Ferne erstrecken sich hinter dem Wald die markanten Erhebungen des **Siebengebirges**. Hier lohnt es sich, ein Fernglas dabei zu haben! Auf und über den Pferdeweiden lassen sich hier und da Braunkehlchen, Ringdrosseln, Steinschmätzer und der Rotmilan beobachten. Vielleicht seht ihr auch Deutschlands größte Drosselart, die Misteldrossel, wie sie mit hoch erhobenem Kopf über die Wiesen stolziert.

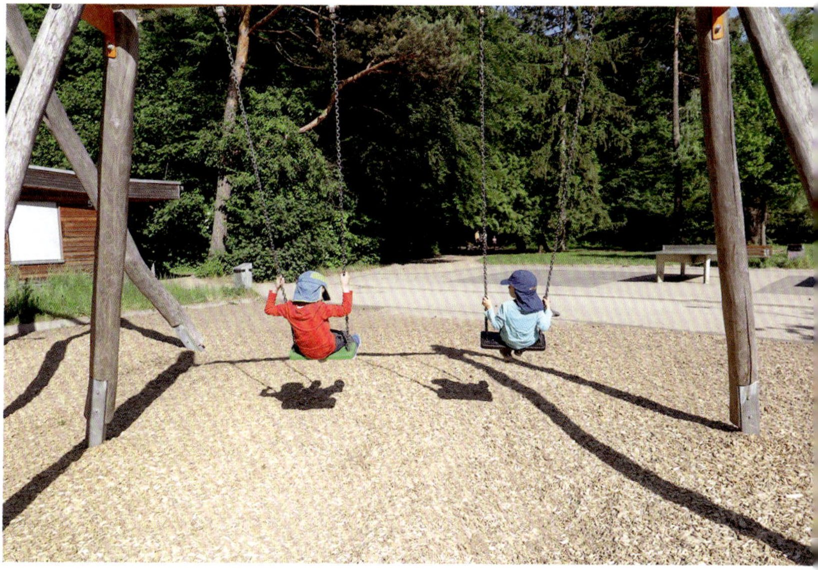

Spielplatz an der Waldau: Hier sind plötzlich die müdesten Wanderbeine wieder fit

Nach einem Linksknick wandert ihr durch ein Waldstück, bis ihr linker Hand wieder die Wiesen des Annaberger Feldes erblickt. Kurz darauf trefft ihr an einer Wegkreuzung auf einen kleinen Rastplatz.

Vom Rastplatz zum Wildgehege

km 2,5–4,5

Nun führt euch der Wanderweg nach links weiter entlang des Annaberger Feldes auf der linken und dem Kottenforst auf der rechten Seite. Nun geht es wieder durch den dichten Mischwald. Kurz bevor ihr auf den geteerten Rheinhöhenweg trefft, liegt ein Stückchen rechts rein ein kleines Waldgewässer, die Senker Kuhle. Den vor mehr als 100 Jahren von Menschenhand geschaffenen Teich speist vorwiegend Oberflächenwasser.

Die Wanderroute verläuft nun nach links über die Straße entlang der Pferdeweiden und kreuzt dabei die euch bereits bekannte 1,5 Kilometer lange Obstbaumallee. Ihr folgt weiterhin der Straße, die nun durch den Wald verläuft und biegt nach links auf einen festen Waldweg ab. Ein kurzes Stück weiter erreicht ihr rechter Hand das ganzjährig geöffnete städtische Wildgehege. Auf sieben Hektar leben in drei getrennten Gattern Damwild, Rotwild und

Wildschweine. Zwei Automaten bieten artgerechtes Futter an, das ihr über eine Futterrutsche im Zaun an die Tiere verfüttern könnt.

Das ganze Jahr über ist hier was los. Im Spätwinter oder im Hochsommer begeistern euch die frisch geborenen kleinen Babywildschweine, die Frischlinge. Und im Mai und Juni bekommen auch die Hirsche ihren Nachwuchs, Kälber genannt. Links vom Wildgehege steht eine Rasthütte und eine weitere spannende Station des Bonner Weges der Artenvielfalt. Holzwürfel zum Drehen laden zum Bestimmen und Erraten von 18 unterschiedlichen Baumarten ein.

km 4,5–5,3 **Vom Wildgehege zum Spielplatz**

Kurz vor der nächsten Wegabzweigung startet links am Weg ein Barfußpfad, der auch zum Bonner Weg der Artenvielfalt gehört. Zieht euch auf der Bank Schuhe und Socken aus und ertastet mit den bloßen Füßen die unterschiedlichen Bodenbeläge.

Wenn ihr den **Barfußweg** einmal hin und zurück gelaufen seid, biegt ihr an der nächsten Wegabzweigung nach rechts ab. Nach einem kurzen Stück trefft ihr auf einen Holzbohlensteg, den **Buchenpfad** im **Gespensterwald**. Er führt barrierefrei entlang von bis zu 250 Jahre alten, knorrigen Kopfbuchen mit einer ungewöhnlichen Wuchsform. Die besondere Gestalt der Buchen geht zurück auf das ehemalige, regelmäßige Kappen der höheren Äste, um sie als Brennholz zu nutzen. Früher weidete unter den Bäumen das Vieh. Nach dem Besuch des Gespensterwaldes geht es zurück zur Wegabzweigung und geradeaus weiter bis zu einem rechts von euch liegenden großen Spielplatz. Die ausgedehnte Spielfläche bietet viele Spielgeräte, die jedes Kinderherz höherschlagen lassen.

km 5,3–5,5 **Vom Spielplatz zurück zur Bushaltestelle**

Vom Spielplatz geht es geradeaus zum Haus der Natur und nach rechts wieder zurück zur Bushaltestelle. Wer nach dem ausgiebigen Toben Hunger hat, kann zwischen zwei Gastronomiebetrieben wählen. Zum einen bietet der Kiosk „An der Waldau“ (bei Dauerregen oder Gewitter geschlossen) Bratwurst, Pommes, Waffeln, Kuchen und Brezel sowie Eis und Getränke an. An dem Holzbüdchen seid ihr bereits auf eurem Hinweg vorbeigekommen. Und zum anderen befindet sich neben dem Haus der Natur das Restaurant und Café Gasthaus Waldau. Das Angebot reicht vom Frühstücksbüffet am Sonntag über Mittagessen bis zu Kaffee und Kuchen.

Das kleine Pony

Finn und Leonie unternehmen mit der kleinen Eidechse eine Wanderung in die Bonner Waldau. Das grüne Tier schaut aus der Rucksackseitentasche heraus und bewundert den Ausblick. Am Rande des Annaberger Feldes läuft ein kleines Pferd auf der Weide an den Zaun. Die Kinder sind ganz entzückt und streicheln es über das Fell und die Mähne. Es ist ganz zutraulich.

„Das ist bestimmt eines der Kinder von den vielen großen Pferden, die da hinten auf der Wiese stehen“, meint Leonie. „Nein, das ist ein ausgewachsenes Pferd, ein Pony. Alle erwachsenen Pferde, die kleiner als 1,48 Meter sind, nennt man bei uns in der Regel Ponys“, erklärt die Eidechse.

„Aber dieses Pony ist doch bestimmt größer“, entgegnet Finn. „Das stimmt, weil man die Größe am Widerrist misst. Das ist der Übergang vom Hals zum Rücken,“ erläutert das kleine, schlaue Tier aus der Rucksacktasche schauend.

„Auf so einem Pony möchte ich gerne mal reiten,“ sagt Finn. „Ich auch,“ stimmt Leonie ihm zu. „Einmal im Jahr veranstaltet der Pferdehof einen Tag, wo ihr auf ihnen reiten könnt. Und viele Pferdeclubs hier und woanders bieten den Mitgliedern regelmäßiges Ponyreiten an,“ weiß das kleine, grüne Reptil.

„Oh, wie schön,“ sagen beide. „Bis dahin spielen wir zu Hause mit unseren Steckenpferden. Die haben wir uns nämlich gestern aus einem Besenstiel, einem Kopf aus Pappe und einer Mähne aus Wolle gebastelt,“ erzählt Finn der kleinen Eidechse.

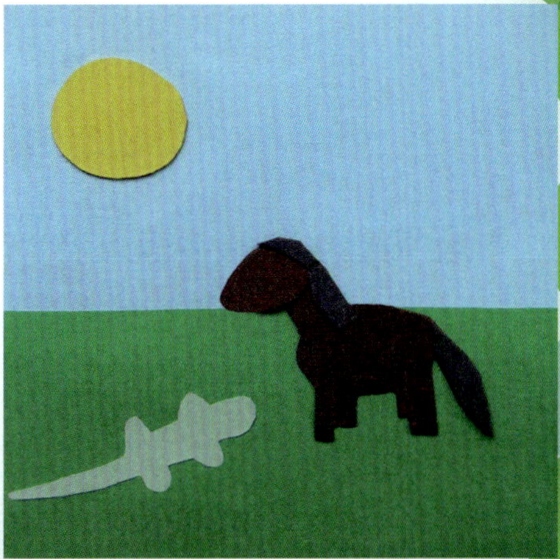

Bonn-Küdinghoven – Bonn-Holtorf

11 Waldwanderung durch den Ennert

Start	Ziel	Länge	Gehzeit	Schwierigkeit
Tramhaltestelle Schießbergweg	Bushaltestelle Forsthaus Hardt	6,1 km	2 Std.	● herausfordernd

Auf der Waldwanderung durch den Ennert erwartet euch Natur pur. Der Laubmischwald liegt aus gutem Grund im Naturschutzgebiet Siebengebirge. Denn immer wieder lassen sich unterschiedlichste Tiere, Pflanzen und Pilze entdecken. Im 19. Jahrhundert war der Ennert ein Braunkohleabbaugebiet mit Fabrikationsanlagen zur Gewinnung von Alaun. Spuren der Tätigkeit sind bis heute im Wald in Form von Hügeln aus Produktionsrückständen und Überresten der Fabrikationsanlagen sichtbar. Auf dem Höhenzug lädt das klassizistische Foveaux-Aussichtshäuschen zu einem Picknick ein. Und am Waldrand lässt ein Spielplatz jedes Kinderherz höherschlagen. Zum Abschluss lockt ein Freibad zum Abkühlen.

Ein Stück eines alten Fabrikschornsteins mitten im Ennert

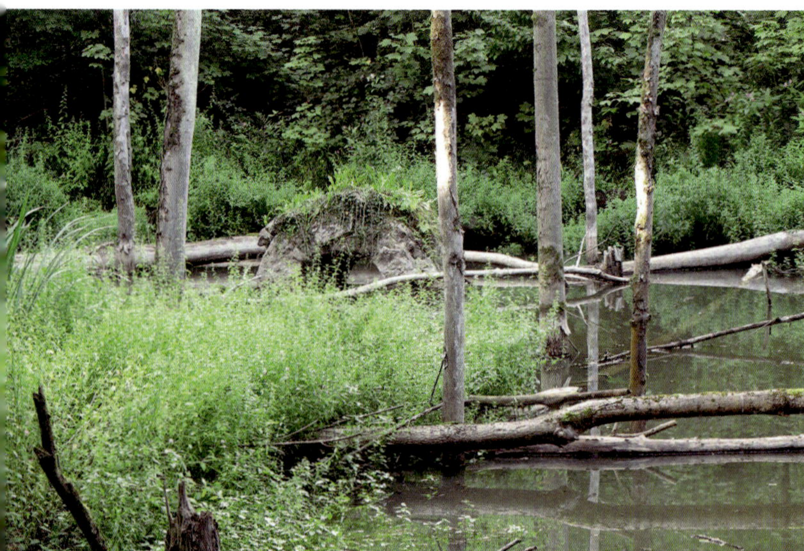

Infos zur Tour

Anfahrt
Straßenbahnhaltestelle Schießbergweg (Linie 62 ab Bonn Hbf., mehrmals stündlich, ca. 18 Min)

Rückfahrt
Bushaltestelle Forsthaus Hardt (Linie 537 bis Bonn Hbf., Mo–Sa mehrmals stündlich, So/Fei stündlich, ca. 23–27 Min je nach Verbindung)

Streckenverlauf
Straßenbahnhaltestelle Schießbergweg – Foveaux-Häuschen – Spielplatz Am Waldrand Niederholtorf – Bushaltestelle Forsthaus Hardt

Streckencharakteristik
Meist ansteigend durch Siedlung und hauptsächlich Wald mit einem steilen Anstieg hoch auf den Ennert

Wegbeschaffenheit
Bürgersteig, asphaltierte Wege und Straßen sowie mit Schotter, Split oder und Kieselsteinen durchsetzte Waldwege.

Beschilderung
Stilisierter Fluss bzw. weißes R auf Blau (Rheinsteig), Wegweisersteine

Spielplätze
Spielplatz Dorfplatz Küdinghoven; Spielplatz Am Waldrand Niederholtorf

Baden
Ennertbad
Holtorfer Straße 40 · 53229 Bonn · www.bonn.de
Saison Mai bis September, Mo–Fr 6.30–19, Sa/So 10–19 Uhr, Eintritt: Erw. 5 €, Kinder (7–18 J.) 2,50 €, Familie (1 Erw. + 2 Kinder 7–18 J.) 8,50 €, (2 Erw. + 2 Kinder 7–18 J.) 12,50 €, Kinder bis 6 J. frei

Einkehren
Bäckerei Schlösser
Königswinterer Straße 327 · 53227 Bonn · (0 22 8) 97 68 52 07 · www.baeckerei-schloesser.de
Mo–Fr 6–17, Sa 6.30–13, So 8–11 Uhr
Bäckerei und Café mit herzhaften und süßen Backwaren, belegten Brötchen und Kuchen. Heiße und kalte Getränke. Innensitzplätze.

Kleine Oase
Königswinterer Straße 264 · 53227 Bonn · (0 22 8) 92 99 36 52 · www.kleine-oase.net
Di–Sa 16–22, So 12–21 Uhr
Schnellimbiss mit Speisen wie hausgemachte Suppen, Salate, Ofenkartoffeln, Sandwiches und Burger. Vegane und vegetarische Gerichte. Für Kinder Angebote wie Fischstäbchen mit Pommes oder Spaghetti Bolognese. Große Auswahl an Kalt- und Heißgetränken. Außen- und Innensitzplätze.

Ennert

Auf Bonner Stadtgebiet erstreckt sich als Teil des Naturschutzgebietes Siebengebirge der stark bewaldete Höhenzug Ennert. Er weist eine Länge von knapp 4 Kilometern auf und erhebt sich bis auf eine Höhe von fast 200 Metern. Von 1806 bis Ende der 1870er-Jahre betrieb man hier einen intensiven Abbau alaunhaltiger Braunkohle, um daraus Alaun zu gewinnen. Das im Ennert produzierte Mineralsalz fand vor allem Verwendung in der Türkisch-Rotfärberei der Textilindustrie. Heute prägt den Ennert ein wunderschöner naturnaher Laubmischwald mit seltenen Tier- und Pflanzenarten. Hier fühlen sich neben Feuersalamander, Glattnatter und Uhu auch der Zweiblättrige Blaustern und das Berg-Steinkraut zu Hause.

km 0–2,5 Von der Straßenbahnhaltestelle Schießbergweg zum Foveaux-Häuschen

Los geht es von der Straßenbahnhaltestelle über den asphaltierten Schießbergweg, einem Fuß- und Radweg, durch ein Ein- und Mehrfamilienhausgebiet. Ihr trefft auf die quer zu euch verlaufende Verkehrsachse Königswinterer Straße, an der die Bäckerei Schlösser zu einem kleinen Frühstück einlädt. Und etwa 400 Meter links von hier liegt an der Königswinterer Straße der Schnellimbiss Kleine Oase. Ihr überquert die Verkehrsstraße über die Fußgängerampel,

Die Esel freuen sich bestimmt über euren Besuch

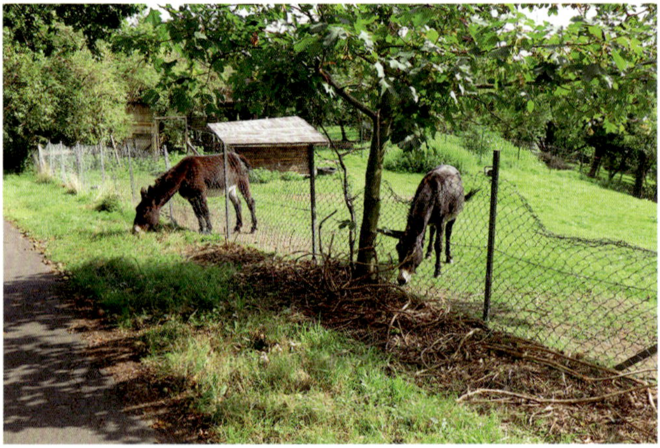

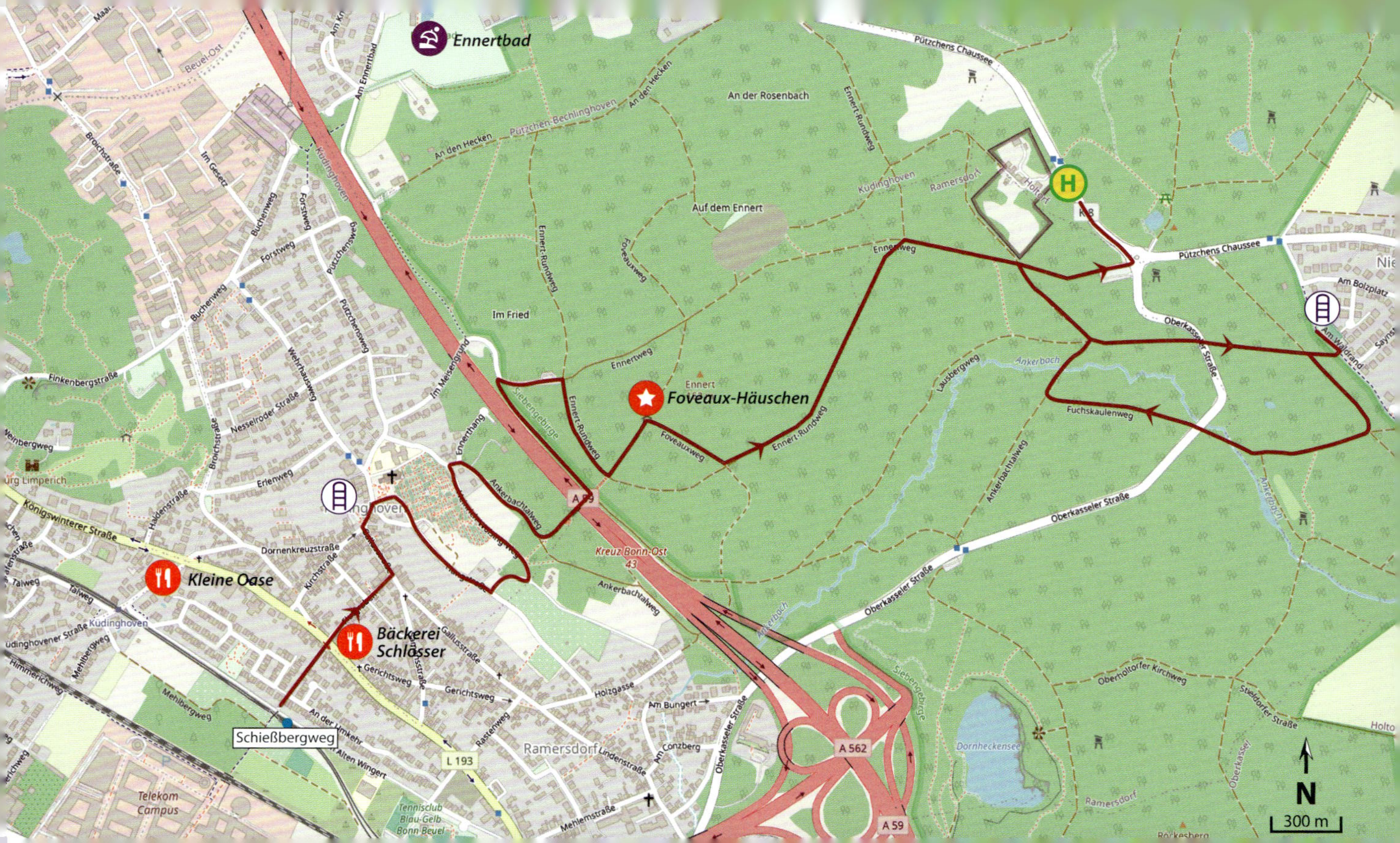
Ennertbad
Foveaux-Häuschen
Kleine Oase
Bäckerei Schlösser
Schießbergweg
N
300 m

folgt dem Flutgraben, um dann nach links über die Gallusstraße weiter durch den gemütlichen Bonner Ortsteil **Küdinghoven** zu wandern. Linker Hand trefft ihr auf den grünen, baumbestandenen Dorfplatz mit einem Spielplatz. Rechter Hand liegt an der Straße die Kleine Bäckerei und lockt mit selbst gemachten süßen und herzhaften Backwaren, bevor es in den Wald geht.

Nun führt euch rechts die Hangstraße den Berg hoch, vorbei an einem Friedhof und Gartengrundstücken. Bevor ihr gleich nach links den Ankerbachtalweg hoch wandert, bestaunt ein paar Meter weiter die Esel auf der Weide, die sich die Gräser und Kräuter der Wiese schmecken lassen. Folgt der Wanderstrecke den bewaldeten Hang aufwärts. Am Heinrich-Wolsing-Weg trefft ihr rechter Hand auf eine erste kleine Treppe. Die Wanderroute führt von hier auf direktem Wege zum Foveaux-Häuschen, da zwischendurch Treppen die Strecke verkürzen. Mit dem Kinderwagen geht es stattdessen in Serpentinen bergauf. Nach der ersten Kehre führt der Weg über den Ankerbachtalweg bis er im Wald nach links einen Hang hoch läuft. Hier befindet sich eine kürzere Treppe, die auch mit dem Kinderwagen gut zu bewältigen ist.

Nun spaziert ihr über eine die Autobahn A59 überspannende Fußgängerbrücke. Nach dem Überqueren seid ihr am Fuß des naturnahen Ennertwaldes angekommen. Eine lange Holztreppe führt auf direktem Weg den Waldhang hinauf. Mit dem Kinderwagen geht es nach links wieder in einer Serpentine bergauf bis zum oberen Ende der Treppe. Folgt dabei dem Wegweiserstein Richtung Foveaux-Häuschen. Nun leitet euch ein mit Kieselsteinen durchsetzter steiler Weg den Hang hoch bis zum **Foveaux-Häuschen**.

Um 1820 ließ der Kölner Tabakfabrikant Heinrich Josef Foveaux diesen offenen Pavillon aus Sandsteinquadern und Basaltsteinen im klassizistischen Stil errichten, da er in der Nähe den Mylendonker Hof besaß. Auf der Wiese laden Bank-Tisch-Gruppen zum Picknicken ein. Und auch im Häuschen steht euch eine Steinbank mit einem Steintisch zur Verfügung.

Schaut euch mal genau den Tischfuß an. Könnt ihr erraten, woraus er besteht? Es ist ein Säulenstück aus dem zum größten Teil abgerissenen mittelalterlichen Kloster Heisterbach. Dessen Ruine ist ein beliebtes Ausflugsziel im Siebengebirge. Einst bot sich vom Foveaux-Häuschen ein freier Blick auf das Siebengebirge und in das Rheintal.

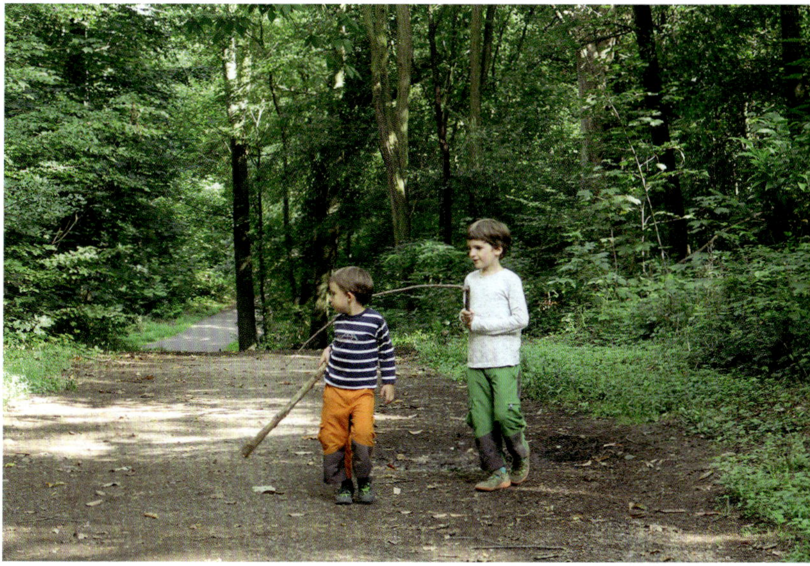

Der Wald bietet reichlich Gelegenheiten zum Entdecken und Spielen

Vom Foveaux-Häuschen zum Spielplatz Am Waldrand Niederholtorf

km 2,5–4,5

Frisch gestärkt geht es weiter. Ihr lauft nach rechts den Foveauxweg bergab. An der nächsten Wegkreuzung biegt die Wanderstrecke nach links ab und verläuft über den Ennert-Rundweg weiter durch das Waldgrün. Ein hoher Anteil an Laubbäumen, vor allem mächtige Buchen prägen den Ennert. Fichtenbestände wandelt das Regionalforstamt schrittweise in einen naturnahen Mischwald um. Bunt-, Mittel- und sogar der Schwarzspecht fühlen sich hier wohl. Vielleicht habt ihr Glück und entdeckt einen der Hirschkäfer-Männchen mit seinen an ein Geweih erinnernden großen Oberkiefern.

Ihr verlasst den Ennert-Rundweg nach rechts auf den Ennertweg in Richtung Ennertparkplatz, auf Wegweisersteinen mit einem kleinen Parkplatzsymbol und Ennert gekennzeichnet. Hier stehen für eine Pause zwei einfache Holzbänke und ein Baumstumpf als Tisch bereit. Nach einem Stück biegt der Waldweg gegenüber vom umzäunten Wildgehege der Forschungsstelle für Jagdkunde und Wildschadenverhütung nach rechts ab. Leider ist das Wildgehege nicht für die Öffentlichkeit gedacht, aber ihr könnt durch den Zaun in einiger Entfernung hier und da Wildtiere wie das Damwild erspähen. Folgt der Wanderstrecke, welche die Oberkasseler Straße überquert, einen bewaldeten Hügel hinauf und aus dem Wald hinaus führt.

Schaut euch beim Hügel hochwandern einmal genau den Boden an. Das Rotbraune in der Erde sind Produktionsrückstände der Alaunproduktion im 19. Jahrhundert. Dafür verbrannten Arbeiter die vor Ort im Untertagebau geförderte Braunkohle, um aus der Asche das Mineralsalz Alaun zu gewinnen. Die verkippten Rückstände aller drei Fabrikationsanlagen im Ennert summieren sich auf 300.000 Tonnen und überformten die natürliche Landschaft stark. Am Waldrand von **Niederholtorf** trefft ihr auf einen schönen Spiel- und Bolzplatz. Auf dem nebenliegenden Bolzplatz macht es Spaß, einen kleinen Wettbewerb im Tore schießen und Ball halten auszutragen. Nehmt euch dafür von zu Hause einen kleinen Ball mit.

km 4,5–6,1 Vom Spielplatz Am Waldrand Niederholtorf zur Bushaltestelle Forsthaus Hardt

Nach dem Spielen geht es langsam in Richtung Bushaltestelle. Dafür wandert ihr wieder zurück in den Wald und folgt dem Weg nach links. Der Pfad führt an der nächsten Kreuzung nach rechts den Hügel hinab. Bevor ihr wieder die Oberkasseler Straße überquert, um zum Ennertparkplatz zu wandern, stoßt ihr auf eine weitere Hinterlassenschaft der einstigen Alaunproduktion. Rechter Hand liegt im Bereich des Ankerbachs ein Stück eines alten Fabrikschornsteins. Er ist einer der wenigen verbliebenen baulichen Überreste der Alaunhütte II.

Vom Ennertparkplatz sind es nach links über die Pützchens Chaussee noch etwa 200 Meter bis zur Bushaltestelle Forsthaus Hardt. Habt ihr zum Abschluss eurer Wanderung Lust auf eine Abkühlung? Dann ist Schwimmen im **Freibad Ennertbad** genau das Richtige. Steigt dafür auf der Rückfahrt mit dem Bus an der Haltestelle Holtorfer Straße aus. Das Freibad bietet neben einem Sport- und einem Sprungbecken ein großflächiges Nichtschwimmerbecken. Den Schwimmbereich umgibt eine von Bäumen begrenzte Wiesenfläche zum Sonnenbaden. Und ein Holzschiff auf einer Sandfläche lädt zum Piraten spielen ein.

Das Geheimnis im Wald

Als Daniel, Jana und die kleine Eidechse im Ennert durch den Wald laufen, entdeckt Daniel etwas Interessantes. „Schaut mal, da in dem Tümpel liegt etwas. Das sieht aus wie ein Stück eines Schornsteins." „Ja, das sehe ich auch. Das ist ja komisch. Was macht der denn im Wald?", fragt Jana. „Vielleicht hat hier mal jemand im Wald in einem Haus gewohnt und jetzt ist es ganz verfallen", meint die Eidechse. Jana hat etwas Weiteres entdeckt.

Aus dem Waldboden ragt ein Stück eines alten Schildes. Nachdem sie es gemeinsam vom Dreck befreit haben, können sie auf dem verrosteten Schild nur die Buchstaben A, L und N erkennen. Sie rätseln, was das heißen könnte. Die Echse hat eine Idee: „Wir fragen einen Einheimischen, ob er etwas weiß." Es dauert nicht lange und sie sehen einen älteren Wanderer.

„Entschuldigung. Wissen sie, warum hier ein Schornsteinstück im Wasser liegt?", fragt Daniel. „Ja, das weiß ich", antwortet er. „Oh, ihr habt ja ein Schild gefunden. Das soll wohl Alaunfabrik heißen. Mein Uropa hat dort früher gearbeitet. Vor über 100 Jahren stand hier kein Baum. Die Menschen bauten Braunkohle ab, verbrannten sie und gewannen aus der Asche Alaun", erzählt der Mann.

„Dann ist das im Tümpel das Stück eines Fabrikschornsteins?", fragt Jana. „Ja, genau. Die Fabrikanlagen riss man ab. Nur wenige Reste haben die Zeit überdauert", antwortet er. „Spannend", findet Daniel. „Ihr könnt im Wald sicher noch mehr entdecken", meint der ältere Herr. „Ja, bestimmt. Vielen Dank", sagt Daniel. Und schon verabschieden sie sich und suchen nach weiteren alten Spuren im Wald.

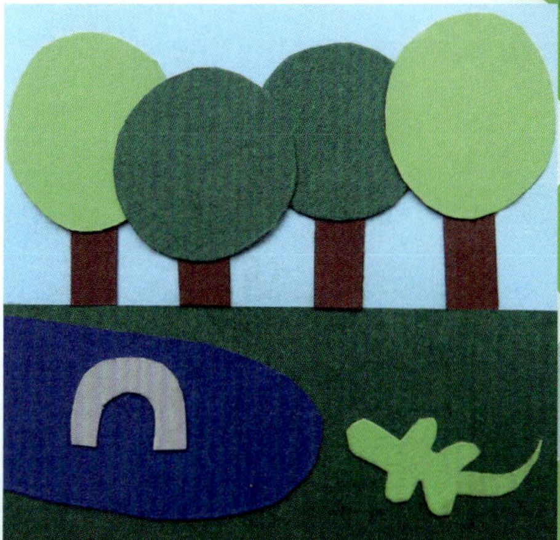

12 Durchs Siebengebirge zur Klosterruine Heisterbach

Start	Ziel	Länge	Gehzeit	Schwierigkeit
Bhf Niederdollendorf	Bhf Niederdollendorf	6,6 km	2 Std.	● herausfordernd

Die Wanderstrecke führt hoch auf einen Weinberg mit einer wunderschönen Aussicht auf das Rheintal und weiter durch einen Laubmischwald bis zur Klosteranlage Heisterbach mit Ursprung im 12. Jahrhundert. Bestaunt die Chorruine der ehemaligen Abteikirche und erkundet den Landschaftsgarten. Zur Einkehr lädt das Restaurant Klosterstube ein. Anschließend geht es bergab durch Wald und entlang Streuobstwiesen zurück nach Niederdollendorf. Im Brückenhofmuseum, einem Heimatmuseum in einem alten Fachwerkhaus, gibt es Spannendes vergangener Zeiten zu entdecken wie Uromas Küche oder eine Modellanlage mit der ehemaligen Heisterbacher Talbahn.

Blick über die Weinreben auf Oberdollendorf

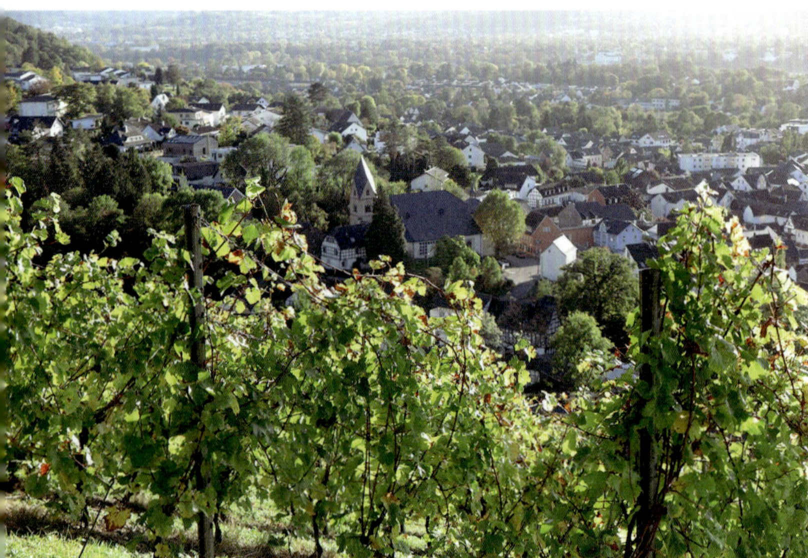

Infos zur Tour

An-/Rückfahrt
Bahnhof Niederdollendorf (RB27, RE8 ab Köln Hbf., mehrmals stündlich, ca. 38–43 Min je nach Verbindung)

Streckenverlauf
Bahnhof Niederdollendorf – Aussichtspunkt Hülle – Dollendorfer Bach – Klosterruine Heisterbach – Streuobstwiese – Bahnhof Niederdollendorf

Streckencharakteristik
Aufwärts durch Siedlung und Weinberg, moderat auf- und ab durch Wald zur Klosterruine, abwärts durch Wald, Wiesen und Siedlung

Wegbeschaffenheit
Bürgersteig, asphaltierte Wege und Straßen, mit Schotter durchsetzte Waldwege

Beschilderung
Stilisierter Fluss bzw. weißes R auf Gelb oder Blau (Rheinsteig), Wegweisersteine

Besichtigungen
Brückenhofmuseum
Bachstraße 93 · 53639 Königswinter ·
(0 22 23) 91 26 23 ·
www.brueckenhofmuseum.de
Saison von Apr. bis Dez., in der Regel geöffnet jeden ersten und zweiten Sonntag im Monat 14–17 Uhr
Kostenfreies Heimatmuseum in einem Fachwerkhaus aus dem 17. Jhd. u. a. mit einer Küche aus Uromas Zeiten, einer Schuhmacherwerkstatt und einer Modellanlage vom Basaltabbau am Weilberg mit der ehemaligen Heisterbacher Talbahn. Wechselnde Sonderausstellungen. Museumsshop.

Einkehren
Klosterstube Heisterbach
Heisterbacher Straße ·53639 Königswinter ·
(0 22 23) 70 21 75 ·
www.klosterstube-heisterbach.de
Di–Fr 10–17/18 Uhr (01.11.–31.03/01.04.–31.10.), Sa/So ab 10 Uhr geöffnet
Restaurant auf dem Gelände des Kloster Heisterbach. Frühstücksangebot sowie bürgerliche Hausmannskost wie Kartoffelsuppe, Salatteller, Flammkuchen und Schnitzelgerichte. Für kleine Gäste z. B. Pancakes mit Marmelade. Kaffee und Kuchen. Innensitzplätze sowie Außensitzplätze auf der Sonnenterrasse. Hochstühle und Wickelmöglichkeit.

Eiscafé De Bona
Heisterbacher Straße 21 · 53639 Königswinter ·
(0 22 23) 23 80 0 ·
facebook: Eiscafé De Bona Niederdollendorf
Saison Februar bis September
Di–So 10.30–20.30 Uhr, Mo Ruhetag
Selbstgemachtes italienisches Milch- und Fruchtspeiseeis in der Waffel zum Mitnehmen. Eisbecher, frisch gebackene Waffeln und weitere Leckereien. Heiße und kalte Getränke. Innen- und Außensitzplätze.

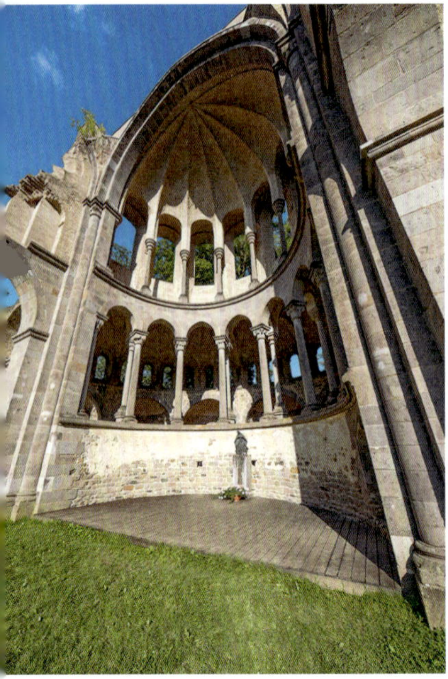

Mittelalterliche Chorruine

Klosterruine Heisterbach

Im waldreichen Siebengebirge liegt auf dem Stadtgebiet von Königswinter das Gelände der ehemaligen Zisterzienserabtei Heisterbach. 1189 gegründet, besaß das Kloster ab 1237 eine Abteikirche mit einer Länge von 88 Metern und eine Breite von 44 Metern. Nur der Kölner Dom übertraf zu dieser Zeit deren Größe. Nach über 600 Jahren geistlicher Tätigkeit, führte die Säkularisation 1803 zur Aufhebung des Kloster Heisterbach.

Anschließend kaufte ein Unternehmen die Abtei zum Abriss. Die beim Abbruch anfallenden Steine fanden auch beim Bau der Festung Ehrenbreitstein in Koblenz Verwendung. 1818 unterband der Oberpräsident der Rheinprovinz weitere Sprengungen, sodass der Chor der Abteikirche, das barocke Torhaus, die Zehntscheune und das Brauhaus erhalten blieben. 1820 erwarb Graf zur Lippe-Biesterfeld das Gelände und ließ einen englischen Landschaftsgarten anlegen. Mit den Cellitinnen zog 1919 wieder klösterliches Leben in die Mauern ein.

km 0–1,5 **Vom Bahnhof Niederdollendorf zum Aussichtspunkt Hülle**

Am Bahnhof Niederdollendorf startet eure Wanderung durch Weinberge und Wald zur Klosterruine Heisterbach. Wer Lust auf ein Eis als Wegzehrung für das erste Stück Wanderstrecke hat, schaut rechts kurz hinter dem Bahnübergang beim Eiscafé De Bona vorbei.

Der Wanderweg führt aber nach links ein langes Stück die Heisterbacher Straße entlang. Auf dem Bürgersteig geht es durch die Königswinterer Ortsteile Nieder- und Oberdollendorf. Dabei kommt ihr an der Bäckerei Gilgen's vorbei. Bald stoßt ihr nach dem Überqueren einer Fußgängerampel linker Hand auf eine kleine Grünanlage mit Parkbänken und Brunnen. Als Einstimmung auf den Besuch der Klosterruine Heisterbach steht auf der Wiese die

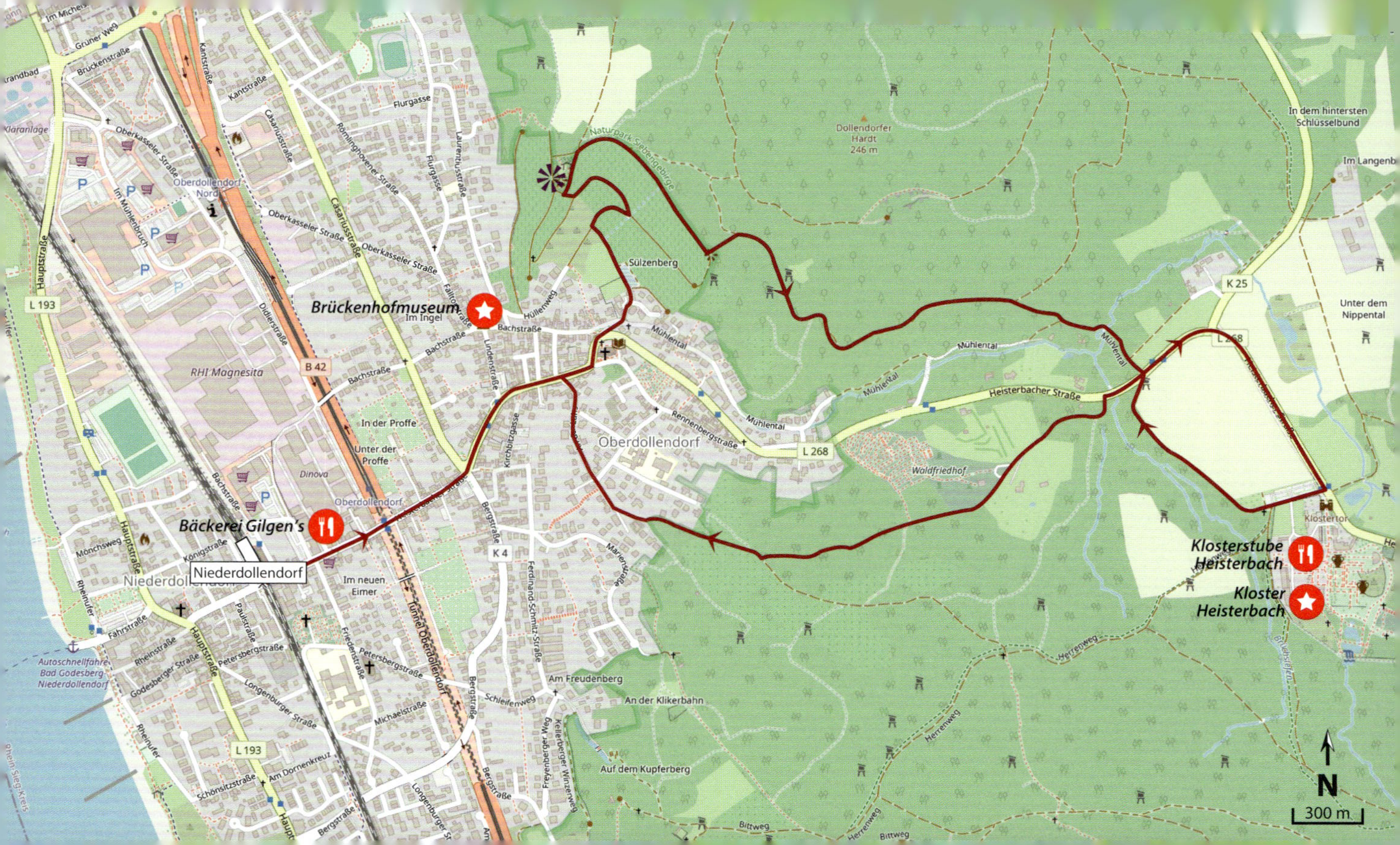
Brückenhofmuseum
Bäckerei Gilgen's
Niederdollendorf
Oberdollendorf
Klosterstube Heisterbach
Kloster Heisterbach
Dollendorfer Hardt 246 m
Sülzenberg
Heisterbacher Straße
Mühlental
Waldfriedhof
L 268
K 25
B 42
L 193
K 4
N
300 m

Bronzeplastik eines Mönches, der schreibend an einem Pult steht. Die Figur stellt den Prior Caesarius von Heisterbach da, der ab 1199 in der Abtei Heisterbach lebte.

Ihr folgt weiter der ansteigenden Heisterbacher Straße, die einige alte Fachwerkhäuser säumen. Für einen Abstecher zum **Brückenhofmuseum**, einem Heimatmuseum, biegt ihr links in die Lindenstraße ab. Am Ende der Straße erblickt ihr das alte Fachwerkhaus mit dem Museum. Entdeckt hier zum Beispiel in einer alten Küche, mit welchen Geräten einst eure Urgroßmutter die Wäsche bügelte und das Mittagessen kochte. Oder bestaunt ein detailliertes Modell der ehemaligen Heisterbacher Talbahn in einem Steinbruch.

Zurück auf dem Wanderweg zweigt nach dem Passieren der St. Laurentius Kirche von der Heisterbacher Straße nach links der Weg Cahns Berg ab. Der Hüllenweg leitet euch weiter am Weingut Sülz vorbei und dann hoch in den **Weinberg**. Auf etwa 8 Hektar erstrecken sich unzählige Weinstöcke auf Flächen mit den Lagebezeichnungen Laurentiusberg, Rosenhügel und Sülzenberg. Es handelt sich um den nördlichsten Weinbaubereich Westdeutschlands mit einer über 1000-jährigen Tradition. Ihr befindet euch hier am Fuß der Dollendorfer Hardt, einem bis zu 246,7 Meter hohen Berg des Siebengebirges. Der sehr gut begehbare asphaltierte Weg führt hoch zu einem kleinen Rastplatz in Form einer Bronzeplastik, um die sich eine Bank gruppiert.

Am Rastplatz biegt der Wanderweg nach links ab und es geht weiter hoch durch den Weinberg bis zum **Aussichtspunkt Hülle**. Von hier bietet sich eine tolle Aussicht über Ober- und Niederdollendorf bis nach Bonn mit dem Venusberg, der über den Rhein gespannten Konrad-Adenauer-Brücke sowie dem Post Tower und UN-Hochhaus. Bänke und eine Hütte laden zu einem Picknick ein.

km 1,5–3,5

Vom Aussichtspunkt Hülle zur Klosterruine Heisterbach

Am Aussichtspunkt Hülle vorbei wandert ihr im Rechtsbogen oberhalb der Weinberge entlang. Dabei bietet sich ein traumhafter Blick über die Weinreben in das Rheintal. Habt ihr schon den Drachenfels am Horizont entdeckt? Bei der Wanderung orientiert ihr euch am Logo des Rheinsteigs und vor allem an den Wegweisersteinen mit der Beschriftung Kloster Heisterbach.

Kurz bevor die Weinlagen enden, knickt die Strecke nach links

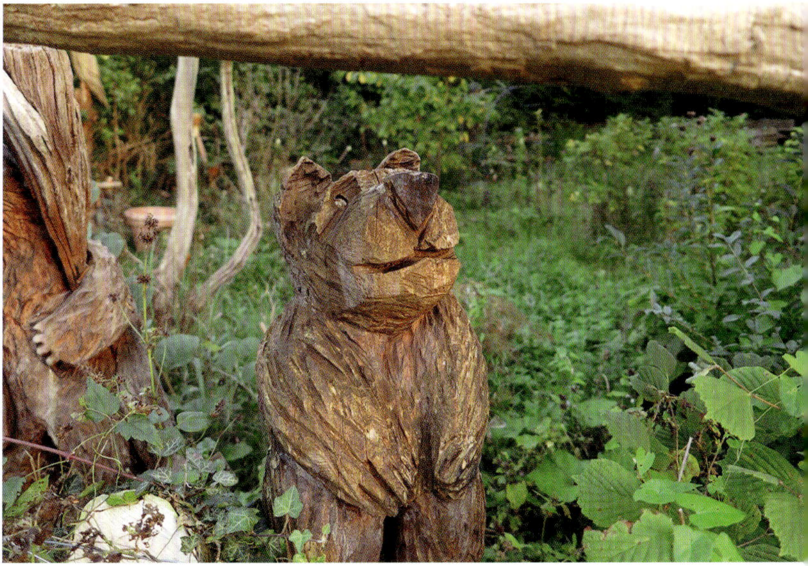

Der Bär sieht aus, als wäre er grade einem Kinderbuch entsprungen

in den Wald ab. Der mit Schotter und teils Kies durchsetzte Weg schlängelt sich durch einen Laubmischwald, dominiert von großen und kleinen Buchen. Nach einem guten Wegstück trefft ihr im Wald an einem Abzweig auf rot-weiße Absperrpfosten mit einer daneben stehenden Bank. Der Weg führt nach links weiter. Kurz darauf gelangt ihr zu dem bei Kindern beliebten kleinen Dollendorfer Bach.

Nun führt der Waldweg bis zur L268, der Heisterbacher Straße. Ihr überquert die Verkehrsstraße und wandert nach links auf dem asphaltierten Fußgängerweg in Richtung Klosterruine Heisterbach. Nach einer Rechtskurve leitet euch die Strecke entlang einer Baumallee bis zum barocken Torhaus der alten Abtei. Der Besuch lohnt sich. Erkundet das Gelände mit der mittelalterlichen Chorruine der einst 88 Meter langen Abteikirche. Vor der Ruine zeigen Markierungen im Boden den einstigen Verlauf der Kirchen- und Klostermauern sowie die Positionen der Säulen im Kirchenschiff.

Nahe der Klosterstube steht im Innenhof ein Lapidarium, ein großes überdachtes Regal, in dem zahlreiche große Steinfragmente lagern. Es ist die Sammlung archäologischer Fundstücke von Grabungen auf dem Klostergelände. Sie halfen bei der digitalen Rekonstruktion der ehemaligen Abteikirche. In der erhalten gebliebenen Zehntscheune aus den 1720er-Jahren finden heute Konzerte statt. Einst diente das Gebäude dem Lagern der an das Kloster entrichteten Abgaben in Form von Naturalien. Auf dem Gelände befinden sich zudem die 1953 erbaute Klosterkirche, das Altenheim Kloster Heisterbach und das Haus Heisterbach, ein Wohnhaus für schwangere und alleinerziehende Frauen und ihre Kinder.

km 3,5–6,6 **Von der Klosterruine Heisterbach zum Bahnhof Niederdollendorf**

Durch das Torhaus hindurch führt der Wanderweg nach links über den Parkplatz entlang der Klostermauer. Ihr folgt hier dem Wegweiserstein in Richtung Oberdollendorf.

Linker Hand Wald und rechter Hand Feld stößt der Weg nach einem Stück auf die Heisterbacher Straße, die L268. Ihr wandert auf dem asphaltierten Fußweg entlang der Straße nach links, bis ihr an dem mit Waldfriedhof beschrifteten Schild wiederum nach links abbiegt. Ein breiter gepflasterter Weg führt aufwärts durchs Grüne. Den Zaun eines Grundstücks schmücken kunstvoll geschnitzte süße Tierfiguren wie Bär, Eichhörnchen und Eule.

An der Friedhofskapelle vorbei geht der Pflastersteinweg in einen geschotterten Fußweg über und mündet in einen Wald, unterbrochen von Wiesenflächen und Lichtungen. Auf einer Wiese stehen zahlreiche hochstämmige Streuobstbäume, die seit über 30 Jahren die Bürgerinitiative Naturschutz Siebengebirge e. V. pflegt. Der Verkauf der Ernte dient der Finanzierung der Pflegemaßnahmen.

Wenn der Weg ein Stück weiter aus dem Wald heraustritt, trefft ihr nochmals auf eine solche Streuobstwiese. An dieser informiert eine Tafel zur Geschichte und Bedeutung der Streuobstwiesen und eine Holzbank lädt zu einer Pause ein. Der Petersberger Weg führt an der Streuobstwiese vorbei nach rechts und bergabwärts durchs Grün bis zu modernen Einfamilienhäusern an der Straße An der Luhs.

Diese Straße leitet euch nach rechts weiter bergab durch die Wohnbebauung bis zur Heisterbacher Straße in Oberdollendorf, die ihr bereits von eurem Hinweg kennt. An ihr laden die Eisdiele und Bäckerei zur Einkehr ein, bevor es mit dem Zug vom Bahnhof Niederdollendorf wieder zurück nach Hause geht.

Das kleine Gespenst von Kloster Heisterbach

Mias und Lauras Papa besitzt ein altes Märchenbuch, aus dem er ihnen hin und wieder vorliest. Ein Märchen lieben sie besonders, das vom kleinen lieben Gespenst von Kloster Heisterbach. Dann sagt Mia immer:

„Das kleine Gespenst würde ich gerne mal treffen." Ihr Papa erwidert: „Nun ja, ihr wisst schon, dass es keine Gespenster gibt. Aber wir können einen Ausflug zur Klosterruine Heisterbach unternehmen." Am nächsten Wochenende fahren sie dort hin. Als die Mädchen durch die Ruine laufen, hören sie ein pfeifendes Geräusch. „Was war das?", fragt Mia. „Ach, das war der Wind. Papa sagt, es gibt keine Gespenster", antwortet Laura. „Aber das kleine liebe Gespenst würde ich schon gerne treffen", meint Mia.

Da hören sie ein süßes Kichern. „Bist du das kleine Gespenst?", fragt Mia. „Ja", antwortet eine kindliche Stimme. „Wo bist du?", fragen beide. „Hier", und da sehen sie ein niedliches Gespenst an der Decke fliegen. „Davon müssen wir zu Hause der kleinen Eidechse berichten", freut sich Mia. „Ich lebe hier seit hunderten Jahren. Und ganz selten zeige ich mich. Ich liebe es, den Besuchern kleine Streiche zu spielen." „Und welche?", wollen Mia und Laura wissen. „Wartet mal ab."

Der Vater beißt grade in ein hart gekochtes Ei, das er vorher mit Salz bestreut hat. „Bäh, das ist ja Zucker. Wer hat denn Zucker in den Salzstreuer getan?" Mia und Laura müssen laut lachen. „Wart ihr das?" „Nein, das war ein Gespenst", antworten beide. „Ach, Gespenster gibt es gar nicht", sagt der Vater. „Wenn Du meinst", entgegnen Mia und Laura und können sich vor lauter Lachen kaum noch halten.

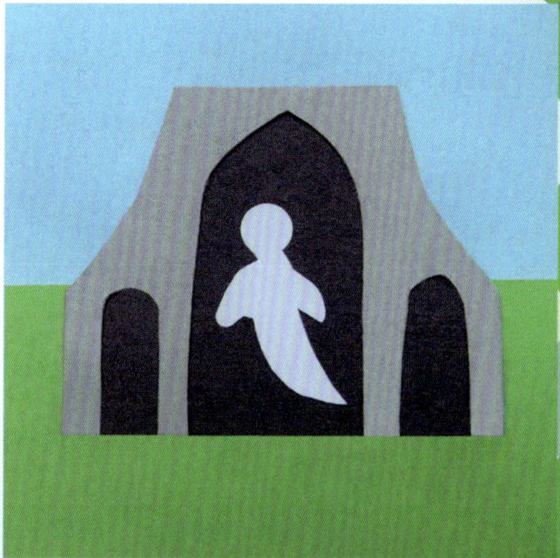

Königswinter-Drachenfels

13 Vom Drachenfels durchs Nachtigallental

Start	Ziel	Länge	Gehzeit	Schwierigkeit
Bhf Königswinter	Bhf Königswinter	5 km	2 Std.	● mittel

Anfangs geht es mit der historischen Drachenfelsbahn hoch auf den Drachenfels mit seiner mittelalterlichen Burgruine und einer fantastischen Aussicht auf das Siebengebirge und das Rheintal. Von hier führt die Wanderung auf breiten Wegen bergab durch das Siebengebirge. Dabei wandert ihr in einem großen Bogen durch Laubmischwald bis zur romantischen Gaststätte Milchhäuschen. Weiter entlang von Wiesen und durch Wald leitet euch der Weg Richtung Schloss Drachenburg. Ein Abstecher zur Besichtung der Schlossanlage mit dem Schlosspark lohnt sich. Anschließend geht es durch das Nachtigallental hinab bis nach Königswinter. Dabei begleitet euch die ganze Zeit ein kleiner Bach.

Touristen von nah und fern lockt es auf den sagenumwobenen Drachenfels

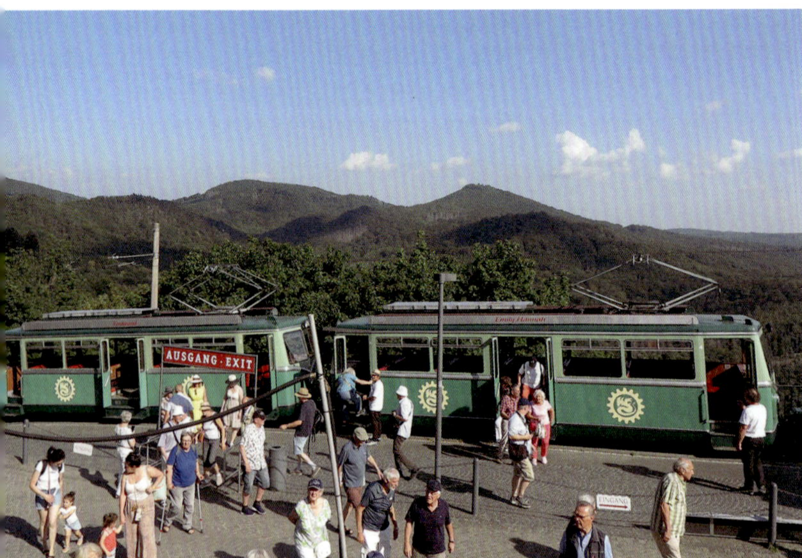

Infos zur Tour

An-/Rückfahrt

Bahnhof Königswinter (RE8, RB27, mehrmals stündlich ab Köln Hbf., ca. 41–45 Min je nach Verbindung)

Streckenverlauf

Bahnhof Königswinter – Drachenfels – Milchhäuschen – Hirschberghütte – Willi Ostermann-Denkmal – Bahnhof Königswinter

Streckencharakteristik

Die meiste Zeit bergab durch Laubmischwald sowie entlang von Wiesen

Wegbeschaffenheit

Großteils feste Waldwege mit Schotter oder Split, ansonsten Gehweg und Straße

Beschilderung

Weißes K (Kölner Weg), stilisierter Fluss bzw. weißes R auf Blau (Rheinsteig), Wegweisersteine.

Baden

Lemmerzbad
www.schwimmtreff.koenigswinter.de
Mai bis Anfang September
Eintritt: 4,50 € Erw.,
3,50 € Schüler (ab 14 J.),
2,50 € Kinder (5–13 J.),
1 € Kleinkinder (1–4 J.)

Öffentliche Personenbeförderung

Drachenfelsbahn
Drachenfelsstraße 51 · 53639 Königswinter ·
(0 22 23) 92 09 0 ·
www.drachenfelsbahn.de
in der Regel bis ca. Mitte November tgl. vormittags bzw. mittags bis abends 17–19 Uhr
Berg- oder Talfahrt/Berg- & Talfahrt: Erw. 10/12 €, Kinder (4–13 J.) 5/6 €, Familien (2 Erw. & 2 Kinder) 25/30 €, plus 1 € für Kinderwagen
Keine Mitnahme von Outdoorkinderwagen/Fahrradanhängern
Zahnradbahn hoch auf den Drachenfels mit Zwischenhalt am Schloss Drachenburg. Talstation mit Drachenfelsbahn-Modellbahnanlage, Tourist-Info und Wickelmöglichkeit.

Besichtigungen

Schloss Drachenburg
Drachenfelsstraße 118 · 53639 Königswinter ·
(0 22 23) 90 19 70 ·
www.schloss-drachenburg.de
in der Regel tgl. 11/12–17/18 Uhr
Erw. 8 €, Kinder (6–17 J.) 6 €, Familien 18 €
1882–1884 erbautes Schlossensemble mit Schlosspark. Besichtigung Innenräume und Nordturm. Dauerausstellung zur Schlossgeschichte. Restaurant und Souvenirshop. Wickelmöglichkeit.

Einkehren

Milchhäuschen
Elsigerfeld 1 · 53639 Königswinter ·
(0 22 23) 90 61 04 2 ·
www.milchhaeuschen.com
Do/Fr 11–16, Sa/So 10–17 Uhr,
Traditionsgaststätte umgeben von Wald. Frühstücksangebot und Mittagsgerichte wie Eintöpfe, Salate, Pfannkuchen, Pommes und Bockwurst. Kaffee & Kuchen. Innen- und Außensitzplätze.

Königswinter

Rund 41000 Bürger bewohnen die geschichtsträchtige Stadt Königswinter im südlichen Nordrhein-Westfalen. Die etwa 76 Quadratkilometer große Gemeinde prägt ihre Lage am Rhein, das bewaldete Siebengebirge und das Oberpleiser Hügelland. Wegen der Nähe zur ehemaligen Bundeshauptstadt Bonn erlangte Königswinter weltweite Bekanntheit durch den Petersberg, Sitz des Bundesgästehauses der Bundesregierung. Und der Drachenfels mit seiner mittelalterlichen Burgruine ist seit dem Beginn der Rheinromantik im 19. Jahrhundert Anziehungspunkt für Touristen. Zahlreiche Wanderwege durchziehen das Siebengebirge, welches dank seines großen Naturschutzgebietes Heimat vieler seltener Tier- und Pflanzenarten ist.

km 0–0,5 **Vom Bahnhof Königswinter zum Drachenfels**

Bevor die Wanderung richtig startet, geht es vom Bahnhof Königswinter bis zur Talstation der Drachenfelsbahn und hoch auf den Drachenfels. Dafür lauft ihr nach links die Bahnhofsallee herunter und folgt der Wilhelmstraße, bis ihr linker Hand die Bahngleise überqueren könnt. Dabei seht ihr am Horizont bereits die auf dem bewaldeten Drachenfels thronende Burgruine und davor das Schloss Drachenburg. Nach dem Passieren des Bahnübergangs folgt ihr der Drachenfelsstraße und nach einem Rechtsknick liegt auf der linken Seite die Talstation der **Drachenfelsbahn**.

Von hier geht es mit der dienstältesten Zahnradbahn Deutschlands hoch bis zur Bergstation auf 289 Höhenmetern. Die Fahrt in den nostalgischen 1950er- bis 1970er-Jahre Triebwagen ist ein Erlebnis für Groß und Klein. Im langsamen Tempo fährt die Bahn die 1520 Meter lange Strecke mit einer Steigung von maximal 20 Prozent den Berg hinauf. Dabei habt ihr immer wieder eine schöne Aussicht ins Grüne. Oben angekommen, bietet das **Drachenfelsplateau** einen Rundblick auf das umliegende Siebengebirge, das Rheintal mit dem Rhein und die Bundesstadt Bonn. Fehlen darf hier oben natürlich nicht der kurze Aufstieg zur historischen **Burgruine Drachenfels** mit Ursprung im 12. Jahrhundert. Auf dem Drachenfelsplateau habt ihr die Möglichkeit zur Einkehr im Restaurant Der Drachenfels.

Tipp: Für strahlende Kinderaugen sorgt ein alter Automat hinter dem Restaurant. Nach Geldeinwurf erzählt eine Drachenmarionet-

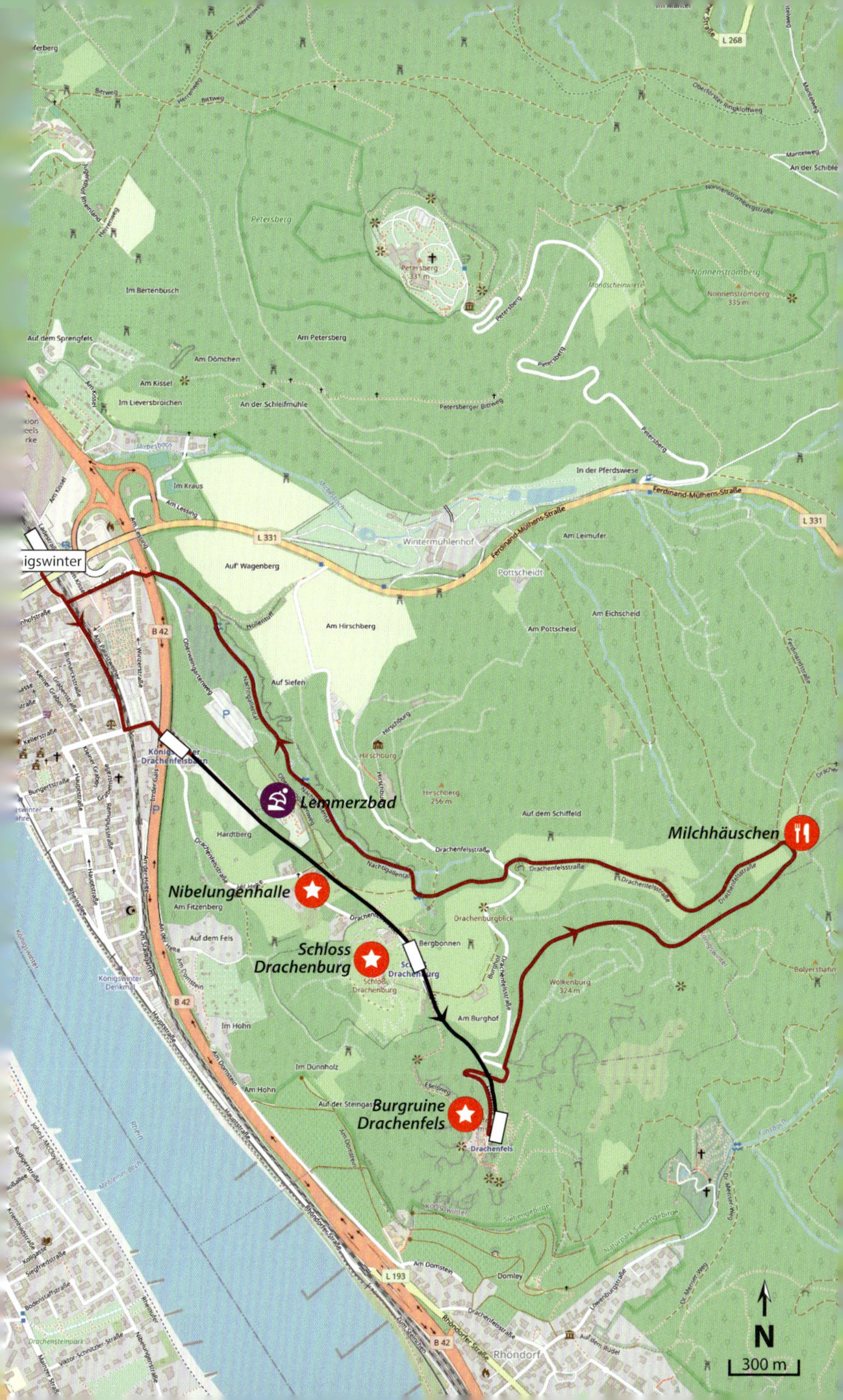

Lemmerzbad
Milchhäuschen
Nibelungenhalle
Schloss Drachenburg
Burgruine Drachenfels
Petersberg
Nonnenstromberg
Wintermühlenhof
Hirschberg
Wolkenburg
Drachenfels
Rhöndorf
L 331
B 42
L 193
N
300 m

te kindgerecht ihre Version der Sage von Siegfried und dem Kampf mit dem Drachen.

km 0,5–2 **Vom Drachenfels zum Milchhäuschen**

Direkt von der Bergstation der Drachenfelsbahn wandert ihr auf der asphaltierten Straße den Berg hinab. Parallel zu euch verläuft rechter Hand die Zahnradbahnstrecke. Die Straße führt euch in Kurven und anschließend über eine Brücke in einen Laubmischwald. An der nächsten Kurve stehen eine Rastbank und eine Infotafel mit einer großen Wanderkarte.

Ihr wandert nun aber nicht die Straße weiter abwärts, sondern folgt dem Waldweg nach rechts. Ein Wegweiser in Form eines beschrifteten Natursteins zeigt die richtige Richtung zum Milchhäuschen. Und am Wegesrand begegnen euch immer wieder die Wegmarkierungen in Form eines weißen Ks. Direkt am Anfang liegt rechter Hand der umzäunte Rest eines für den Drachenfels typischen Steinbruchs. Der breite, mit Schotter durchsetzte Weg führt entlang des Nordhangs der Wolkenburg im Bogen durch den Laubwald, geprägt von alten wie jungen Buchen- und Ahornbäumen. Bald steht an einer Linkskurve eine Rastbank, die sich ideal für eine erste kurze Pause anbietet.

Nach einem weiteren guten Stück durch das Waldgrün trefft ihr auf eine von Wiesen gesäumte Lindenbaumallee. An deren Ende erblickt ihr das **Milchhäuschen**. Neben einem lang gestreckten Remisengebäude für Veranstaltungen steht ein Gasthaus im Heimatschutzstil. Seit seiner Eröffnung im Jahr 1912 ist das Milchhäuschen ein beliebtes Ziel zur Einkehr von Wanderern. Hinter der Gaststätte lädt euch eine kleine **Schlucht** zum Klettern ein.

km 2–4 **Vom Milchhäuschen zum Willi Ostermann-Denkmal**

Von der Wanderkarte am Milchhäuschen verläuft der Weg nach links. Anfangs geht es wieder durch eine Lindenbaumallee. Beim Wandern orientiert ihr euch nun an dem Logo des Rheinsteigs, einem stilisierten Fluss in Form eines weißen R auf blauem Grund. Der Schotterweg führt entlang des Hirschbergs, bergab durch Laubwald und an Wiesen vorbei. Dabei bieten Rastbänke einen Blick über die Gräser bis zum Waldrand. Linker Hand trefft ihr auf ein Holzhäuschen mit Tisch und Bänken, die **Hirschberghütte**.

Danach geht es weiter bis zur querverlaufenden asphaltierten

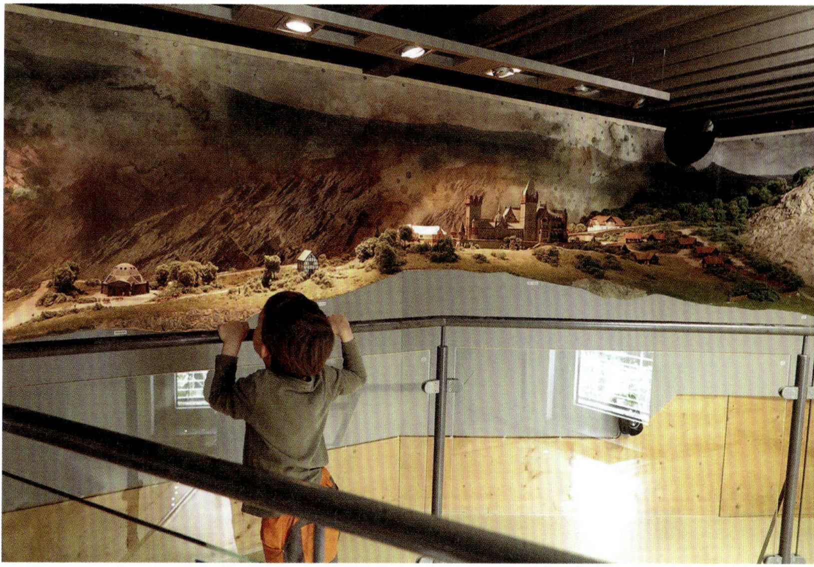

Die Drachenfelsbahn-Modellbahnanlage fasziniert die kleinen Besucher

Drachenfelsstraße. Die Straße überquerend wandert ihr durch einen von hohen Buchen gesäumten Hohlweg. An der nächsten Wegkreuzung könnt ihr nach links einen Abstecher hoch zum **Schloss Drachenburg** unternehmen. Die im Stil der Neogotik und Neorenaissance erbaute Schlossanlage, bestehend aus Vorburg, Wagenhalle, Schloss und Schlosspark, bietet Einblicke in das Leben eines Schlossherrn gegen Ende des 19. Jahrhunderts. Oder ihr lauft geradeaus entlang der Streuobstwiese und macht einen Abstecher nach links zur **Nibelungenhalle**, einer Gemäldesammlung zum Ring der Nibelungen, einem Reptilienzoo und einer Drachenhöhle mit einem 13 Meter langen Steindrachen. Das darauf folgende Freibad **Lemmerzbad** lädt euch zum Abkühlen ein.

Am Anfang der Streuobstwiese verläuft nach einem Rechtsknick eure Wanderstrecke weiter. Nun gelangt ihr in den schönsten Abschnitt der Wanderung, in das **Nachtigallental**. Das Tal führt euch entlang des bewaldeten Bergrückens hinab bis nach Königswinter. Ab hier begleitet wieder der weiße Buchstabe K als Markierung den Wanderweg. Auf und an den Hängen wachsen zahlreiche alte, ökologisch wertvolle Buchen und den Weg begleitet ein kleiner Bach,

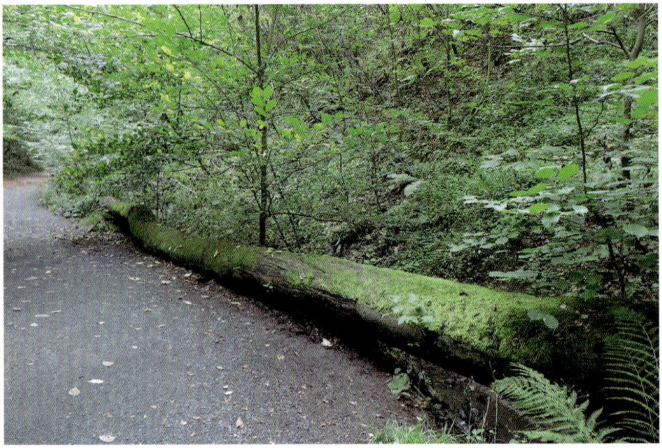

Natur pur im idyllischen Nachtigallental

Hitel- oder Mennesbach genannt. Diesen Lebensraum lieben einige seltene Tier- und Pflanzenarten wie Feuersalamander, Dünnährige Segge und Hirschzungenfarn.

Übrigens: Seinen romantisch klingenden Namen erhielt das Tal erst Ende des 19. Jahrhunderts, um den Tourismus anzukurbeln. Im letzten Abschnitt des Nachtigallentales steht rechts am Wegesrand ein 1949 aufgestelltes **Denkmal** zu Ehren des Kölner Komponisten, Texters und Sängers Willi Ostermann. Denn 1930 schrieb er das zu seiner Zeit populäre Lied „Da wo die sieben Berge ...“, in dem er das Siebengebirge mit dem Nachtigallental verewigte.

km 4–5 Vom Willi-Ostermann Denkmal zum Bahnhof Königswinter

Am Ende des Nachtigallentales in Königswinter seht ihr rechts im Felsen einen alten Kellereingang. In den 1867 in das Gestein gehauenen Hohlräumen lagerten Winzer aus Königswinter ihre Weinfässer, um sie auch im Sommer kühlen zu können. Danach unterquert ihr links eine Straßenbrücke und folgt der Bahnhofstraße bis zum Bahnübergang. Nach der Überquerung der Gleise geht es nach rechts in die Bahnhofsallee bis zum Bahnhof Königswinter.

Wer zum Abschluss der Wanderung Lust auf etwas Süßes hat, findet bei Sarah´s Konditorei & Café im Bahnhof leckere Kuchen und Torten. Am Wochenende und an Feiertagen gibt es zudem bis 13 Uhr Frühstück (www.sarahskonditorei.de).

Der kleine Drache Saurius

Begleitet von der kleinen Eidechse fahren Felix und seine Eltern mit der Drachenfelsbahn auf den Drachenfels. Oben angekommen, fragt die Eidechse: „Sollen wir meinen Freund, den kleinen Drachen Saurius besuchen?“ „Es gibt doch gar keine Drachen“, entgegnet Felix. „Warte ab. Du wirst schon sehen“, meint das kleine grüne Tier.

Oben an der Burgruine angekommen, ruft das Reptil: „Saurius wo bist Du?“ „Hier. Pst! Es darf mich doch keiner sehen“, flüstert hinter dem Gras eine Stimme. Und tatsächlich, mitten im Grün steht ein kleiner Drache grade mal so groß wie die Hand von Felix. „Aber es gibt doch gar keine Drachen“, stammelt Felix. Saurius antwortet: „Mich gibt es aber, wie du siehst. Und ich bin nicht irgendein Drache. Mein Ururururopa war der berühmte Drache vom Drachenfels, mit dem Siegfried kämpfte. Er wohnte noch in einer richtig großen Höhle. Ich dagegen hätte fast mein zu Hause verloren.“ „Wieso?“, fragt Felix.

„Den Stein, aus dem der Drachenfels besteht, verwendeten die Menschen schon seit den Römern zum Bauen von Häusern und Kirchen. Sogar ein Teil des Kölner Doms besteht aus ihm. Mit der Zeit wurde der Drachenfels dadurch aber immer kleiner und kleiner. Kurz bevor die Bergkuppe verschwinden sollte, stoppte man aber zum Glück den Steinabbau“, erklärt der kleine Drache. „Puh, da bin ich ja froh, dass es den Drachenfels heute noch gibt. Denn das ist mein absolutes Lieblingsausflugsziel“, freut sich Felix. „Dann komm mich doch in Zukunft öfter besuchen. Du weißt ja jetzt, wo ich wohne“, meint Saurius. „Das mache ich auf jeden Fall“, versichert ihm Felix.

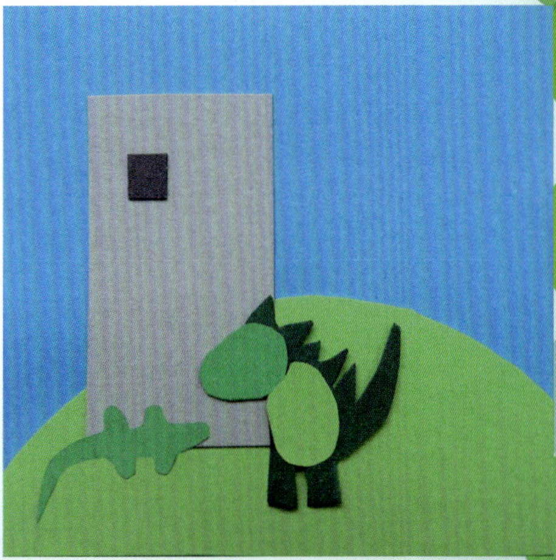

Voreifel & Eifel

Typische Eifeler Mittelgebirgslandschaft in Nettersheim ► Seite 140

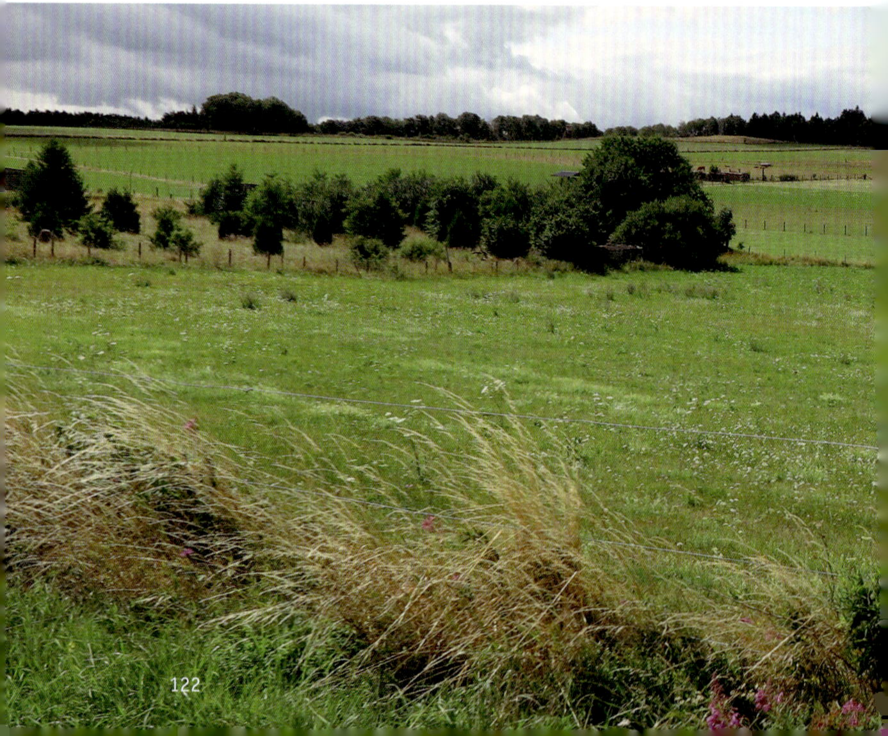

In der Voreifel warten in Zülpich die mittelalterliche Stadtbefestigung, die Überreste der Römertherme und ein großer See mit Badestrand auf eure Entdeckung. In Erftstadt lädt der Liblarer See zum ausgiebigen Planschen, Baden und Schwimmen ein. Die abwechslungsreiche Mittelgebirgslandschaft der Eifel lockt mit römischen Ruinen, einem erloschenen Vulkankrater und einer uralten, von Steinzeitmenschen aufgesuchten Höhle. Die Fahrt mit dem Vulkan-Express und die anschließende Wanderung durch die von Vulkanen geprägte Osteifel begeistert kleine wie große Wanderer.

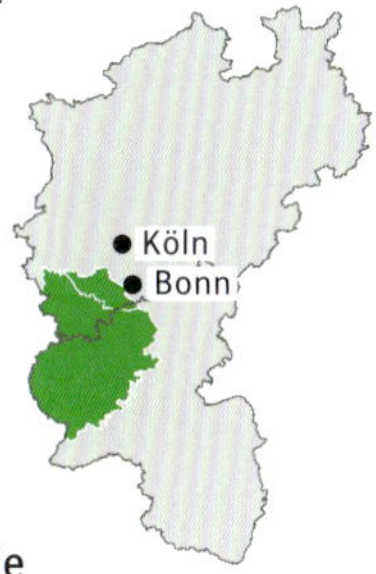

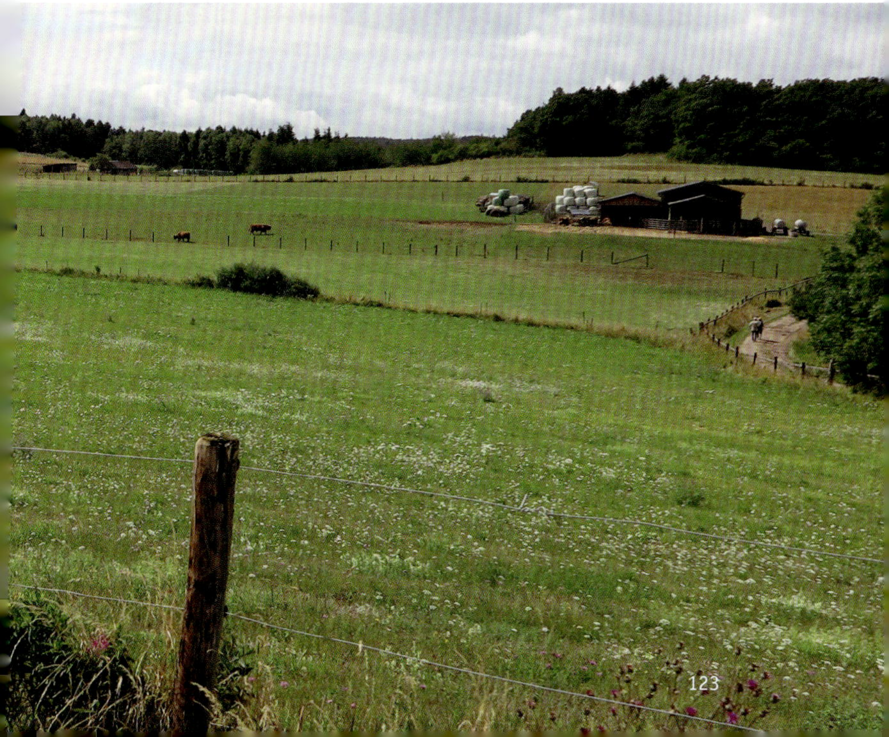

Erftstadt-Liblar

14 Ab durchs Grüne und ab ins kühle Nass – Wanderung um den Liblarer See

Start	Ziel	Länge	Gehzeit	Schwierigkeit
Bhf Erftstadt	Bhf Erftstadt	5 km	1,5 Std.	● leicht

Die Wandertour führt euch durch dichten Wald einmal rund um den großen Liblarer See. Das in einer ehemaligen Braunkohlegrube entstandene kristallklare Gewässer bietet viele kleine lauschige Plätze am Wasser. Und anschließend ist im Strandbad Baden angesagt. Entdeckt am verwunschen wirkenden Karauschenweiher die durchs Wasser paddelnden Teichhühner. Zum Abschluss sorgt der Waldbiergarten mit erfrischender Fruchtsaftschorle oder einem Eisbecher für strahlende Gesichter. Die Rundwanderung eignet sich ideal für einen Nachmittagsausflug. In Verbindung mit dem Besuch des Strandbades oder des Schlossparks Gracht im Zentrum von Liblar könnt ihr hier aber auch einen ganzen Tag verbringen.

Liblarer See: Früher Braunkohlegrube heute Segelrevier

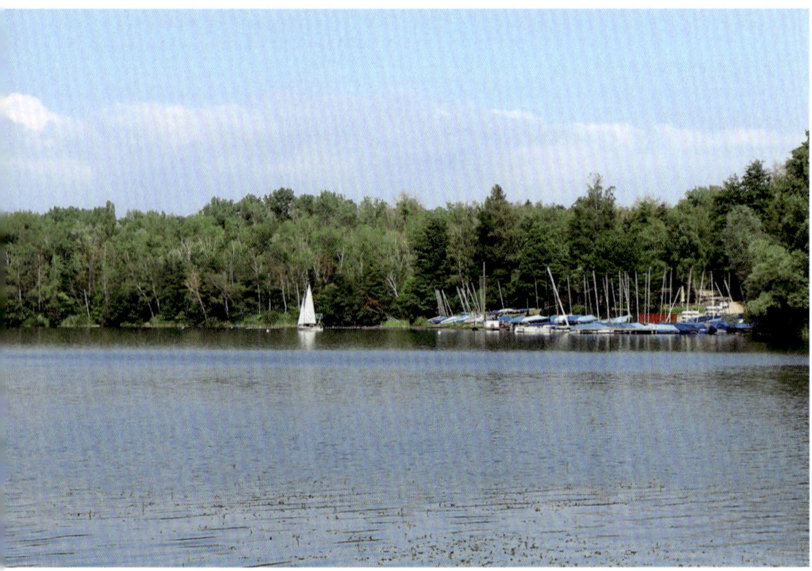

Infos zur Tour

An-/Rückfahrt
Bahnhof Erftstadt (RE22, RB24 mehrmals stündlich ab Köln Hbf., ca. 20–26 Min je nach Verbindung)

Streckenverlauf
Bahnhof Erftstadt – Waldbiergarten – Strandbad Liblar – Karauschenweiher – Waldbiergarten – Bahnhof Erftstadt

Abstecher
Nach der Wanderung den denkmalgeschützten Schlosspark Gracht im Zentrum von Liblar besuchen.

Streckencharakteristik
Anfangs Siedlung, Abstieg, hauptsächlich ebener Waldweg entlang des Liblarer Sees, Anstieg, zum Schluss Siedlung

Wegbeschaffenheit
Anfangs Gehweg und Straße, hauptsächlich breite, feste Waldwege, zwischendurch asphaltierter Parkplatz, zum Schluss wieder Gehweg und Straße

Beschilderung
Schwarzes S und Seenrunde (Naturpark Rheinland), schwarze A1 (Eifelverein)

Spielplätze
Nähe Bahnhof, Ecke Heidebroichstraße Donatusstraße; nähe Liblarer See, Seestraße

Baden
Strandbad – Campingplatz Liblarer See
Liblarer See · 50374 Erftstadt-Liblar · (0 22 35) 38 99 · www.camping-liblar.com
in der Badesaison tgl. 8–20 Uhr
Eintritt Tageskarte 4 € Erwachsene, 3 € Kinder (3–12 Jahre)
250 Meter langer Sandstrand am kristallklaren Wasser des Liblarer Sees. Überwachter Schwimmer- und Nichtschwimmerbereich, ein Spielplatz sowie ein Restaurant mit einem großartigen Seeblick.

Besichtigungen
Schlosspark Gracht
Fritz-Erler-Straße 1 · 50374 Erftstadt-Liblar
9 ha große öffentliche Parkanlage mit Ursprung im 18. Jahrhundert. Alter Baumbestand mit großen Mammutbäumen, Wiesen, ein Spielplatz und reichlich Sitzmöglichkeiten. Die am Burggraben herumwatschelnden Kanadagänse und Stockenten sowie die neugierigen Nutrias begeistern nicht nur die kleinen Besucher. Das historische Schloss ist nicht zugänglich.

Einkehren
Waldbiergarten
Grubenweg 8 · 50374 Erftstadt-Liblar · (0 17 2) 252 00 26 · www.waldbiergarten.eu
Saison von März bis September
Mi–Fr ab 16, Sa ab 14 Uhr, Sonn- und feiertags ab 11 Uhr, Mo/Di Ruhetag
Gemütlicher Waldbiergarten unweit des Liblarer Sees. Mittagsgerichte wie Salat, Pommes frites, Bratwurst und Co. sowie Eisbecher zum Nachtisch. Spielecke und freies WLAN. Getränke in Selbstbedienung, Toiletten vorhanden.

Liblarer See

Südwestlich von Köln liegt in Erftstadt-Liblar ein traumhaft schönes Badegewässer, malerisch eingebettet in dichtem Mischwald. Der 52,8 ha große Liblarer See lockt mit kristallklarem Wasser, zahlreichen kleinen Buchten und einem Netz an Wanderwegen. Das Gewässer entstand so wie über 40 weitere Seen und Weiher zwischen Erftstadt und Kerpen in einer ehemaligen Braunkohlegrube.

km 0–0,5 **Vom Bahnhof Erftstadt zum Waldbiergarten**

Los geht eure Tour durchs Grüne rund um den Liblarer See und jeder Menge Badespaß am Bahnhof Erftstadt. Ihr folgt rechts der Bahnhofstraße entlang der Parkplätze, bis sie einen Knick nach links nimmt. Hier biegt ihr rechts in den Grubenweg. Eine asphaltierte Straße führt euch vorbei an Einfamilienhäusern, großen Laubbäumen und einem Waldkindergarten. Der Grubenweg leitet euch nun direkt in den dichten Mischwald. Rechts erblickt ihr an einem schmalen Weg den über eine Naturtreppe zu erreichenden, idyllisch gelegenen **Waldbiergarten**. Das Ausflugslokal liegt direkt am ehemaligen Verwaltungsgebäude der Braunkohlegrube Liblar und lädt euch nach der Umrundung des Liblarer Sees zu einer Rast ein.

km 0,5–2,5 **Vom Waldbiergarten zum Strandbad**

Nachdem ihr rechter Hand einen kleinen Parkplatz passiert, lauft ihr den Grubenweg weiter durch den Wald. Schilder weisen euch darauf hin, dass ihr euch im Landschaftsschutzgebiet **Waldseengebiet Ville** befindet. Denn der Liblarer See gehört zu einem über 2100 Hektar großen Areal, in dem die Natur besonderen Schutz genießt. An der nächsten Weggabelung geht es links durch den Wald den Hang hinab, bis ihr auf dem Seerundweg angekommen seid.

Ein breiter Wanderweg verläuft nun die ganze Zeit durch den Wald entlang des Wassers, dem ihr im Uhrzeigersinn folgt. Rechter Hand trennt euch nur ein schmaler Streifen Bäume vom weit ausladenden Liblarer See. Immer wieder geben Stellen den Blick auf das glasklare Wasser frei, die sich perfekt für das Spielen am kühlen Nass eignen. Der Wald und das Seeufer liefern euch dafür ausreichend Material. Baut euch ein Boot aus einem Stück Rinde, einem Stöckchen als Mast und einem Blatt als Segel. Auch Steine über die spiegelglatte Oberfläche titschen zu lassen, macht Spaß.

Leider sind Bänke am Wegesrand Mangelware. Dafür bieten sich

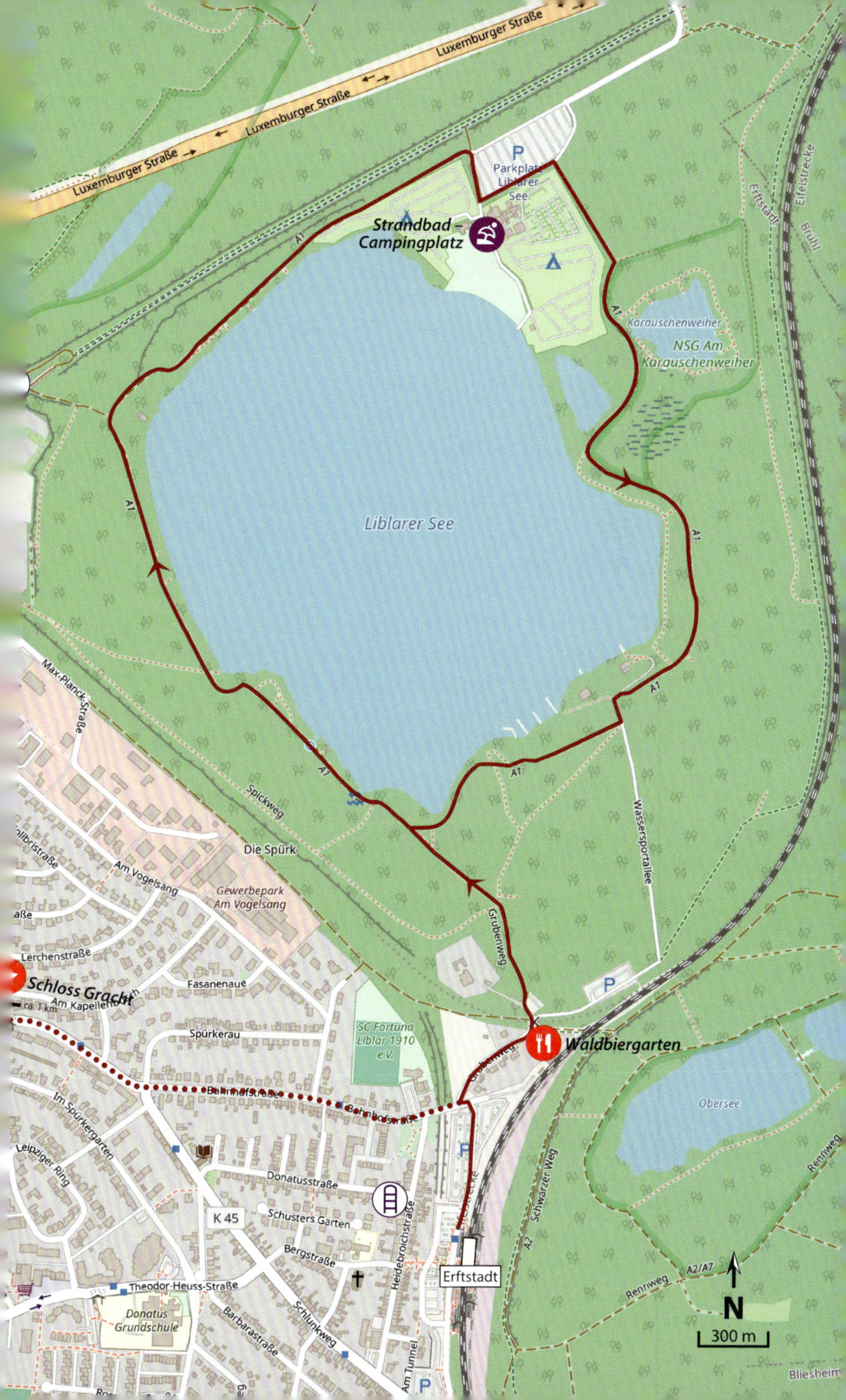

Luxemburger Straße
Luxemburger Straße
Luxemburger Straße
Parkplatz Liblarer See
Strandbad – Campingplatz
A1
Karauschenweiher
NSG Am Karauschenweiher
Erftstadt
Eifelstrecke
Brühl
Liblarer See
Max-Planck-Straße
Spickweg
Die Spürk
Am Vogelsang
Gewerbepark Am Vogelsang
Lerchenstraße
Schloss Gracht
ca. 1 km
Fasanenaue
Spürkerau
SC Fortuna Liblar 1910 e.V.
Grubenweg
Wassersportallee
Waldbiergarten
Bahnhofstraße
Im Spürkergarten
Leipziger Ring
Donatusstraße
K 45
Schusters Garten
Bergstraße
Heidebroichstraße
Erftstadt
Theodor-Heuss-Straße
Donatus Grundschule
Barbarastraße
Schlunkweg
Am Tunnel
Obersee
Schwarzer Weg
Rennweg
A2/A7
Bliesheim
N
300 m

die vielen lauschigen Plätze am See aber auch ideal für ein ausgiebiges Picknick an. Seht ihr auf der anderen Seite des Liblarer Sees den hellen, langen Streifen am Ufer? Das ist der Sandstrand des Strandbades am Campingplatz, der an eurem Wanderweg liegt und euch zum ausgiebigen Baden einlädt.

Doch zuvor geht es noch ein gutes Stück durch das herrliche Grün am Wasser entlang. Nachdem ihr das mit einem großen, stilisierten Fisch geschmückte Tor des Angelvereins Liblar passiert, lädt euch zwei Biegungen weiter eine Bank am Ufer zu einem fantastischen Seeblick ein. Traumhaft schön von hier den vielen Booten mit ihren weißen Segeln beim Gleiten über das blaue Wasser zuzusehen. Kurze Zeit später taucht rechter Hand auch schon der Zaun des Campingplatzes Liblarer See auf, über den die zahlreichen Dächer der Campingbehausungen ragen. Rechts von euch erstreckt sich nun der große baumbestandene Parkplatz des Campingplatzes und Strandbades Liblarer See.

km 2,5–3 **Vom Strandbad zum Karauschenweiher**

Euch erwartet eine ausgezeichnete Badewasserqualität (3 von 3 Sternen, Gesundheitsamt Rhein-Erft-Kreis). Kein Wunder, denn das kristallklare Gewässer ist vollkommen unbeeinflusst von Landwirtschaft und Industrie. Zudem sorgt die Natur für einen kompletten Austausch des Wassers in rund 30 Tagen.

Das Restaurant mit einem tollen Blick von den Seeterrassen sorgt mit erfrischenden Getränken und leckeren Speisen für euer leibliches Wohl. Und ein angrenzender Spielplatz lässt die Kinderherzen höherschlagen. Erschöpft und glücklich wandert ihr nach dem Besuch des Strandbads vom Parkplatz aus rechts in den mit A1 ausgeschilderten Waldweg. Nach einem kurzen Stück entlang des Campingplatzes, trefft ihr linker Hand mitten im Wald auf ein verwunschen wirkendes Gewässer. Vor euch erstreckt sich der unter Naturschutz stehende **Karauschenweiher**. Dessen Ufer eignet sich ideal für eine Trink- und Essenspause. Rund um den Weiher bildet ein dichter Bestand aus Weiden, Erlen, Birken und Pappeln eine wunderschöne Kulisse. Das 1,3 Hektar kleine Waldgewässer entstand 1959 wie der Liblarer See durch Grundwasseranstieg in einem Tagebaurestloch der Braunkohlenförderung. Wer von euch entdeckt hier die meisten Tierarten?

Je nach Jahreszeit bevölkern die unterschiedlichsten Wald- und

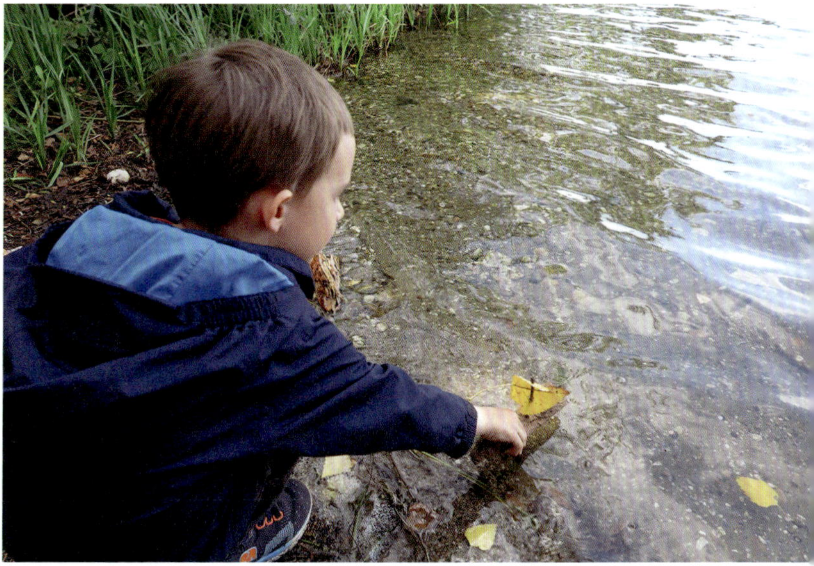

Selbst ein Boot bauen und auf dem See fahren lassen, macht Spaß

Wasserbewohner das Naturschutzgebiet. Über den Boden hüpfen bräunlich gefärbte Erdkröten. Und Teichrohrsänger, Drosselrohrsänger und Rohrammern verstecken sich gerne in den Röhricht- und Seggenbeständen, die das Ufer säumen. Über das Wasser paddeln Teich- und Blässhühner, Zwergtaucher sowie Stockenten. Und neben den großen, gemächlich schwimmenden Karpfen und Hechten bevölkern auch Schleien und kleine Moderlieschen den Weiher.

Vom Karauschenweiher zum Waldbiergarten km 3–4,5

Vom Karauschenweiher lauft ihr an einem weiteren Gewässer vorbei, bis ihr wieder den Liblarer See erblickt. Ihr folgt links weiter dem breiten Hauptpfad durch die grüne Waldlandschaft.

Aus gutem Grund trägt der Wanderweg hier den Namen **Wassersportallee.** Denn nach einer Rechtsbiegung taucht neben euch das Vereinsgelände der Wassersportfreunde Liblar und des Segel-Clubs Ville auf. Zahlreiche Boote stehen am Ufer, startklar für das nächste Regatta- und Segeltraining auf dem Wasser. Auf dem Liblarer See könnt ihr die unterschiedlichen Segelbootstypen beobachten.

Dem Weg entlang des Ufers weiter folgend, trefft ihr links wieder auf den Wanderpfad, den ihr anfangs bergab durch den dichten

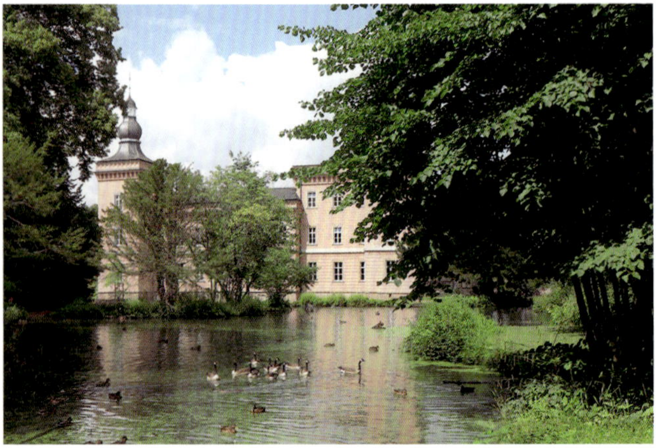

Rund um Schloss Gracht leben zahlreiche Wasservögel

Wald gelaufen seid. Nun geht es bergauf und auf dem Grubenweg weiter, bis ihr links den euch bekannten Eingang zum Waldbiergarten erblickt. Sobald die ersten Sonnenstrahlen durch das Blätterdach blitzen, bieten zahlreiche Bierbänke an Biertischen ein lauschiges Plätzchen im Grünen.

km 4,5–5 **Vom Waldbiergarten zurück zum Bahnhof Erftstadt**

Vom Waldbiergarten geht es über den Grubenweg und die Bahnhofstraße wieder zurück zum Bahnhof Erftstadt. Nur eine Parallelstraße vom Bahnhof entfernt erwartet euch an der Ecke Heidebroichstraße Donatusstraße ein schöner Spielplatz zum Toben und Spielen, Rutschen, Schaukeln und Wippen.

Abstecher zum Schlosspark Gracht

Wenn ihr auf eurem Rückweg den Grubenweg verlasst, wandert ihr die Bahnhofstraße nicht in Richtung Bahnhof, sondern nach rechts in die Gegenrichtung. Nach insgesamt etwa 1000 Metern durch ein Wohngebiet seid ihr am denkmalgeschützten **Schlosspark** mit dem Wasserschloss Gracht angekommen. Nur eine Ecke weiter in der Bahnhofstraße 1 bietet euch das Eiscafé Bella Italia Eis, Crêpes und belgische Waffeln.

Das Geheimnis des Liblarer Sees

„Hallo kleine Eidechse“, rufen die Kinder, als sie das kleine grüne Tier neben sich am Wanderweg im Gras entdecken. „Hallo Kinder, ist das nicht schön hier?“, fragt die Eidechse. „Ja“, antworten sie wie aus einem Mund. „Ich habe mich vorhin in einer kleinen Bucht ans Ufer gesetzt und den tollen Blick über den Liblarer See genossen. Früher sah es hier ja nicht so schön aus“, erzählt das kleine Reptil. „Wieso?“, entgegnen die Kinder erstaunt. „Na, da wo der Liblarer See ist, befand sich bis vor 65 Jahren ein riesiges, tiefes Loch in der Erde“, erläutert sie. „Du erzählst uns doch Quatsch oder?“, fragen die Kinder ungläubig. „Nein, ganz und gar nicht. Auch den Wald, durch den ihr heute wandert, gab es früher nicht“, erklärt das Tier weiter. Die Kinder hören der kleinen Eidechse nun ganz gespannt zu.

„Ihr müsst wissen, vor über 250 Jahren begannen Arbeiter hier und im größeren Umkreis mit Hacken und Schaufeln nach Braunkohle zu graben. Mit der Zeit entstanden viele kleine Kohlegruben. Und als es dann später große Maschinen wie Bagger gab, entstanden durch den Abbau immer tiefere und größere Löcher.“ „Ach, dann war der Liblarer See früher einmal eine Kohlegrube?“, fragt ungläubig eines der Kinder. „Ja, richtig.“, antwortet die Eidechse. „Oh“, staunen die Kinder. „Und wie kam dann das viele Wasser in die Löcher und die ganzen Bäume hierher?“, wollen sie wissen. „Dafür sorgte vor allem das nachfließende Grundwasser. Und Forstarbeiter pflanzten jeden Baum einzeln in die Erde“, antwortet das kleine Reptil. „Wenn Du es uns nicht erzählt hättest, würden wir es nicht glauben. Toll, wie das hier heute aussieht“, freuen sich die Kinder.

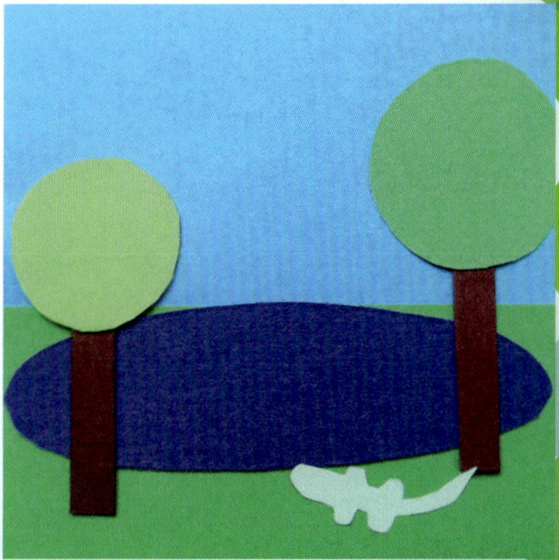

Zülpich

15 Durch Stadt, über Land und rund um den Zülpicher See

Start	Ziel	Länge	Gehzeit	Schwierigkeit
Bhf Zülpich	Haltepunkt Nemmenich	9,6 km	2,5 Std.	● mittel

Die kinderwagenfreundliche Wanderung führt durch die Stadt Zülpich und die Bördelandschaft mit dem Zülpicher See. Entlang einer mittelalterlichen Stadtbefestigung geht es bis zur Landesburg mit einem 30 Meter hohen Aussichtsturm. Und direkt daneben lädt der Burgspielplatz zum Spielen ein. Bei einer Rallye durch das Museum für Badekultur in Zülpich erfahrt ihr, wie die Menschen früher badeten. Highlight sind die Ruinen der über 1800 Jahre alten römischen Thermenanlage der Römerstadt Tolbiacum. Anschließend wartet der Seepark am Zülpicher See mit einem Badestrand auf euch. Auch außerhalb des Seeparks bietet das Gewässer viele Stellen am Wasser zum Spielen und Entspannen.

Nicht ohne Grund trägt der Zülpicher See auch den Namen Wassersportsee

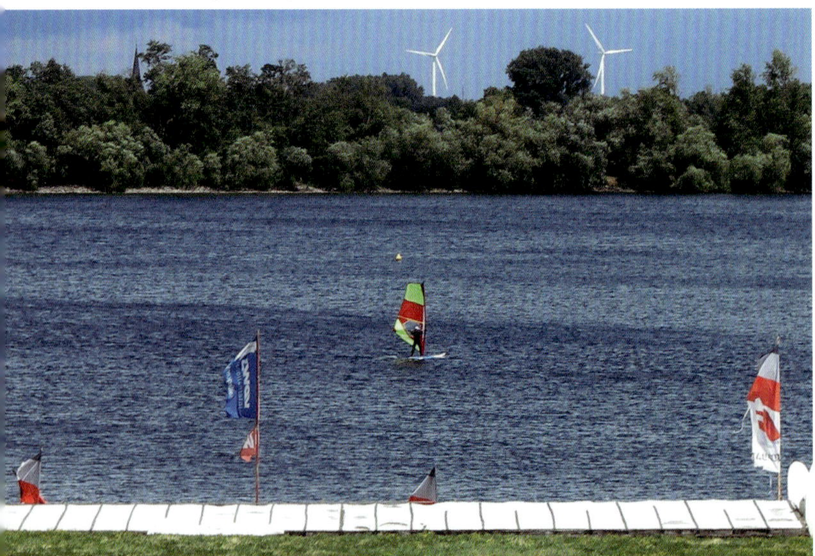

Infos zur Tour

Anfahrt
Bahnhof Zülpich (S23 ab Bonn Hbf. nach Euskirchen Bf., in der Regel mehrmals stündlich, dann RB28, stündlich, ca. 55–56 Min je nach Verbindung ohne Umstiegszeit)

Rückfahrt
Haltepunkt Nemmenich (RB28 bis Euskirchen Bf., stündlich, Mo–Fr ab 21 Uhr sowie Sa/So/Fei ab 19 Uhr alle 2 Std., dann S23 bis Bonn Hbf., mehrmals stündlich, ca. 54–56 Min je nach Verbindung ohne Umstiegszeit)

Streckenverlauf
Bahnhof Zülpich – Kölntor – Park im Wallgarten – Burgspielplatz – Landesburg – Münstertor – Seepark Zülpich – Zülpicher See – Haltepunkt Nemmenich

Streckencharakteristik
Relativ flach durch Stadt, um baumbestandenen See und entlang landwirtschaftlicher Flächen

Wegbeschaffenheit
Zum Großteil Bürgersteig und asphaltierte Wege, ansonsten feste Naturwege

Beschilderung
Großteils Schilder mit grünem Berg, blauem Himmel, weißer Schuhsohle und Schriftzug Ritter, Römer, Rüben (EifelSpuren)

Spielplätze
Burgspielplatz gegenüber der Landesburg

Baden
Seepark Zülpich

Besichtigungen
Römerthermen Zülpich – Museum der Badekultur
Andreas-Broicher-Platz 1 · 53909 Zülpich · (0 22 52) 83 80 61 00 · www.roemerthermen-zuelpich.de · Di–Fr 10–17, Sa/So/Fei 11–18 Uhr
Eintritt Dauerausstellung Erwachsene 5 €, ermäßigt 4 €, Kinder (bis 18 Jahre) frei
Museum zur Kulturgeschichte des Badens von der Antike bis zur Gegenwart. Mit den Überresten einer römischen Thermenanlage. Wechselnde Sonderausstellungen (gesonderter Eintrittspreis). Zahlreiche Multimediastationen und Museumsrallye für Kinder. Museumsshop. Wickeltisch vorhanden.

Einkehren
Lago Beach Zülpich
Cellitinnenweg 1 · 53909 Zülpich · www.lago-zuelpich.de
Das Lago, derzeit geschlossen (Stand Apr. 2024), Beach Club Di–Sa 15–21.30, So 10–19 Uhr
Restaurant das Lago und Beach Club am Zülpicher See. Im Restaurant: Vegetarische, Fleisch- und Fischgerichte. Nachtisch wie Eis und Fruchtsorbets. So/Fei Brunch. Spezialität: selbst am Tisch Grillen auf einem heißen Stein. Im Beach Club: Salate, Burger, Flammkuchen und Folienkartoffeln. Frische Waffeln und Kuchen. Wickelmöglichkeit, Hochstühle und jede Menge Sand zum Buddeln.

Zülpich

In der westlichen Voreifel liegt die knapp über 21000 Einwohner zählende Stadt Zülpich. Zülpich verfügt über eine reiche Stadtgeschichte, die bis in die Römerzeit zurückreicht. Das Mittelalter überdauerte weitestgehend unversehrt der eindrucksvolle Befestigungsring. In jüngerer Zeit entstand 1971 unweit des Stadtkerns durch Rekultivierung des Braunkohletagebaus Zülpich der Zülpicher See.

km **Vom Bahnhof Zülpich zum Kölntor**

0–1 Startpunkt der Wanderung auf den Spuren des Mittelalters und der Römer ist der Bahnhof Zülpich. Es geht nach links über die Krefelder Straße, um kurz darauf nach rechts in die Düsseldorfer Straße abzubiegen. Dieser folgt ihr ein langes Stück auf dem Bürgersteig durch ein grünes Wohngebiet. Dabei kommt ihr rechter Hand an einem **Hühnergarten** vorbei. Nehmt euch von zu Hause etwas frisches Grünzeug wie Salat oder Gurke mit. Denn ein Schild am Zaun weist extra darauf hin, dass Spaziergänger die Hühner damit füttern dürfen.

Sobald ihr die quer zu euch verlaufende Nemmenicher Straße erreicht habt, biegt ihr rechts in sie ab. Kurz darauf stoßt ihr auf die Hauptverkehrsstraße Römerallee, die euch nach links bis in das Zentrum von Zülpich leitet. Nun beginnt eure Wanderung im Bogen entlang der bis heute weitestgehend erhaltenen **mittelalterlichen Stadtbefestigung**. Euch erwartet eine Stadtmauer mit ihren Wehrtürmen, vier Stadttoren sowie der kurkölnischen Landesburg aus dem 14. Jahrhundert. Am Verkehrskreisel steht das erste der vier Stadttore Zülpichs, eine wuchtige Torburg mit Vortor, Zwingermauern und zinnenbekröntem Turm. Es ist das 1392 erbaute Kölntor, dessen Name auf die Lage an der alten Römerstraße mit Startpunkt in Köln zurückgeht. Obwohl etliche Male beschädigt und restauriert, hat das Bauwerk die Zeit nahezu im Originalzustand überdauert. Erkundet das Innere des Torbogens und schaut durch die Mauerschlitze. Dessen wechselvolle Geschichte könnt ihr gut an der unterschiedlichen Struktur und Farbe der verbauten Steine ablesen. Nur der kleine, runde Turm mit dem Schieferdach ist keine 60 Jahre alt. Denn seit 1965 beherbergt das **Kölntor** die Wachstube des Karnevalvereins Blaue Funken Zülpich.

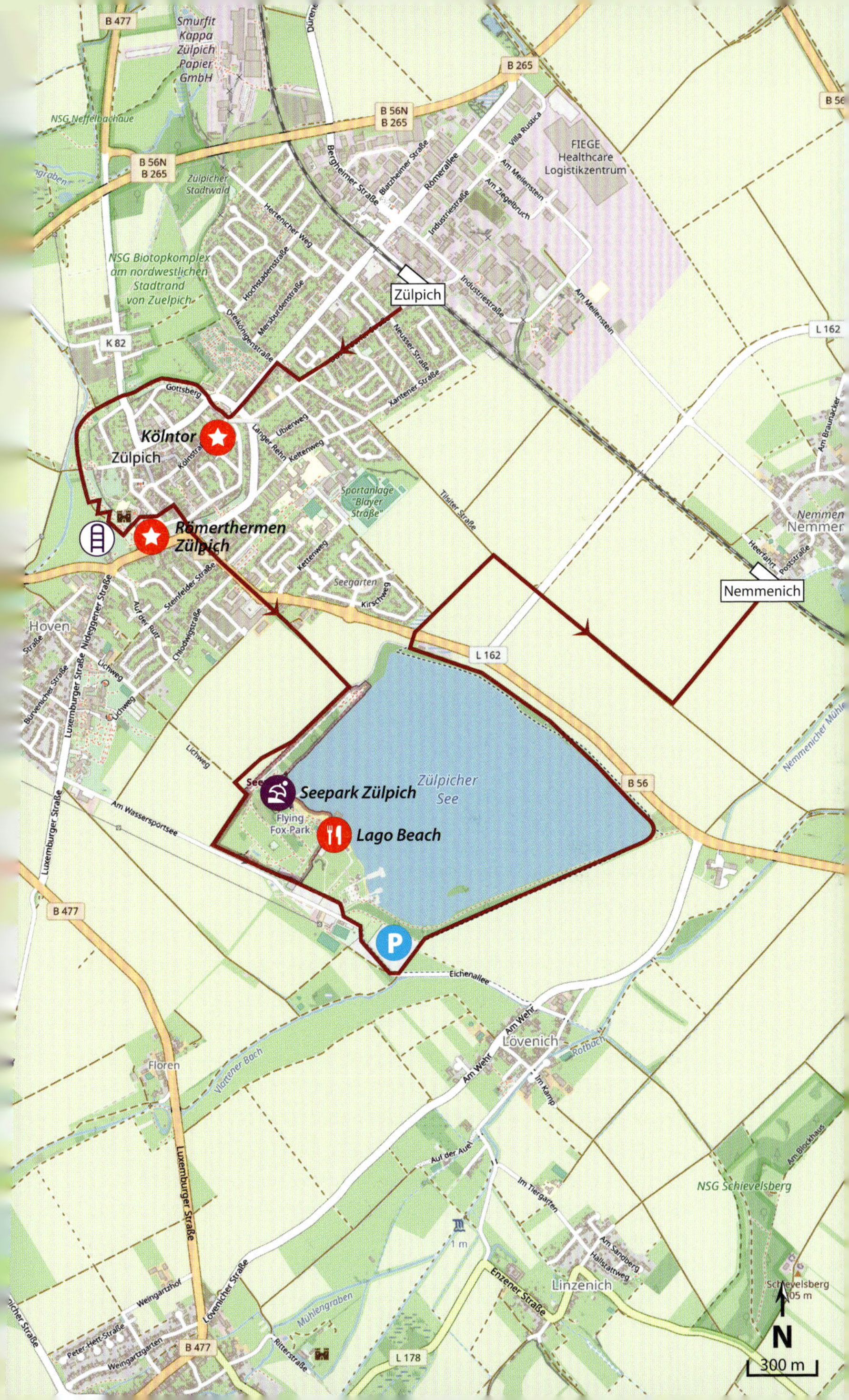

Zülpich
Nemmenich
Kölntor
Römerthermen Zülpich
Seepark Zülpich
Lago Beach
Zülpicher See
Flying Fox-Park
Smurfit Kappa Zülpich Papier GmbH
FIEGE Healthcare Logistikzentrum
NSG Biotopkomplex am nordwestlichen Stadtrand von Zuelpich
Zülpicher Stadtwald
NSG Neffelbachaue
Sportanlage "Blayer Straße"
Hoven
Lövenich
Floren
Linzenich
NSG Schievelsberg
Schievelsberg 205 m
B 477
B 265
B 56N
B 56
L 162
L 178
K 82
Luxemburger Straße
Am Wassersportsee
Eichenallee
Römerallee
Industriestraße
Am Mellenstein
Bergheimer Straße
Neusser Straße
Xantener Straße
Gottsberg
Kölnstraße
Langer Rehn
Ubierweg
Keltenweg
Kettenweg
Seegarten
Kirschweg
Steinfelder Straße
Chlodwigstraße
Lichweg
Tilsiter Straße
Mersburdenstraße
Hochstadenstraße
Dreikönigenstraße
Hertenicher Weg
Villa Rustica
Am Ziegelbruch
Blatzheimer Straße
Vlattener Bach
Mühlengraben
Rotbach
Am Wehr
Im Kamp
Auf der Auel
Im Tiergarten
Am Sandberg
Hallstattweg
Enzener Straße
Lövenicher Straße
Weingartzhof
Weingartzgarten
Peter-Herr-Straße
Ritterstraße
Am Blockhaus
Nemmenicher Mühle
Am Braunacker
Heerfahrt
Poststraße
Nideggener Straße
Bürvenicher Straße
Auf der Ruhr
1 m
N
300 m

km 1–2,5 **Vom Kölntor zum Burgspielplatz**

Vom Kölntor führt der Wanderweg nach rechts entlang der Stadtmauer mit einem seiner Wehrtürme, in dem sich die von der Rückseite zugängliche **Marienkapelle** „Zum Bildchen" aus dem Beginn des 19. Jahrhunderts befindet. Nach dem Überqueren der Fußgängerampel gelangt ihr den Weg hinab in eine Grünanlage, die dem Verlauf der Stadtbefestigung im Bogen folgt. Der feste Pfad schlängelt sich durch Rasenflächen. Dem Weg folgend, gelangt ihr zum zweiten mittelalterlichen Stadttor, dem **Bachtor**.

Die Bachstraße überquerend führt nun ein asphaltierter Weg in den **Park am Wallgraben**. Dabei begleitet euch weiterhin die geschichtsträchtige Stadtmauer. Ein Tor einer Zaunanlage passierend erstreckt sich rechter Hand ein Bewegungsparcour. Vorbei an grünen Schrebergärten trefft ihr auf das **Weiertor**, das dritte der vier mittelalterlichen Stadttore. Seit der erst kürzlich fertiggestellten Rekonstruktion des Hauptturms gibt die Torburg einen guten Eindruck seiner einstigen Größe wieder. Nun geht es durch eine Streuobstwiese. Der Weg führt im Zickzack den Hang hinauf und am Rand stehen Bänke. Oben angekommen, erblickt ihr linker Hand die **Kurkölnische Landesburg** mit ihren drei Ecktürmen und hohen Außenmauern. Sie zählt zu den letzten vier im Rheinland erhaltenen Landesburgen. Steigt auf den 30 Meter hohen **Nordturm** und genießt den Blick über die Zülpicher Börde bis in die Eifel.

km 2,5–3,5 **Von Burgspielplatz zum Seepark Zülpich**

Vom Burgspielplatz führt der Weg über eine Brücke und weiter an der Landesburg und der katholischen Pfarrkirche St. Peter vorbei. Ein Stück nach rechts und ihr seht am Platz das Gebäude der **Römerthermen Zülpich – Museum für Badekultur**. Taucht ein in die Geschichte des Badens von der Antike bis zur Gegenwart. Wo, wie und wann badeten unsere Vorfahren? Alle diese Fragen beantwortet das Museum anhand von interaktiven Mitmachelementen, Multimediastationen und spannenden Ausstellungsstücken. Von den originalen Überresten einer römischen Badeanstalt über die Einrichtung einer mittelalterlichen Badestube bis zu kuriosen Erfindungen des letzten Jahrhunderts gibt es viel zu entdecken. Kinder können die Ausstellung mit einem Comic und der dazugehörigen Rallye erkunden.

Nach dem Erkunden der Römerthermen geht es über die Juhls-

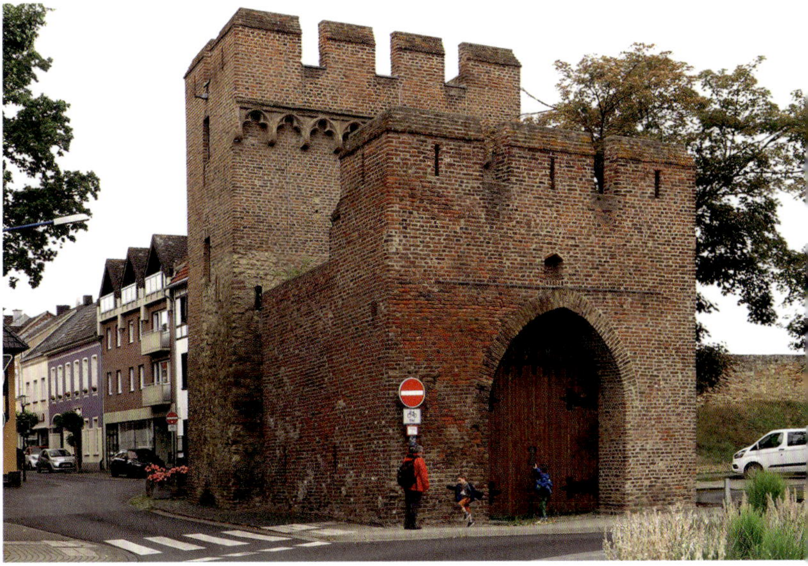

Am Kölntor startet eure Erkundung der mittelalterlichen Stadtbefestigung

gasse und dann nach rechts die Münsterstraße herunter. Auf der linken Straßenseite warten Gastronomiebetriebe auf euch. Kurz darauf gelangt ihr zum letzten der vier mittelalterlichen Stadteingänge, dem **Münstertor**. Mitten im anschließenden Kreisverkehr steht die Kopie eines römischen Meilensteins. Vielleicht habt ihr das Original im Eingangsbereich des Museums für Badekultur bewundert. Nun wandert ihr ein ganzes Stück die Bonner Straße hinab, um rechts von der kleinen Rochuskapelle einer Allee aus Säulenhainbuchen zu folgen. Der asphaltierte Weg endet am **Seiteneingang Römerbastion** des Seepark Zülpich.

Vom Seepark Zülpich zum Haltepunkt Nemmenich

km 3,5–9,6

Der Wanderweg biegt nach rechts ab und verläuft die ganze Zeit entlang einer hohen Buchenhecke. Dabei habt ihr einen wunderschönen Blick über die flache Bördelandschaft mit ihren vielen Zuckerrüben- und Getreidefeldern. Nach dem zweiten Knick nach links führt die Wanderstrecke durch eine Eichenallee. Kurz darauf steht ihr am Haupteingang und Parkplatz des kostenpflichtigen **Seepark Zülpich** (www.seepark-zuelpich.de). Der Seepark

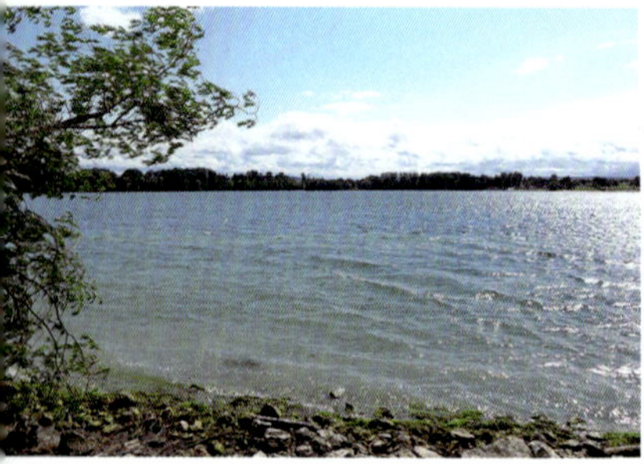

Der richtige Ort zum Entspannen

besteht aus einer 20 Hektar großen kinderwagenfreundlichen Grünfläche direkt am Zülpicher See. Das Gelände bietet viele Spielmöglichkeiten für Kinder wie ein Piraten-Kletterschiff, Riesen-Hüpfkissen, einen Kletterberg, Wasserspielplatz, eine Kinderseilbahn, Riesen-Spielbausteine und Riesen-Schaukeln. Publikumsmagnet ist der mit Palmen und Strandkörben bestückte **Sandstrand**. Dazu gehören auch eine Liegewiese, Duschen, Umkleiden und WCs mit Wickelmöglichkeit.

Vom Haupteingang des Seeparks wandert ihr rechts am Parkplatz entlang mit Blick auf den See zur linken Seite. Ein kurzes Stück und ihr könnt nach links in eine asphaltierte Straße abbiegen. Sie führt zum Restaurant und Beachclub Lago Beach Zülpich. Der Wanderweg führt an einem Wohnmobilplatz vorbei und bald biegt ihr nach links ab, um wieder zum **Zülpicher See** zu gelangen. Hier könnt ihr direkt bis ans Ufer gehen. Der Pfad, der an dieser Seite des Sees fast unmittelbar am Ufer entlang führt, ist für den Kinderwagen nicht geeignet. Daher geht es über den asphaltierten Weg mit dem den See umgebenden Grüngürtel zur linken und weiten Feldern zur rechten Seite. Dafür könnt ihr, sobald die Strecke nach links abknickt, auch mit dem Kinderwagen den Uferweg an der Nordseite des Gewässers entlang spazieren.

Nach dem Überqueren der Bundesstraße 56 führt der Weg bis zum Bahnhaltepunkt Nemmenich durch die Felder der fruchtbaren Zülpicher Börde. Nachdem ihr nach rechts abgebogen seid und nach einem guten Stück eine weitere Straße, die L162, überquert habt, gelangt ihr in einen ganz besonderen Lebensraum. Hier lebt die einzige größere Population von Feldhamstern in Nordrhein-Westfalen. Die Nagetiere gehören zu den vom Aussterben bedrohten Arten. Mit etwas Glück könnt ihr am Rand des Stoppelfelds die Eingänge zu den weitverzweigten Hamsterbauten entdecken. Das sind Erdlöcher mit einem Durchmesser von ca. 5 bis 8 cm. Bald knickt der Weg nach links ab und verläuft entlang der Felder schnurgerade bis zum **Bahnhaltepunkt Nemmenich**.

Die Zeitmaschine

„Lasst uns eine Zeitreise machen“, sagt die kleine Eidechse zu Paul und Marie. „Wie soll das denn funktionieren?“, fragt Marie. „Kommt mit“, fordert die Echse die Kinder auf. Vor den Römerthermen steht eine große silberne Kugel mit lauter Antennen und blinkenden Lichtern auf dem Dach. Die Eidechse versichert: „Das ist eine Zeitmaschine. Lasst uns einsteigen und zurück zu den Römern reisen.“

Auch wenn Marie und Paul nicht glauben, dass das funktioniert, klettern sie die Leiter hoch und steigen ein. Die kleine Echse gibt in den Computer 350 nach Christus ein und drückt den grünen Startknopf. Die Kugel rumpelt, zischt und raucht, bis es plötzlich ganz still ist. „Fertig. Wir sind da. Alle aussteigen.“ Als Paul und Marie herausklettern, kriegen sie vor lauter Staunen den Mund gar nicht mehr zu. Um sie herum stehen Häuser und laufen Menschen in Kleidung und Schuhen herum wie zur Römerzeit. „Herzlich willkommen in Tolbiacum, so hieß Zülpich zur Römerzeit“, verkündet das grüne Tier. „Toll“, freut sich Paul. „Können wir in die Römertherme gehen?“ „Ja, super. Ich wollte immer mal wie die Römer baden“, meint Marie.

Und so betreten alle drei das prachtvolle Badegebäude. Bevor sie baden, erklärt das Reptil den Kindern alle Räume der Badeanlage. Vom Kaltbad über das Warmbad, das Heißbad bis zum Schwitzraum. Am meisten sind Marie und Paul von den beheizten Fußböden und Wänden begeistert. Sie hätten nie gedacht, dass es vor fast 2000 Jahren so einen Luxus gab. Danach baden sie den ganzen Tag und steigen abends glücklich und müde in die Zeitmaschine, um wieder zurückzureisen.

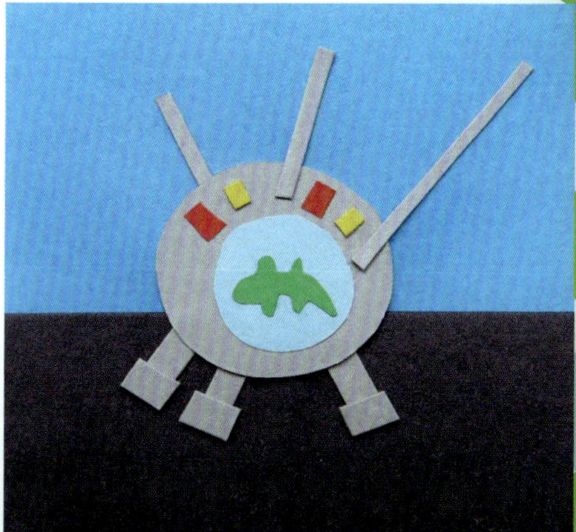

Nettersheim

16 Urzeitmeer, Römer & Kalkbrenner – Auf Zeitreise durch die Kalkeifel

Start	Ziel	Länge	Gehzeit	Schwierigkeit
Bhf Nettersheim	Bhf Nettersheim	5,7 km	2 Std.	● mittel

Wie an einer Perlenkette reihen sich die Attraktionen auf dem Löwenzahn-Erlebnispfad in Nettersheim aneinander. Die kinderwagenfreundliche Wandertour verläuft moderat auf und ab durch die Eifeler Mittelgebirgslandschaft. Zu den Höhepunkten gehören ein Acker voll mit Millionen Jahre alten Meeresfossilien zum Selbstsuchen, die Überreste eines Römerkastells und alte Kalkbrennöfen aus dem 19. Jahrhundert. Hinzu kommen ein Abenteuerspielplatz, der Römerweiher und zahlreiche Rastmöglichkeiten inmitten der Natur. In Nettersheim lohnt sich der Besuch des Naturzentrums Eifel mit einem bunten Korallenriffaquarium und das Haus der Fossilien mit Sammlungen versteinerter Pflanzen und Tiere.

Die Mauern des Römerkastells eignen sich prima zum drüber herlaufen

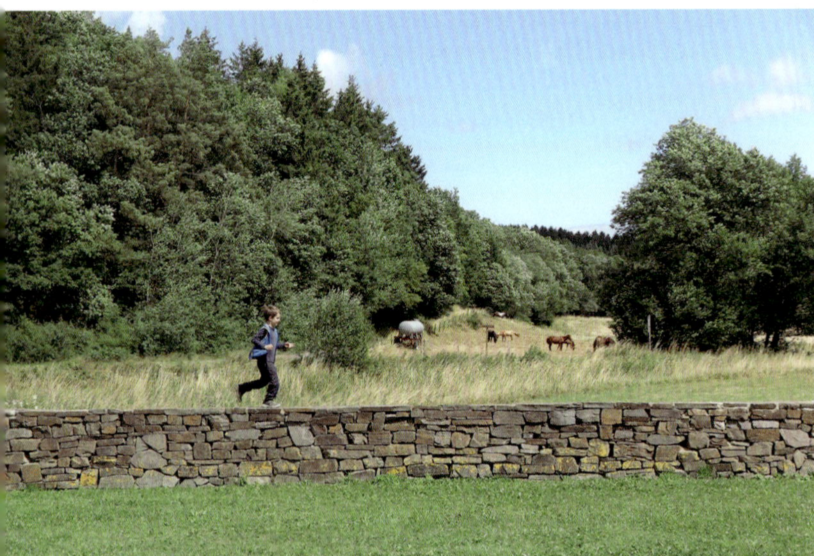

Infos zur Tour

An-/Rückfahrt
Bahnhof Nettersheim (RE22, RB24 ab Köln Hbf. bis Kall, mehrmals stündlich, ca. 54–67 Min je nach Verbindung, ab Kall Schienenersatzverkehr (bis vrs. Dez 2024), mehrmals stündlich, ca. 14–18 Min je nach Verbindung)

Streckenverlauf
Bahnhof Nettersheim – Fossilienacker – Römerkastell – Abenteuerspielplatz – Bahnhof Nettersheim

Streckencharakteristik
Anfangs ansteigend und dann meist absteigend durch Siedlung und entlang von Wiesen, Weiden, Feldern und Bewaldung

Wegbeschaffenheit
Bürgersteig, breite asphaltierte Wege und feste Feldwege mit Schotter oder Split

Beschilderung
Igel und Löwenzahn (Löwenzahn-Erlebnispfad Nettersheim)

Spielplätze
Abenteuerspielplatz am Erlebnispfad; am Naturzentrum Eifel

Besichtigungen
Naturzentrum Eifel
Urftstraße 2–4 · 53947 Nettersheim ·
(0 24 86) 12 46 ·
www.naturzentrum-eifel.de
Nov.–März Mo–Fr 9–16,
Sa/So 10–16 Uhr
Apr.–Okt. Mo–Fr 9–17.30,
Sa/So 10–17.30
kostenfrei außer Dauerausstellung im Obergeschoss: Erw. 2 €, Kinder 1 €, Familien 4 €
Umweltbildungs- und Informationseinrichtung mit Tourist-Information. Dauerausstellung zur Geschichte und Natur der Eifel mit Korallenriffaquarium. Außengelände mit Bauerngarten und Römischer Garten. Museumsshop, Cafeteria und Wickelraum.

Haus der Fossilien „Alte Schmiede“
Bahnhofstraße 50 · 53947 Nettersheim ·
(0 24 86) 12 46 ·
www.naturzentrum-eifel.de
Eintritt kostenfrei, Mo–Do 8–16, Fr 8–13 Uhr
In der ehemaligen Dorfschmiede zeigen Fossiliensammlungen wie Funde des Eifeler Devonmeeres die faszinierende Welt längst vergangener Erdzeitalter.

Einkehren
Nettersheimer Kebaphaus
Bahnhofstraße 15 · 53947 Nettersheim ·
(0 24 86) 32 39 57 ·
facebook: metin.capkan.92
Di–Sa 11.30–21.30, So/Fei 12–21 Uhr, Montag Ruhetag
Große Auswahl an Pizzen, Nudelgerichten, Aufläufen und Salaten. Zudem Kebap, Falafel und typisch deutsche Imbissgerichte wie Currywurst mit Pommes frites. Innensitzplätze.

Nettersheim

Mitten in der Kalkeifel liegt die von Erft und Urft durchflossene Gemeinde **Nettersheim.** Charakteristisch sind die über 360 Millionen Jahre alten Kalkmulden, entstanden aus den Resten ehemaliger tropischer Korallenriffe. Sehenswert sind die Zeugnisse der römischen Siedlungsgeschichte, die fossilienreichen Aufschlüsse und der besondere Reichtum an Tier- und Pflanzenarten. Mehrere Wanderrouten durchziehen Nettersheim und machen Geologie, Archäologie und Natur hautnah erlebbar. Dazu zählt auch der 2014 vom Verband Deutscher Naturparke e. V. und der ZDF-Kindersendung Löwenzahn ausgezeichnete Erlebnispfad, der seitdem **Löwenzahn-Erlebnispfad** heißt.

km 0–1,5 **Vom Bahnhof Nettersheim zum Fossilienacker**

Vom Bahnhof wandert ihr parallel zu den Bahngleisen und der Urft über einen schmalen Weg durchs Grüne bis zur Bahnhofstraße. Nun geht es nach rechts über den Bahnübergang und über einen gepflasterten Fußgängerweg, der euch entlang der Straße durch den kleinen Ort führt. Hier könnt ihr zum ersten Mal auf einem kleinen Schild an einem Laternenpfahl den Igel Olly und einen Löwenzahn des Löwenzahn-Erlebnispfads entdecken. Diese begleiten euch ab jetzt die ganze Wanderstrecke und weisen euch den richtigen Weg.

Vorbei an Dorfgaststätten steigt die Wanderstrecke langsam an und führt nach rechts hoch in die Blankenheimer Straße. Links thront die große **Pfarrkirche St. Martin** und rechts säumen einige kleine, alte Fachwerkhäuser die Straße. Der Wanderweg führt weiter aufwärts entlang der Wohnbebauung Nettersheims bis ihr rechts am Wegesrand auf einen Aussichtspunkt trefft. Nun geht es auf der asphaltierten Straße bis zum ersten Highlight eurer Wanderung, dem **Fossilienacker**.

Links von euch erstreckt sich ein großes, brachliegendes Feld. In dessen Boden verstecken sich unzählige etwa 380 Millionen Jahre alte Meeresfossilien. Denn zur Zeit des Devon lag die Eifel südlich des Äquators im Bereich eines flachen, tropischen Meeres. Im warmen Wasser lebten vor allem riffbildende und riffbesiedelnde Lebewesen wie Korallen. Deren versteinerte Überreste darf heute jedermann kostenlos suchen und mit nach Hause nehmen. Nach der Wanderung könnt ihr im Zentrum von Nettersheim im Haus der Fossilien eure Funde mit den ausgestellten Stücken vergleichen.

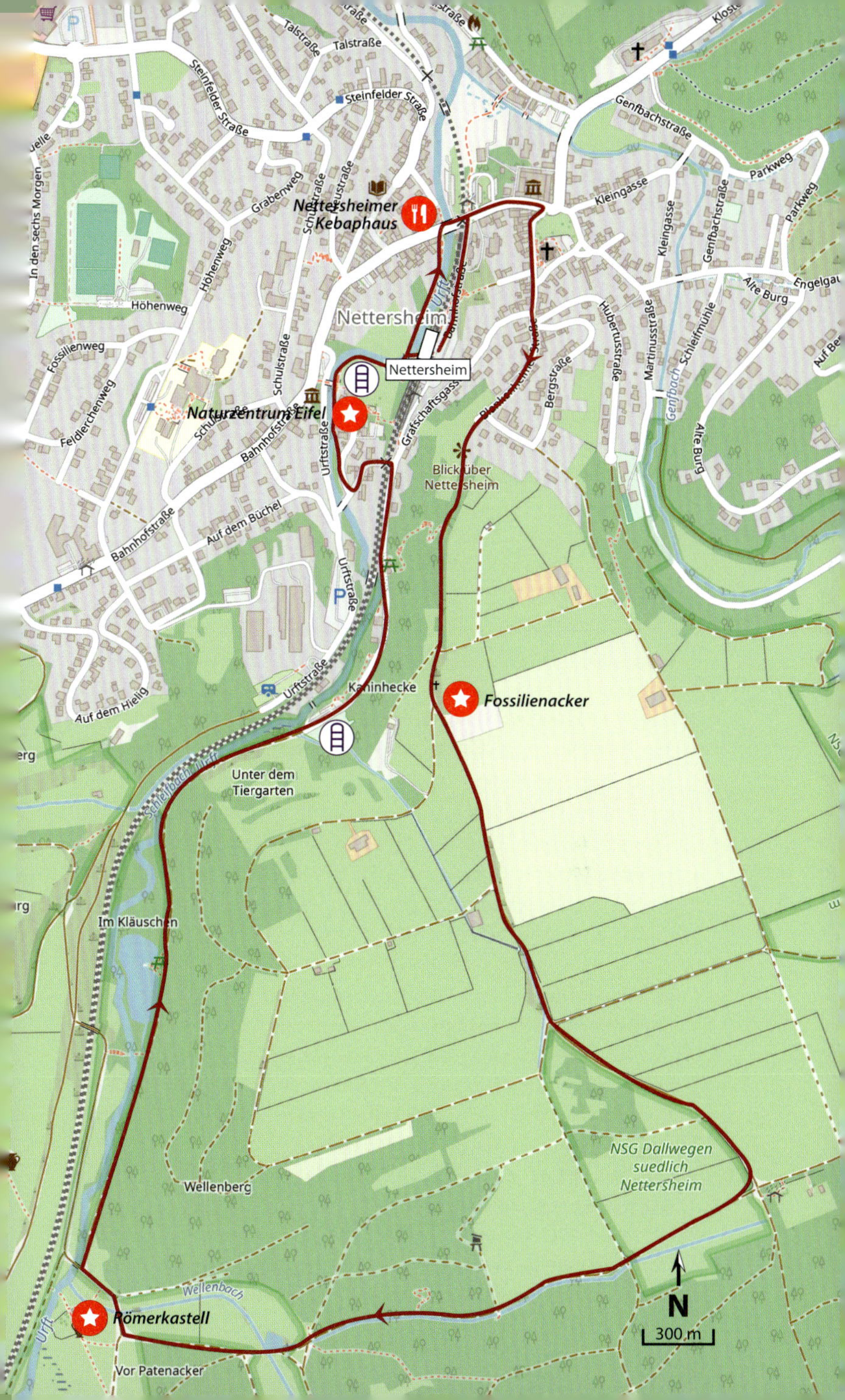

Nettersheimer Kebaphaus
Nettersheim
Naturzentrum Eifel
Blick über Nettersheim
Kaninhecke
Fossilienacker
Unter dem Tiergarten
Im Kläuschen
Wellenberg
NSG Dallwegen suedlich Nettersheim
Wellenbach
Römerkastell
Vor Patenacker
Urft
Schleifbach
Genfbach
Talstraße
Steinfelder Straße
Grabenweg
Schulstraße
Höhenweg
Fossilienweg
Feldlerchenweg
In den sechs Morgen
Bahnhofstraße
Auf dem Büchel
Auf dem Hellig
Urftstraße
Grafschaftsgasse
Bergstraße
Hubertusstraße
Martinusstraße
Kleingasse
Genfbachstraße
Parkweg
Alte Burg
Schleifmühle
Engelgau
N
300 m

km 1,5–3,5 **Vom Fossilienacker zum Römerkastell**

Der geteerte Wanderweg verläuft vom Fossilienacker weiter durch die wunderschöne, strukturreiche Eifeler Mittelgebirgslandschaft. Ihr wandert vorbei an Äckern, Gehölzsäumen und Waldinseln sowie an von Zäunen begrenzten Wiesen und Weiden. Den zweiten Weg rechts rein, lädt euch Igel Olly zu einem Abstecher ein. Am Rand einer Wiese steht ein kunterbunt angemalter **Bienenstand**.

Zurück auf dem Wanderweg folgt ihr einer lang gezogenen Biegung und trefft an der Wegkreuzung auf einen Picknickplatz. Auf einer großen, grünen Wiese am Waldrand lädt eine runde Holzhütte zu einer ausgiebigen Rast ein. In der Hütte hängen nebeneinander aufgereiht verschieden dicke und lange Holzstäbe, denen man mit einem Holzhammer Töne entlocken kann – ein "Waldxylofon". Vom Rastplatz aus führt ein Schotterweg abwechselnd bergab und bergauf entlang von grünen Wiesen und dichten Nadelbaumbeständen.

Zwischendurch steht links an einer Weggabelung am Waldrand eine Bank, die sich ideal für eine Trinkpause anbietet. Beim Herabwandern des Weges entlang des Fichtenwaldes auf der linken und einer Pferdeweide auf der rechten Seite könnt ihr vor euch schon die niedrigen Mauern eines historischen Bauwerks erkennen. Es ist der Nachbau eines 60 mal 40 Meter großen **römischen Kastells** an seinem Originalplatz. Die heute sichtbaren Mauerreste und Torstümpfe baute man 2013 auf den Grundriss der im Boden verborgenen originalen, römischen Funde aus dem Jahr 316. Dadurch sind die antiken Mauerreste gut geschützt und das Kastell dennoch für die Besucher hautnah erlebbar.

km 3,5–4,5 **Vom Römerkastell zum Abenteuerspielplatz**

Eure Wanderroute verläuft nach rechts am Römerkastell vorbei. Den zweiten Weg nach rechts nehmend, liegt neben euch eine Wiese. An dieser befindet sich am Waldrand ein recht unscheinbarer, teilweise überwucherter Steinbruch. Kinder interessieren sich aber viel mehr für das Spielgerät auf der Wiese.

Nun geht es über einen etwas gröberen Schotterweg entlang von Wald und der idyllisch durchs Grün fließenden Urft. Kurz darauf blitzt links ein weiteres Gewässer zwischen den Bäumen hindurch. Es ist der von Laubgehölzen gesäumte **Römerweiher**. Für eine ausgiebige Rast steht auf einer Wiese eine Bank-Tisch-Kombination.

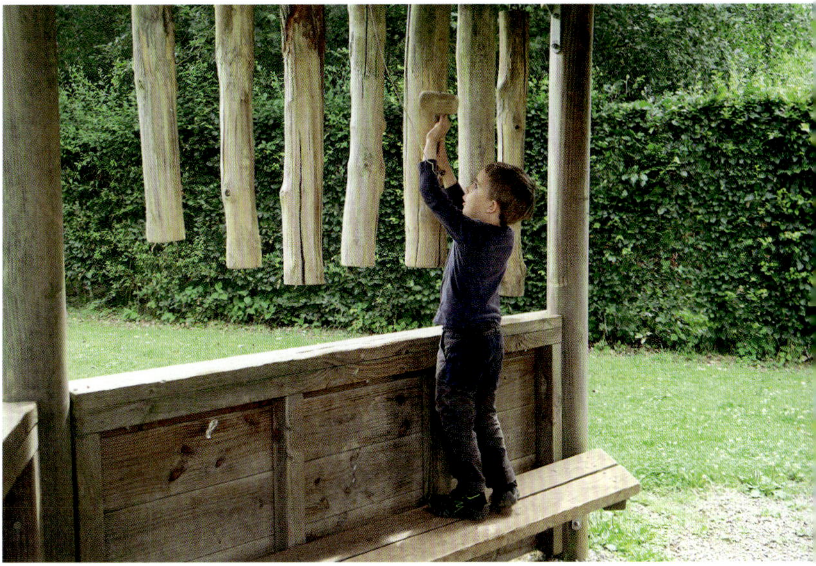

Mit etwas Übung kann man auf dem Waldxylofon einfache Lieder spielen

Und vom Ufer führt ein barrierefreier Holzsteg mit Plattform ein Stück auf den Weiher hinaus. Von hier habt ihr eine weite Sicht über das Wasser und die umgebende Natur. Am Gewässer wachsen üppig Schwertlilien, die von Mai bis Juni blühen. Von hier macht der Weg einen großen Bogen nach rechts. Nach der Kurve erstreckt sich rechts am Weg ein großer Abenteuerspielplatz. Auf einer zum Wald hin ansteigenden Wiese und im Wald selbst bieten sich zahlreiche Spielmöglichkeiten.

Vom Abenteuerspielplatz zum Bahnhof Nettersheim **km 4,5–5,7**

Nur ein kleines Stück weiter steht links am bewaldeten Wegesrand ein mit "Reise in die Baumwipfel" beschrifteter Wegweiser. Er zeigt in Richtung einer steilen Holztreppe, die hinauf auf einen mit Ahornbäumen bewachsenen Hügel führt. Auf ihm verläuft ein schmaler Pfad durchs Grüne, an dem interessant aussehende Waldstühle zum Entspannen und zum Hochschauen in die Baumwipfel einladen. Die Sitzgelegenheiten bestehen aus zwei ineinandergesteckten Holzbrettern, denen man ihre Bequemlichkeit gar nicht ansieht. Danach geht es die Treppe hinunter und ein paar Schritte weiter erblickt ihr linker Hand drei um einen Platz gruppierte Häuser. Die zwei aus Bruchsteinen errichteten Gebäude mit dem Mühlrad sind ehemalige **Werkhäuser** des Kalkwerks Preußer. Bis in 1930er-Jahre produzierte hier die Firma Branntkalk. An deren ehemaligen Öfen kommt ihr gleich vorbei. Heute beherbergen die Häuser Gästezimmer sowie Räume für Veranstaltungen und Seminare.

Kurz darauf erblickt ihr auf der rechten Seite auch schon die zwei alten Kalkbrennöfen aus dem 19. Jahrhundert. Früher befüllten die Arbeiter, Kalkbrenner genannt, die Öfen von oben abwechselnd mit Schichten aus zerkleinertem Kalkgestein und Kohle bzw. Koks. Durch das Brennen entstand Branntkalk, den man zermahlen als Mörtel beim Bauen, Putz zum Anstreichen und Dünger für die Felder nutzte. Nun geht es über ein kurzes Stück Splittsteinweg und dann über einen Asphaltweg entlang der Bahngleise, bis ihr wieder im Dorf angekommen seid. Der Wanderweg überquert nach links den Bahnübergang und führt entlang von Wohnbebauung über eine Kurve und dann nach rechts bis zum **Naturzentrum Eifel**. Die Umweltbildungseinrichtung mit einer sehenswerten Dauerausstellung bietet ein vielfältiges Programm von der Nachtwanderung im Archäologischen Landschaftspark bis zum Suchen und Präparieren von Fossilien. Ein buntes Korallenriffaquarium vermittelt euch einen Eindruck, wie es vor rund 380 Millionen Jahren in der Eifel ausgesehen hat. Das Haus beherbergt zudem die Tourist-Info, das Römerstraßen-Infozentrum und einen Infopunkt des Nationalparks Eifel. Neben dem Naturzentrum laden eine Seilbahn, ein Baumhaus und ein originales Stück des Römerkanals zum Spielen und Entdecken ein.

Nun seid ihr am Ende eurer Wanderung angekommen. Um mit dem Kinderwagen zum Bahnsteig auf der gegenüberliegenden Seite zu gelangen, lauft ihr wieder den euch bekannten Weg parallel zu den Bahngleisen bis zur Bahnhofstraße und biegt nach der Überquerung des Bahnübergangs direkt wieder rechts ab. Ansonsten gelangt ihr auch direkt über eine nicht barrierefreie Brücke zum Bahngleis Richtung Köln. Wer nach der Wanderung Lust auf ein Eis hat, den führt der Weg in die Steinfelder Straße 2 zur Eismanufaktur Solo Qui. Kuchen- und Tortenliebhaber zieht es hingegen in die Bäckerei & Café **sooo lecker...** in der Bahnhofstraße 29. Und Mittagsgerichte bietet das Nettersheimer Kebaphaus an.

Ausflug ans Meer

Daniel ist schon ganz gespannt. Gleich holt ihn die kleine Eidechse für einen Ausflug ab. Er weiß aber noch nicht, wohin es heute geht. Es klopft an die Fensterscheibe des Kinderzimmers. Daniel öffnet das Fenster und begrüßt das kleine Tier:

„Guten Morgen, komm rein." Das grüne Reptil verkündet mit einem verschmitzten Lächeln: „Guten Morgen Daniel. Heute machen wir einen Ausflug ans Meer." Daniel ist sehr verwundert: „Äh, ans Meer? Das ist aber ganz schön weit weg." Die kleine Eidechse erwidert: „Du wirst schon sehen. Pack einen Eimer und eine Schaufel ein und vergess nicht die Sonnencreme." „Au ja! Und ich nehme noch meine Badesachen mit", freut sich Daniel. „Die brauchst du nicht", sagt die Eidechse geheimnisvoll. Komisch, ans Meer fahren und nicht ins Wasser?, denkt sich Daniel.

Und schon geht es los. Sie fahren mit dem Zug Richtung Eifel und steigen am Bahnhof Nettersheim aus. Nach einem kurzen Wegstück stehen Daniel und die kleine Echse auf einem Acker. Daniel sieht, wie dutzende Familien gebückt nach unten schauen. „Guck mal", sagt die Eidechse zu Daniel und hält in der Hand ganz viele Korallenstücke. „Willkommen im Meer der Devonzeit. Vor etwa 380 Millionen Jahren gab es hier ein tropisches Meer mit Korallen, Seelilien und vielen weiteren Meeresbewohnern.

Heute findest du sie hier versteinert in der Erde, darfst sie suchen und mit nach Hause nehmen", erklärt das Tier. „Oh, wie toll! Das ist ja noch spannender als am echten Meer", strahlt Daniel. Und gemeinsam graben sie im Boden und füllen den kleinen Eimer nach und nach mit ihren Fundstücken.

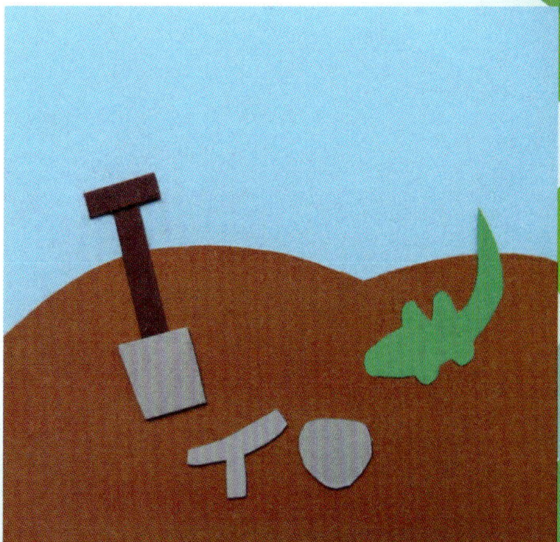

Engeln – Oberzissen

17 Mit der Brohltalbahn durch die Osteifel – Wanderung zur Burgruine Olbrück

Start	Ziel	Länge	Gehzeit	Schwierigkeit
Bhf Engeln	Bhf Oberzissen	8,3 km	3 Std.	● mittel

Zuerst geht es mit dem nostalgischen Vulkan-Express der Brohltalbahn von Brohl am Rhein nach Engeln in die Osteifel. Dort erwartet euch der Geogarten Engeln, in dem ihr Wissenswertes über die Erdgeschichte der Eifel lernt. Durch die Eifellandschaft führt der Wanderweg zuerst ansteigend und dann absteigend vorbei an einer großen Vulkansandabbaugrube, entlang von Feldern und Wiesen und durch einen Laubmischwald. Highlight ist der Besuch der mittelalterlichen Burgruine Olbrück auf einer hohen Vulkankuppe mit einem Ritterspielplatz und einem 34 Meter hohen Bergfried. Am Anfang und Ende der Wanderung laden Gastronomiebetriebe zum Mittag- oder Abendessen oder auf ein leckeres Eis ein.

Burg Olbrück ist das weithin sichtbare Wahrzeichen des Brohltals

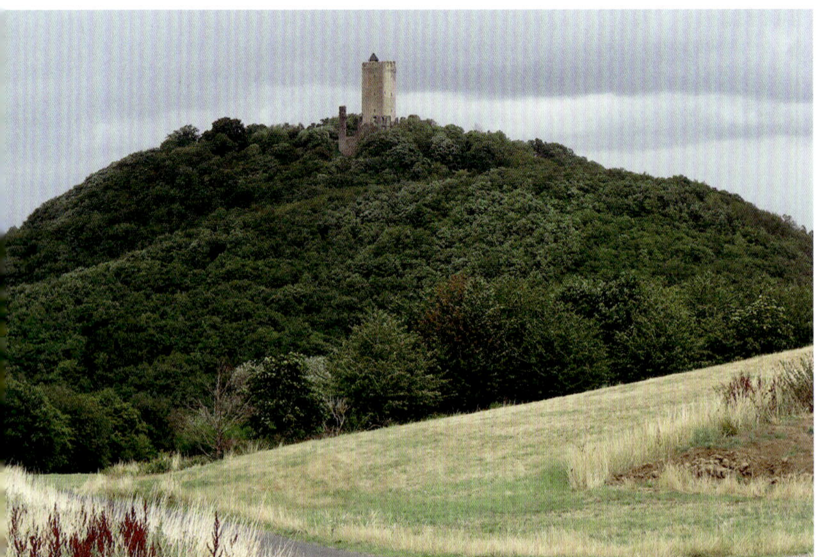

Infos zur Tour

An-/Rückfahrt
Bahnhof Brohl (RB26 ab Bonn Hbf., stündlich, ca. 38 Min)

Streckenverlauf
Bahnhof Engeln – Lavasandgrube – Wald – Hain – Burg Olbrück – Bahnhof Oberzissen

Streckencharakteristik
Anfangs kurz ansteigend, die meiste Zeit absteigend entlang Feldern, Wiesen, durch Wald und Siedlung, zwischendurch steiler Anstieg zur Burg Olbrück

Wegbeschaffenheit
Asphaltierte Wege und Straßen, Bürgersteig sowie Split- und Schotterwege

Beschilderung
Keine durchgehende Beschilderung: B (Brohltalweg), Holzschilder, Osteifelweg, Vulkanpark Route

Spielplätze
Am Bahnhof Engeln; Ritterspielplatz Burg Olbrück

Öffentliche Personenbeförderung
Vulkan-Express (Brohltalbahn)
Brohltalstraße · 56656 Brohl-Lützing · (0 26 36) 80 30 3 · www.vulkan-express.de
Ganzjähriger Betrieb, Hauptsaison Ende Apr.–Okt. meist Di–So
Günstigster Fahrpreis (Hin & Rückf.): Erw. 17,50 €, Familien (max. 2 Erw. & 3 Kinder) 35 €
Kinder unter 6 J. kostenlos, 6 bis 15 J. halber Preis.
Kostenlose Mitnahme von Kinderwagen und Fahrrädern im Gepäckwagen. An ausgewählten Tagen Einsatz der Dampflokomotive. Fahrkartenkauf im Zug oder am Schalter.

Besichtigungen
Burg Olbrück
Burgstraße 1 · 56651 Niederdürenbach · (0 26 36) 19 43 3 · www.brohltal-verwaltung.de
Saison Apr. bis Okt., täglich 11–18 Uhr
Burggelände kostenfrei zugänglich
Führung 5 € Erw., 2,50 € Kinder, 12,50 € Familien, in der Saison jeden 1. Sonntag im Monat
Mittelalterliche Burgruine auf vulkanischer Bergkuppe mit besteigbarem Bergfried, Ritterspielplatz, Kräutergarten und Erzählstationen.

Einkehren
Vulkan-Stube
Bahnhof Engeln · 56746 Kempenich · (0 26 55) 67 49 53 0 · www.engeln-gastro.de
Öffnungszeiten Do 14.30–21, Fr 14.30–21.30, Sa 11.30–21.30, So 10.45–20.30
Küchenzeiten Do 17–20, Fr 17–21, Sa 16.30–21, So 12–14.30/16.30–20 Uhr
Restaurant direkt am Bahnsteig. Sonntag Frühstücksbuffet. Speisen wie Flammkuchen, Schnitzel und Salate. Kuchen sowie heiße und kalte Getränke. Außen- und Innensitzplätze. Wickeltisch.

Brohltal

In der wunderschönen Landschaft der vulkanisch geprägten Osteifel erstreckt sich links des Rheins das Brohltal. Dessen Talsohle durchfließt der Brohlbach, der von seiner Quelle in Hannebach auf 511 Höhenmetern bis zur Mündung in den Rhein in Brohl-Lützing auf 52 Höhenmetern knapp 20 Kilometer Strecke zurücklegt. Wahrzeichen des Brohltals ist die mittelalterliche Burgruine Olbrück, die weit sichtbar auf einem vulkanischen Phonolithkegel thront. Eingebettet in die Landschaft liegen kleine geschichtsträchtige Orte wie Niederdürenbach, Oberzissen, Niederzissen und Burgbrohl. Seit 1901 verbindet die Brohltalbahn die Siedlungen des Tals mit dem Rhein. Von Anfang an diente die Schmalspurbahn außer der Fahrgastbeförderung auch dem Transport von Gütern wie Vulkansteinprodukten.

Vom Bahnhof Engeln zur Lavasandgrube

km 0–1,5 Bevor die Wanderung startet, fährt euch der nostalgische **Vulkan-Express** von Brohl am Rhein bis nach Engeln in die Osteifel. Direkt gegenüber dem DB-Bahnhof Brohl liegt der Bahnhof Brohl B. E. des Vulkan-Express. Mit gemütlichen 20 Kilometern pro Stunde bewegt sich die Schmalspurbahn mit ihren historischen Personenwagen durch die Eifellandschaft. Dabei überwindet sie auf knapp 18 Kilometern Strecke 400 Höhenmeter. An ausgewählten Tagen zieht eine Dampflokomotive von 1906 die Waggons. Da ab Oberzissen die Strecke sehr steil ist, kommt im Regelbetrieb auf dem letzten Stück eine der Dieselloks zum Einsatz. Auch diese besitzen wie die beige-grüne D5 aus dem Jahr 1966 einen hohen nostalgischen Charme.

In Engeln angekommen, lädt im Bahnhofsgebäude das Ausflugsrestaurant **Vulkan-Stube** vor der Wanderung zur Stärkung und zum Durst löschen ein. An einem Ende des Bahnsteigs liegt ein kleiner Spielplatz. Und am anderen Ende des Bahnsteigs erstreckt sich der bei Kindern beliebte **Geogarten Engeln**. Auf etwa 1000 Quadratmetern vermitteln neun Stationen auf spielerische Weise Wissenswertes über die Erdgeschichte der Eifel. Von hier lauft ihr die anschließende asphaltierte Brenker Straße entlang. Anfangs liegt linker Hand eine große von Kirschbäumen gesäumte Wiese mit einer Torwand und zwei Fußballtoren. Zudem kommt ihr an einem bemoosten alten Mühlstein, einem alten Steinkreuz und einer daneben stehenden Rastbank vorbei. Nun verläuft die Stra-

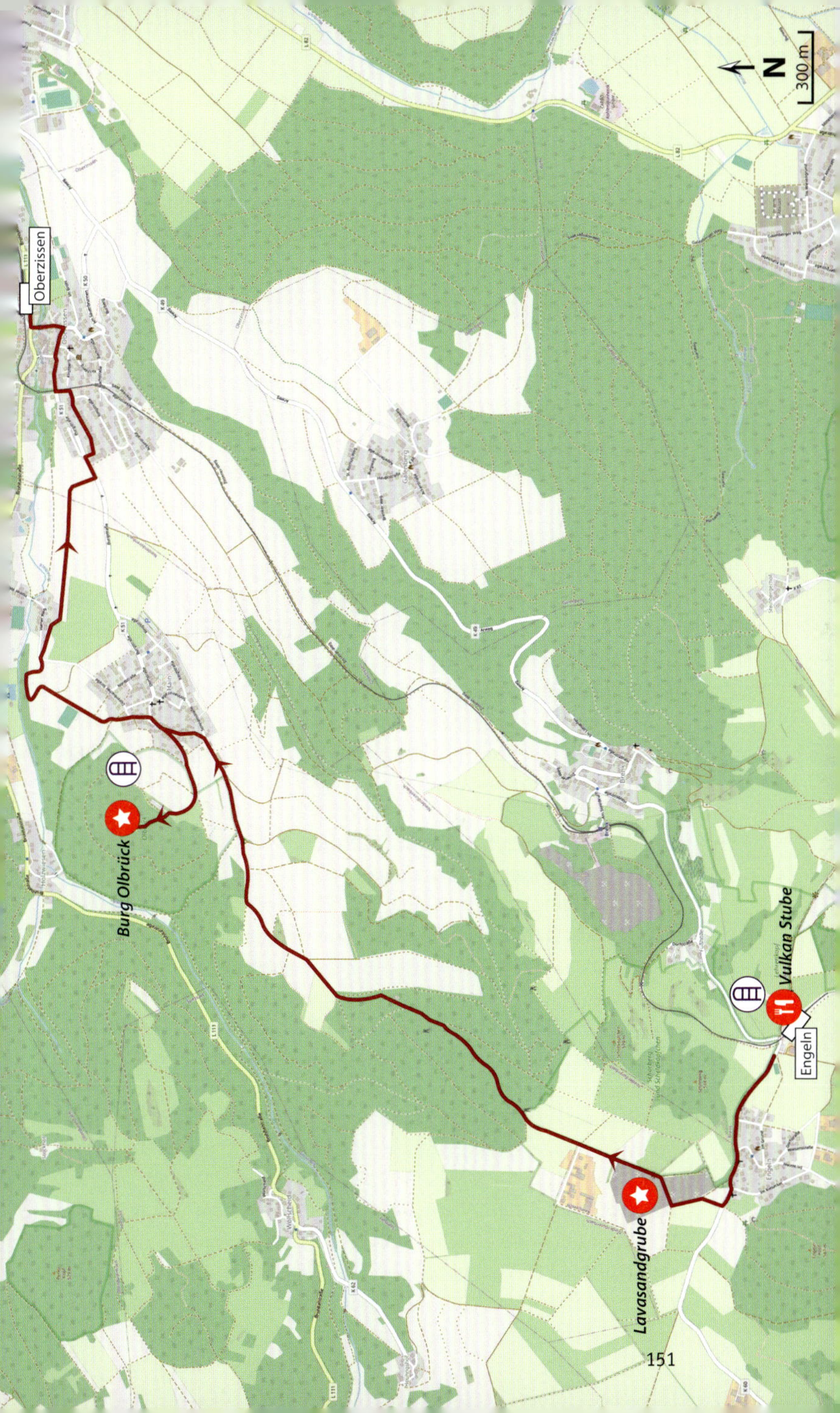
N
300 m
Oberzissen
Burg Olbrück
Vulkan Stube
Engeln
Lavasandgrube

ße aufwärts durch die Wohnbebauung von Engeln. Dabei trefft ihr auf die kleine Kapelle der heiligen 14 Nothelfer aus der 2. Hälfte des 18. Jahrhunderts. Vielleicht seid ihr zum richtigen Zeitpunkt hier und hört das schöne Glockenspiel aus 18 Glocken erklingen. Es steht direkt neben der **Kapelle** und spielt täglich um 08:30, 12:00, 16:00 und 19:00 den Jahreszeiten angepasste Melodien. Es geht weiter die Straße aufwärts, bis diese nach rechts abbiegt. Linker Hand liegt eine kleine hübsche Privatkapelle.

Kurz nach dem Passieren des überdachten hölzernen Ortsausgangsschild von Engeln knickt die asphaltierte Straße nach rechts ab. Das ihr hier durch ein riesiges Gebiet ehemalig Lava spuckender Vulkane wandert, wird gleich besonders deutlich. Ein Hinweisschild verrät euch, das der Wanderweg an einer großen Lavasandgrube vorbeiführt. Die Firma Wilfried Groß baut hier vulkanische Gesteine, genauer gesagt basaltische Lapilli, ab. Die Vulkansteinchen begegnen euch immer wieder in eurem Alltag, ob als Streumittel im Winter oder auf dem Spielplatz. Die Straße knickt nach rechts ab und führt mitten durch das Firmengelände der **Lavasandgrube**. Nach dem Abbiegen nach links erstrecken sich linker Hand die beeindruckenden tiefen Abbauwände aus Vulkangesteinen. Warnschilder weisen darauf hin, nicht direkt an die Kante zu gehen, da diese abbrechen kann.

km 1,5–5 Von der Lavasandgrube zur Burg Olbrück

Die Wanderstrecke führt geradeaus vorbei an weiten Wiesen und Getreidefeldern mit Blick über die Eifellandschaft. Der asphaltierte Wirtschaftsweg geht über in einen Split- / Schotterweg und leitet euch bergab durch einen naturnahen Laubmischwald. Sobald der Wanderweg aus dem Wald heraustritt, empfängt euch eine tolle Sicht über die Osteifel mit dem bewaldeten Burgberg, auf dem der Bergfried der Burgruine Olbrück thront. Durch Wiesen mit Wildblumen und entlang kleiner Waldinseln schlängelt sich der Wanderweg weiter bergab. Dabei trefft ihr am Wegesrand auf jahrhundertealte Steinkreuze und eine Allee aus Streuobstbäumen.

Bald erreicht ihr den kleinen Ort Hain. Braune Schilder mit der Aufschrift Burg Olbrück weisen euch im Ort den richtigen Weg zum Highlight eurer Wanderung. Dafür steigt die Strecke bis zur Burgruine steil an. Nicht nur mit dem Kinderwagen ist dieser Abschnitt eine Herausforderung. Aber mehrere Rastbänke und der Ausblick

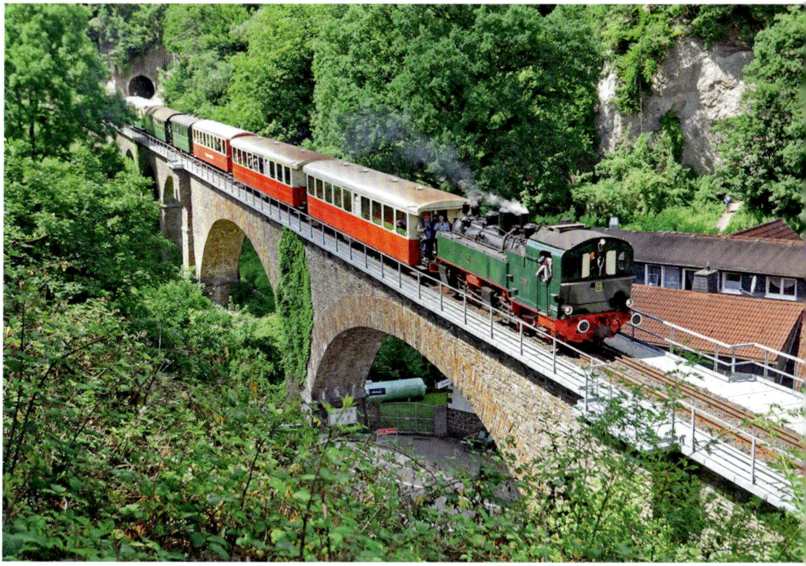

Mit gemächlicher Geschwindigkeit fährt die Brohltalbahn durchs Tal

vom Wegesrand über das Brohltal versüßen den Aufstieg. Kurze Zeit später erreicht ihr den Besucherparkplatz mit zahlreichen Infotafeln zur Burgruine, von dem der Weg weiter hochführt. Bald trefft ihr linker Hand auf die erste von zehn Erzählstationen.

Die Stationen führen von hier rund um die Ruine und bis hoch in den Bergfried und nehmen die Besucher mit auf eine Zeitreise vom Vulkanismus bis zum Mittelalter. Exponate zum Anfassen ergänzen die Erzählungen. Zum Beispiel liegt an der ersten Station auf einer Bruchsteinmauer ein großer Phonolith, das Vulkangestein, aus dem der gesamte Burgberg besteht. Phonolith heißt übersetzt Klangstein. Nach dem Durchschreiten des Vorburgtors empfängt euch ein Ritterspielplatz mit Holzburgturm und zwei Holzpferden zum Wippen.

Nach dem Spielen laden euch die mittelalterlichen Gemäuer zum Erkunden ein. Um 975 vom Grafen von Wied errichtet, erlebte die stolze Burg Olbrück im Laufe der Zeit eine wechselvolle Geschichte. Von ihrem Ausbau um 1345 über ihre Zerstörung 1689 und der Wiedererrichtung bis zum Verfall im 19. Jahrhundert. Erst seit 2001 ist die von der Verbandsgemeinde Brohltal gepachtete Burg-

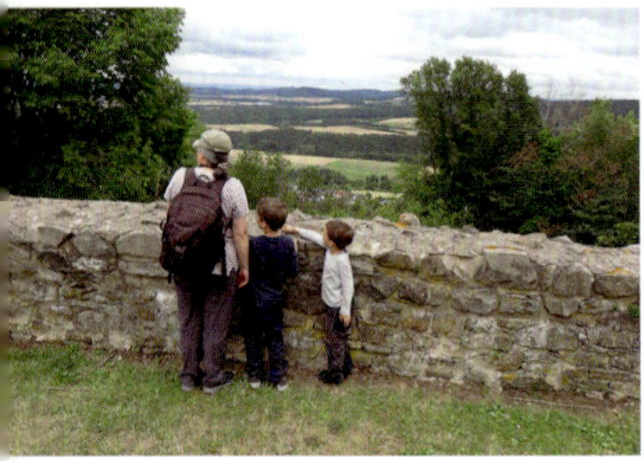

Blick von Burg Olbrück über die Osteifel

ruine für die Öffentlichkeit zugänglich. Das Plateau auf dem 34 Meter hohen Bergfried, einem ehemaligen Wohnturm, bietet eine fantastische Aussicht über die Vulkaneifel und bei guter Sicht sogar bis zum Kölner Dom.

Außen an der Burgmauer wächst ein großer Wild- und Kräutergarten mit Pflanzen, die früher die Burgleute anbauten. Der Gute Heinrich bereicherte einst als Wildgemüse den Speiseplan. Und der Färber-Wau färbte die Kleider des Mittelalters leuchtend gelb. Auch floristische Besonderheiten des Brohltals kultiviert der Burggarten, darunter den in Deutschland extrem seltenen Lorbeer-Seidelbast.

km 5–8,3

Von Burg Olbrück zum Bahnhof Oberzissen

Nun geht es wieder abwärts nach Hain. Im Ort wandert ihr über die Dorfstraße nach links, welche in die Dürenbacher Straße übergeht. Dabei passiert ihr mitten im Dorf einen kleinen Weinberg. Hier steht auch ein Gedenkstein für den Künstler Gerhard Marcks. Denn er verbrachte seine letzten Lebensjahre überwiegend in Hain und verewigte das Dorf, die Burgruine Olbrück und die Eifellandschaft in seinen Werken. Eine seiner berühmtesten Skulpturen kennen viele Kinder, die Bremer Stadtmusikanten am Rathaus von Bremen.

Der Dürenbacher Straße folgend, geht es aus dem Ort hinaus und dann weiter an einem Fußballplatz vorbei, durch weite Wiesen und ein kleines Wäldchen. Darauf trefft ihr auf den Hainer Weg, dem ihr aber nicht folgt. Stattdessen wandert ihr über den anfangs parallel verlaufenden Feld- / bzw. Wiesenweg, bis er an der Burgstraße in Oberzissen endet. Nur noch ein Stück durch den Ort und ihr seid am Bahnhof Oberzissen der Brohltalbahn angekommen. Unternehmt in Oberzissen einen kurzen Abstecher zum **Sauerbrunnen**. Vom Bahnhof ist der Weg gut ausgeschildert. Ein runder Steinbrunnen auf einem kleinen gepflasterten Platz spendet trinkbares quellfrisches Mineralwasser. Allerdings schmeckt es durch seinen Eisengehalt recht gewöhnungsbedürftig.

Bevor es mit dem historischen Vulkan-Express wieder zurück nach Brohl geht, könnt ihr euch direkt am Bahnhof ein Eis holen.

Einmal Lokführer sein

Henri ist schon ganz aufgeregt und kann schlecht einschlafen. Denn morgen fährt er mit seiner Mama und der kleinen Eidechse mit der Brohltalbahn von Brohl nach Engeln. Den Zug zieht eine ganz alte Dampflokomotive. Henri liebt Eisenbahnen, ob als Spielzeug, in Büchern und am liebsten in echt. Als er endlich eingeschlafen ist, träumt Henri von der Brohltalbahn.

Im Traum wartet er mit seiner Mutter und der kleinen Echse in der Reihe vor dem Fahrkartenschalter, neben dem ein Glücksrad steht. „Junger Mann, willst du einmal drehen“, fragt ihn ein Mann mit schwarzem Zylinder auf dem Kopf. „Es lohnt sich. Der Hauptpreis ist eine Mitfahrt als Lokführer in der Brohltalbahn.“ Henri dreht und tatsächlich das Rad bleibt beim Hauptpreis stehen. Er kann sein Glück gar nicht glauben. Auch die Eidechse darf er mitnehmen. Henri und das Tier bekommen eine schicke Lokführermütze und dürfen zum Lokführer auf den Führerstand klettern. Und schon geht es los.

Die Lok pfeift und fährt qualmend und schnaubend aus dem Bahnhof heraus. Der Lokomotivführer erklärt Henri, wie er Gas gibt und bremst und nach einer Weile darf Henri die Dampflokomotive ganz alleine steuern. Das ist ein Spaß und so aufregend. Da hört Henri plötzlich die Stimme seiner Mama:

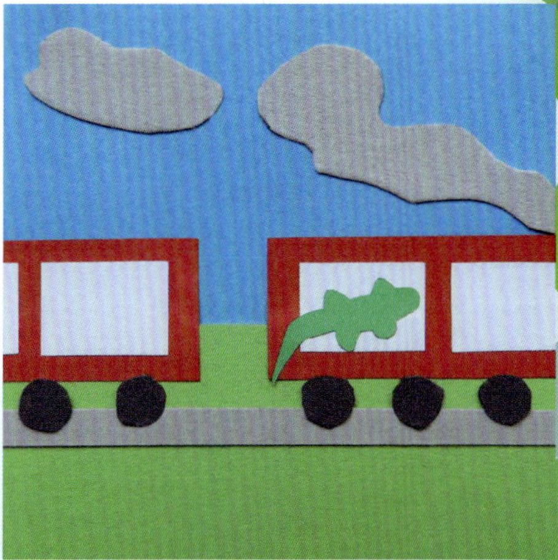

„Aufwachen. Heute ist ein besonderer Tag.“ Plötzlich ist Henri hellwach. „Was ich dir noch gar nicht erzählt habe, heute gibt es an der Brohltalbahn auch ein Glücksrad“, sagt die Mutter. „Das weiß ich schon“, erwidert Henri. „Woher weißt du das?“, fragt seine Mutter erstaunt. „Ach, das ist ein Geheimnis“, antwortet Henri und lächelt.

Gerolstein

18 Römer, Vulkane & Steinzeitmenschen – auf die Gerolsteiner Dolomiten

Start	Ziel	Länge	Gehzeit	Schwierigkeit
Bhf Gerolstein	Bhf Gerolstein	8,6 km	3,5 Std.	● herausfordernd

Die Wanderung führt durch das von der Kyll durchflossene Tal der Stadt Gerolstein hoch auf ein steiles Dolomitfelsplateau mit sanft geschwungenen Wiesen und Wäldern. Highlights sind dabei die Ruinen einer 1900 Jahre alten keltisch-römischen Tempelanlage, eine begehbare Höhle, in der einst Steinzeitmenschen und Höhlenbären hausten und das Erkunden eines großen, tiefen Vulkankraters. Der Kyllpark im Tal bietet Kindern mit seinem Wasserspielplatz Erfrischung an heißen Tagen. Wer Durst bekommt, hält einfach seinen Becher unter den Hahn der Helenenquelle, aus dem das kühle Mineralwasser sprudelt. Zum Abschluss laden gemütliche Gastronomiebetriebe zur Einkehr ein.

Juddekirchhof: Ruinen einer keltisch-römischen Kultstätte

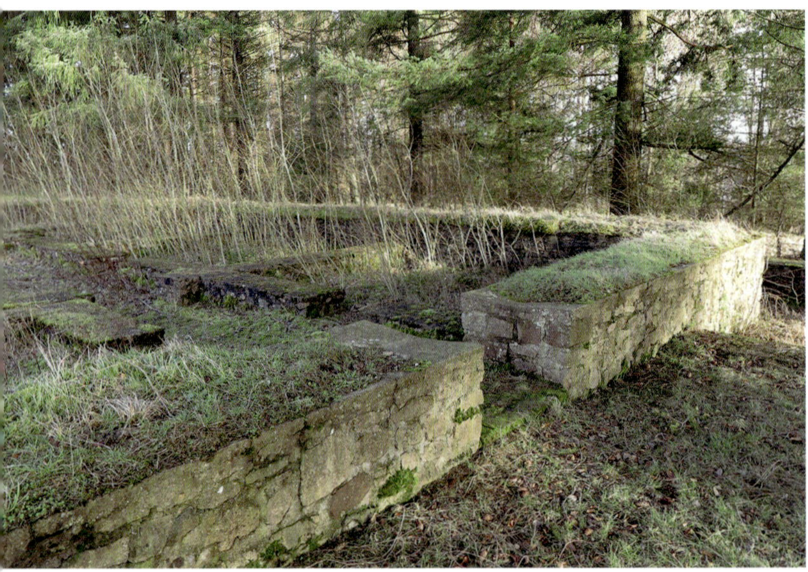

Infos zur Tour

An-/Rückfahrt
Bahnhof Gerolstein (RE22, RB24 ab Köln Hbf. bis Kall, mehrmals stündlich, ca. 54–67 Min je nach Verbindung, ab Kall Schienenersatzverkehr (bis vrs. Dez 2024), mehrmals stündlich, ca. 85–94 Min je nach Verbindung)

Streckenverlauf
Bahnhof Gerolstein – Kyllpark – Villa Sarabodis – Juddekirchhof – Papenkaule – Buchenlochhöhle – Bahnhof Gerolstein

Streckencharakteristik
Flach durch Stadt, langer Anstieg auf Felsplateau, über und entlang Wiesen und Wald und wieder hinab ins Tal

Wegbeschaffenheit
Bürgersteig, asphaltierte Wege und Straßen sowie Feld- und Wiesenwege

Beschilderung
Felsenweg (Eifelverein), Vulkanweg (Eifelverein), Wegweiser

Spielplätze
Im Kyllpark

Besichtigungen
Naturkundemuseum Gerolstein
Hauptstraße 72 · 54568 Gerolstein · (0 65 91) 98 49 89 0 · www.nkm-gerolstein.de
Mitte Nov.–März: Sa 13–16, So/Fe 11–16 Uhr
Apr.–Mitte Nov.: Mo–Di 13–16, Mi geschlossen, Do–Sa 13–16, So/Fei 11–16 Uhr
Erw. 3 €, Kinder 1 €, Familien 4 € (1 Erw. + Kinder), 6 € (2 Erw. + Kinder)
Museum mit Vulkangesteinen, faszinierenden Fossilien, archäologischen Funden, interaktiven Waldexponaten sowie Insektensammlung. Führungen und Programme für Kinder und Familien.

Einkehren
Prümtaler Mühlenbäckerei
Sarresdorfer Straße 22 a · 54568 Gerolstein · (0 65 91) 94 37 06 4 · www.eifeler-landbrot.de
Mo–Sa 5.30–18, So 7–11 Uhr
Bäckerei und Café mit Frühstücksangeboten, belegten Brötchen, herzhaften und süßen Backwaren wie Kuchen und Torten. Kalte und heiße Getränke. Innen- und Außensitzplätze. Wickelmöglichkeit und Hochstühle vorhanden.

Im Flecken – Bistro am Eifelsteig
Rondellplatz · 54568 Gerolstein · (0 65 91) 94 32 71 · www.bistroimflecken.de
Di–Sa 9.30–18 Uhr, Sonntag und Montag Ruhetag
Wandererfreundliches Bistro im Zentrum Gerolsteins. Frühstück, Salate, Suppen, Pastagerichte, Quiches und Tortilla Wraps. Desserts wie frische Waffeln und Crêpes. Innen- und Außensitzplätze.

Gerolstein

In der Stadt Gerolstein mit ihren zehn Stadtteilen leben fast 7900 Einwohner. Weltweite Bekanntheit erlangte ihr Mineralwasser, abgefüllt von Deutschlands größtem privaten Mineralbrunnenbetrieb. Charakteristisch für die Landschaft um Gerolstein ist die attraktive Mischung aus senkrecht aufragenden Dolomitfelsen, sanft geschwungenen Kalkmagerrasenhängen und breiten Waldstücken. Besondere Sehenswürdigkeiten sind die Papenkaule, ein 80 Meter breiter und 20 Meter tiefer Vulkankrater und die von Steinzeitmenschen aufgesuchte Buchenlochhöhle im Dolomitgestein. Das Naturkundemuseum im Stadtzentrum zeigt Funde aus Gerolstein und seiner Umgebung wie Steinzeitwerkzeuge aus der Buchenlochhöhle und fossile Trilobiten, eine ausgestorbene Klasse meeresbewohnender Gliederfüßer.

km 0–1,5 **Vom Bahnhof Gerolstein zur Villa Sarabodis**

Vom Bahnhof Gerolstein aus überquert ihr die Brücke über den rauschenden Fluss Kyll. Wer jetzt zum Mittagessen einkehren will, biegt am Kreisel nach links ab, um nach einem kurzen Stück zur Einkaufspassage Rondell mit dem Bistro Im Flecken zu gelangen. 300 Meter vom Bistro entfernt, liegt an der Hauptstraße das **Naturkundemuseum** Gerolstein. Der Wanderweg führt hingegen vom Kreisel nach rechts. Nach dem Wechsel der Straßenseite über die Fußgängerampel liegt linker Hand der von Bäumen gesäumte Brunnenplatz. Mit dem Kinderwagen ist er über eine Rampe zugänglich.

Nun geht es über den Kyllweg zum sehr hübschen kleinen **Kyllpark**, der sich entlang des gleichnamigen Flusses erstreckt. Für kleine Wasserratten ist der **Wasserspielplatz** genau das Richtige. Daneben liegt ein schöner Spielplatz mit Rutschen, Schaukeln, Klettermöglichkeiten und einem Holzschiff. Wer beim Toben und Spielen Durst bekommt, kann ihn umgehend an der **Helenenquelle** stillen. Von April bis Oktober sprudelt von 7 bis 21 Uhr frisches, klares Mineralwasser aus dem Hahn.

Der Wanderweg führt an der Kyll entlang und biegt nach rechts über eine Brücke ab. Nun erklimmt ihr eine lange Treppe. Mit dem Kinderwagen geht es stattdessen links weiter und dann nach rechts den Hügel hinauf. Ihr überquert die Eisenbahngleise über die Sarabodisbrücke und erreicht den Parkplatz eines Baumarktes. Am Rand des Parkplatzes entlang, folgt ihr auf dem Fußgängerweg

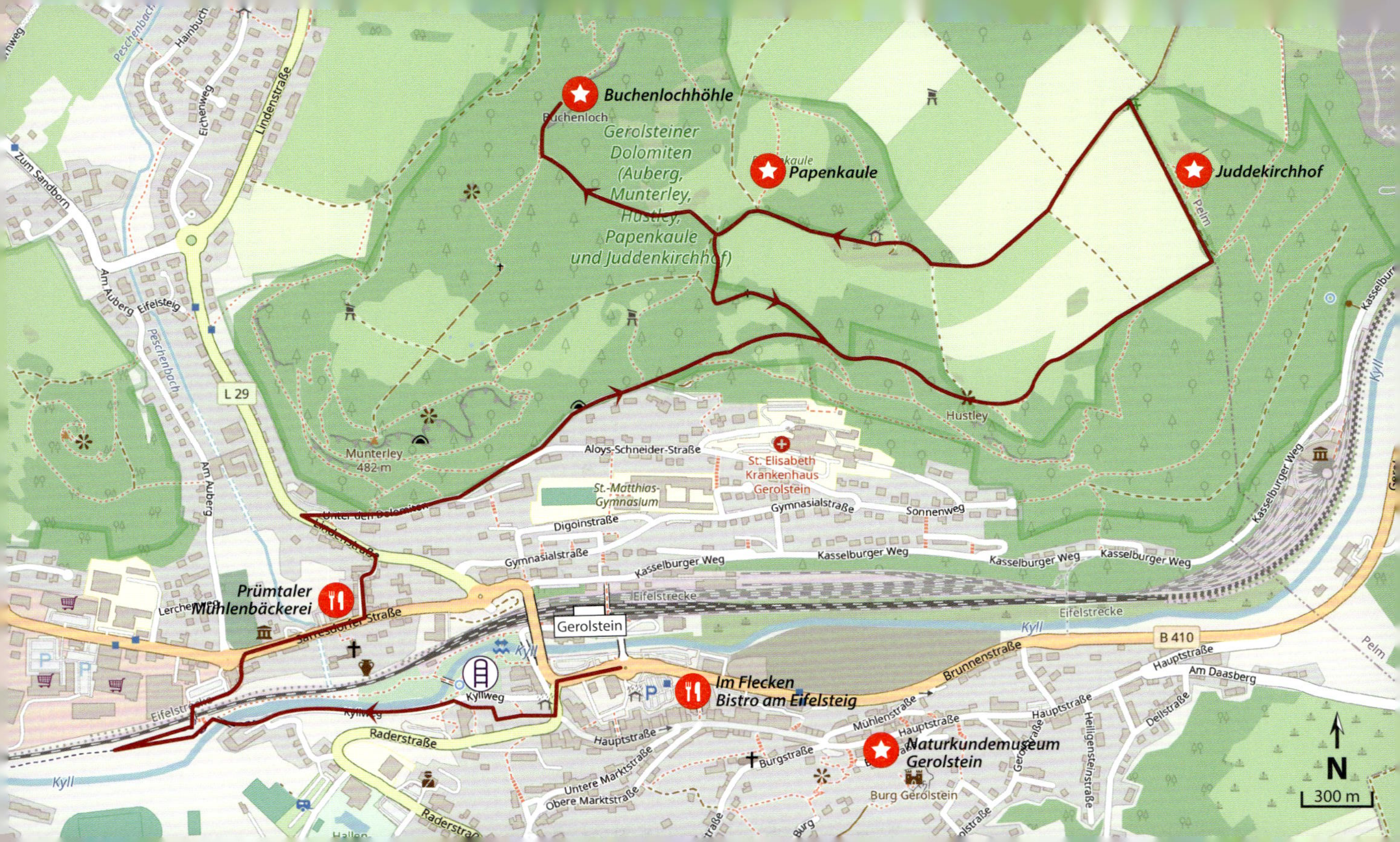

Buchenlochhöhle
Buchenloch
Gerolsteiner Dolomiten (Auberg, Munterley, Hustley, Papenkaule und Juddenkirchhof)
Papenkaule
Juddekirchhof
Pelm
Hustley
Munterley 482 m
Aloys-Schneider-Straße
St. Elisabeth Krankenhaus Gerolstein
St.-Matthias-Gymnasium
Gymnasialstraße
Sonnenweg
Digoinstraße
Kasselburger Weg
Unter den Dolomiten
Lindenstraße
L 29
Eichenweg
Hainbuch
Zum Sandborn
Am Auberg
Eifelsteig
Peschenbach
Prümtaler Mühlenbäckerei
Lerchenweg
Sarresdorfer Straße
Eifelstrecke
Gerolstein
Kyll
Kyllweg
Raderstraße
B 410
Brunnenstraße
Im Flecken Bistro am Eifelsteig
Hauptstraße
Am Daasberg
Dellstraße
Heiligensteinstraße
Mühlenstraße
Burgstraße
Untere Marktstraße
Obere Marktstraße
Naturkundemuseum Gerolstein
Burg Gerolstein
N
300 m

der Sarresdorfer Straße nach rechts. Linker Hand liegt eine Filiale der Prümtaler Mühlenbäckerei, die belegte Brötchen und Teilchen als Wegzehrung verkaufen. Und rechter Hand steht eine große neoromanische Kirche. Es ist die 1913 geweihte evangelische Erlöserkirche. Ihren Innenraum schmücken Millionen goldener Mosaiksteinchen, die je nach Lichteinfall auffällig glitzern. Hinter dem Gotteshaus erstrecken sich die Fundamente einer römischen Villa rustica, der **Villa Sarabodis** aus dem 1. Jahrhundert. In einem Schutzhäuschen sind die Reste einer römischen Fußbodenheizung zu sehen. Die Besichtigung der Ruinen, des zugehörigen Museums mit weiteren Fundstücken und der Kirche ist nur im Rahmen einer ca. einstündigen Führung möglich.

km 1,5–3,5

Von der Villa Sarabodis zum Juddekirchhof

Von der Sarresdorfer Straße knickt die Wanderroute über die Gartenstraße nach links ab. Ab hier verläuft die Wanderung mit Blick hoch zu den steilen Dolomitfelsen stetig den Berg hinauf. Über den Fußgängerweg wandert ihr nun nach links die Lindenstraße hinauf. Direkt am bewaldeten Felsen entlang, führt euch darauf die Straße mit dem passenden Namen Unter den Dolomiten nach rechts weiter aufwärts. Nach einem guten Wegstück zweigt von der asphaltierten Straße in einer Kurve ein unbefestigter Weg ab. Der Pfad verläuft auf und ab durch einen Wald und über Magerwiesen. Bald knickt der Weg an einem Gedenkstein für einen amerikanischen Soldaten nach links ab. Ab hier bietet sich eine weite Aussicht über die Eifel mit ihren sanft geschwungenen Wiesen und Wäldern.

Rechter Hand trefft ihr nun auf die tausende Jahre alten Ruinen einer keltisch-römischen Kultstätte, **Juddekirchhof** genannt. Über einen kleinen Anstieg könnt ihr das 66 Meter lange und 44 Meter breite, von einer niedrigen Mauer begrenzte Areal erkunden. Links neben dem Eingang erstrecken sich die Mauerreste einer Pforte und einem daran anschließenden Langhaus. Der rechteckige Ruinenrest mit der beschrifteten grauen Platte, einer Weihetafel, war ehemals ein römischer Umlauftempel. Die Tafel gibt Auskunft darüber, dass Marcus Victorius Polentius im Jahre 124 den Tempel stiftete. Eine hier bereits zuvor existierende keltische Kultstätte drückt das Wort Caiva aus. Die größten Mauerumrisse auf dem Gelände gehörten einst zu einem Priesterhaus. Unter einem großen Baum lädt euch eine Bank zu einer Rast ein.

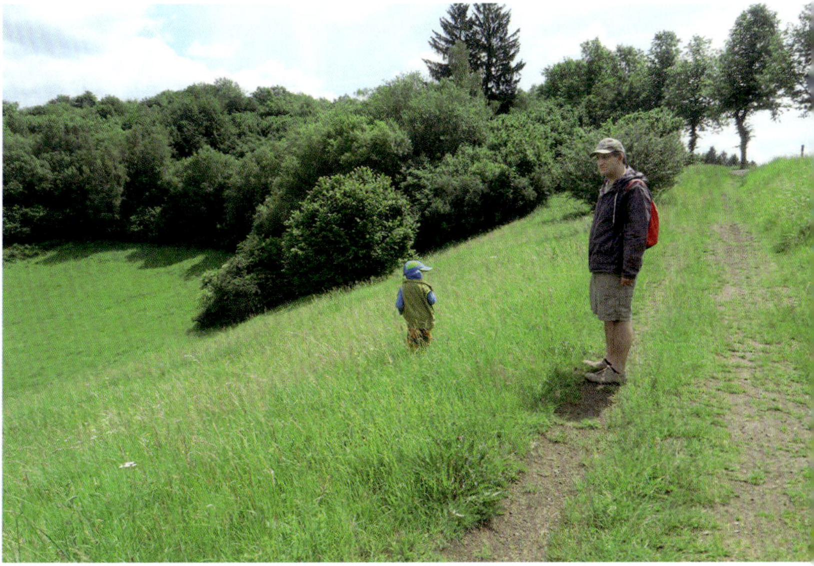

Am Kraterrand der Papenkaule

Vom Juddekirchhof zur Buchenlochhöhle **km 3,5–5**

Der Wiesenpfad stößt kurz hinter einer Schranke auf einen asphaltierten Weg. Dieser führt euch nun nach links entlang weiter Wiesen und Gehölzsäume die Hügel hoch und runter. Bald erblickt ihr auf einer Wiese eine große Schutzhütte, ausgestattet mit Tisch und Bänken. Kurz darauf erwartet euch nach der Ruine der keltisch-römischen Kultstätte eine weitere Besonderheit.

Rechts des Weges erstreckt sich eine 20 Meter tiefe, runde, schüsselförmige Senke mit einem Durchmesser von etwa 80 Metern. Es handelt sich um einen alten Vulkankrater, die Papenkaule. Lauft den Abhang ganz hinunter, um seine Tiefe zu erfassen. Auf dem Wanderweg rund um die **Papenkaule** sind die vom Vulkan herausgeschleuderten Gesteine, Aschen und Schlackestückchen gut zu erkennen. Letztere sind kleine, scharfkantige und von Poren durchsetzte erkaltete Lavafetzen. Sie stammen aus dem Erdmantel in einer Tiefe von etwa 60–70 Kilometern. Am Wegesrand steht mit Blick auf die Papenkaule eine breite Liegebank, auf der es sich herrlich entspannen lässt.

Ihr folgt jetzt weiter dem asphaltierten Weg und biegt die erste

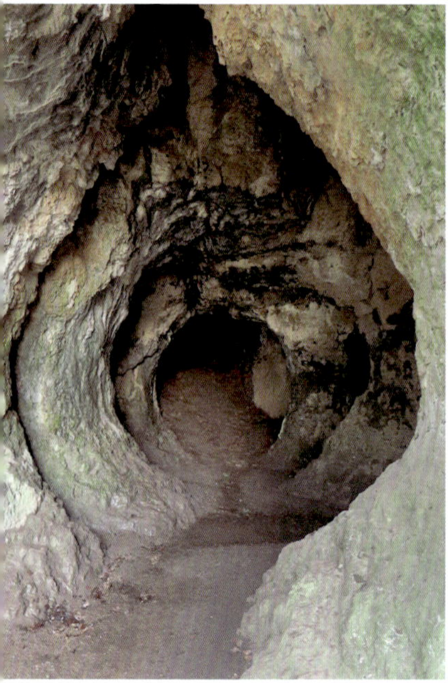
Geheimnisvolle Buchenlochhöhle

Möglichkeit nach rechts ab. Durch einen Laubmischwald gelangt ihr zu steil aufragenden Dolomitfelsen. Das letzte kurze Stück am Felsen entlang ist für den Kinderwagen ungeeignet. Von einer Holzplattform mit Bank führt eine Treppe hoch zum Eingang der Buchenlochhöhle.

Nehmt euch von zu Hause eine Taschenlampe mit, da es in der Höhle ziemlich düster ist. In dem rund 30 Meter langen und durchschnittlich 4 Meter breiten Hohlraum herrscht das ganze Jahr eine konstante Temperatur von 6 bis 10 Grad.

Kaum zu glauben, aber die **Buchenlochhöhle** entstand vor Millionen Jahren durch einen millimeterbreiten Riss im Dolomitgestein. Regenwasser löste nach und nach die Gesteinsbestandteile aus dem Felsen und vergrößerte den Spalt immer weiter. Aus Knochenfunden weiß man, dass in dem Felsloch einst Höhlenbären Schutz suchten. Und in der Altsteinzeit vor ca. 30.000 Jahren hinterließen hier Menschen Speer- und Pfeilspitzen, Faustkeile und sogar Elfenbeinringe. Steinzeitliche Fundstücke aus der Buchenlochhöhle könnt ihr im Naturkundemuseum Gerolstein bewundern.

km 5–8,6

Von der Buchenlochhöhle zum Bahnhof Gerolstein

Von der Buchenlochhöhle geht es wieder zurück zum Asphaltweg. Ab hier leitet euch die Strecke bergab bis in das Tal nach Gerolstein. An der zweiten Kurve seid ihr wieder auf dem euch bekannten Wanderweg angekommen. Es geht mit einer wunderschönen Aussicht auf Gerolstein entlang der bewaldeten Dolomitfelsen hinab. Auf dem Rückweg habt ihr die Möglichkeit einzukehren und noch mal den Kyllpark mit dem Spielplatz zu besuchen.

Der Vulkankrater

Elias und Luis stehen in Gerolstein am Rand der Papenkaule. „Ist das tief“, sagt Luis erstaunt. „Ist das ein erloschener Vulkan?“, fragt Elias die kleine Eidechse. „Ja, richtig. In der Mitte ist er ganze 20 Meter tief“, antwortet das kleine Tier. „Warum gibt es überhaupt Vulkane?“, fragt Luis. Die kleine schlaue Eidechse weiß es natürlich ganz genau. Sie holt aus ihrem Rucksack einen Pfirsich, schneidet ihn in zwei Hälften und erklärt:

„Schaut mal, der Pfirsich soll die Erde darstellen. Im Inneren der Erde ist wie hier der Pfirsichkern der Erdkern. Innen ist er fest und außen flüssig und über 5000 Grad heiß. Darüber das Fruchtfleisch stellt den Erdmantel da. Er ist teils fest, teils flüssig und immer noch mehrere tausend Grad heiß. Und wir laufen sozusagen auf der Schale rum, der festen Erdkruste mit einer durchschnittlichen Dicke von 35 Kilometern. Die Erdkruste ist aber nicht intakt wie die Pfirsichschale, sondern besteht aus Platten. Und diese bewegen sich. Und an den Plattengrenzen, aber auch an Stellen, wo die Erdkruste besonders dünn ist, kann das heiße flüssige Gestein, Magma genannt, an die Oberfläche kommen. Und ein Vulkan kann ausbrechen.“

„Wie spannend. Und wann passiert das in der Eifel wieder?“, fragt Elias. „Irgendwann bestimmt. Der letzte Großausbruch war der des Laacher-See-Vulkans in der Osteifel vor etwa 13.000 Jahren und in der Westeifel der Ausbruch des Ulmener Maars vor ca. 10.900 Jahren. Aber bis das hier wieder passiert, ist es noch sehr lange hin“, weiß die kleine Eidechse. „Da bin ich ja beruhigt“, meint Luis.

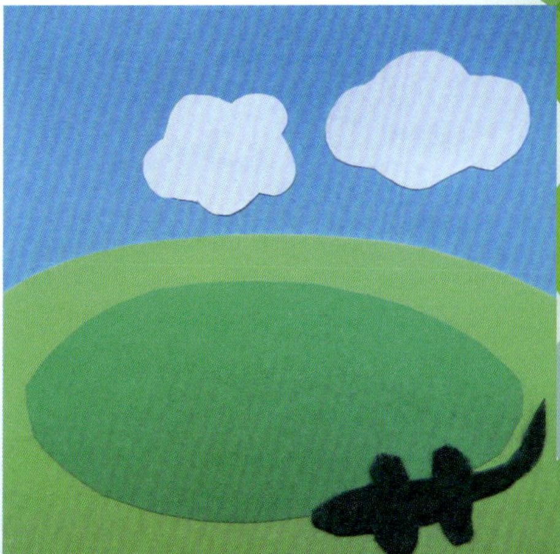

Ahrtal

Mit Lotta durch die Weinberge ► Seite 182

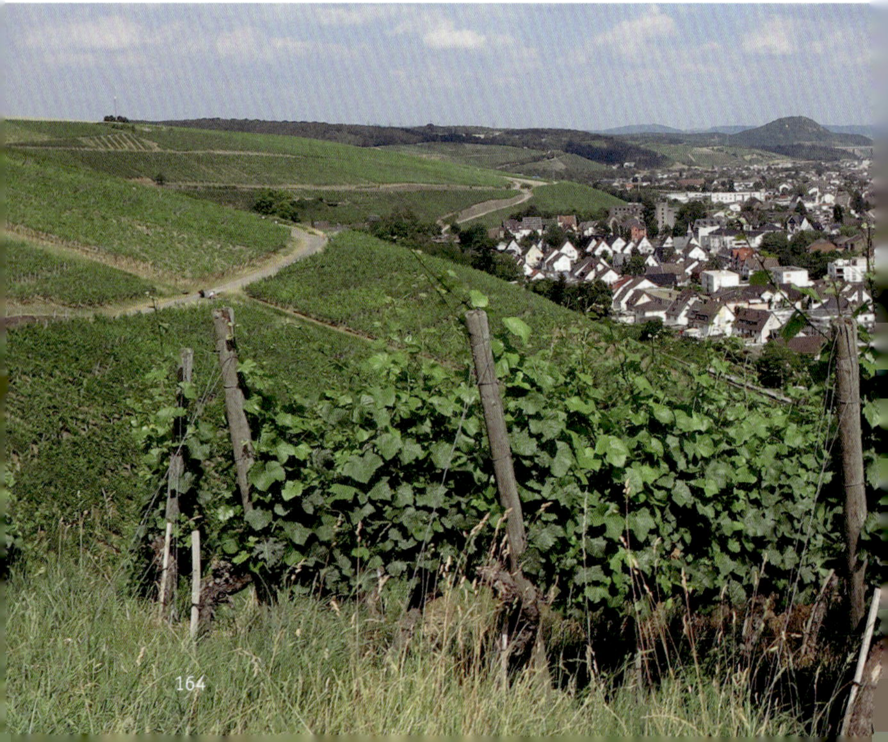

Die Wanderungen im Ahrtal und seiner Umgebung bieten traumhafte Ausblicke über Weinberge sowie alte historische Orte, große Waldgebiete und eine weite Landschaft mit Zuckerrübenfeldern. Ob auf spannende Rätseltour mit Lotta, der Weinbergschnecke, die Besichtigung des ehemaligen Regierungsbunkers, ein Birnensortengarten oder ein Tierpark mit Ponys, Ziegen, Schafen, Gänsen & Co., jede Wanderung hat ihre kleinen und großen Highlights.

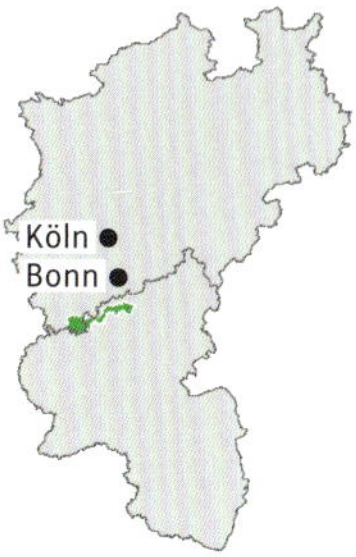

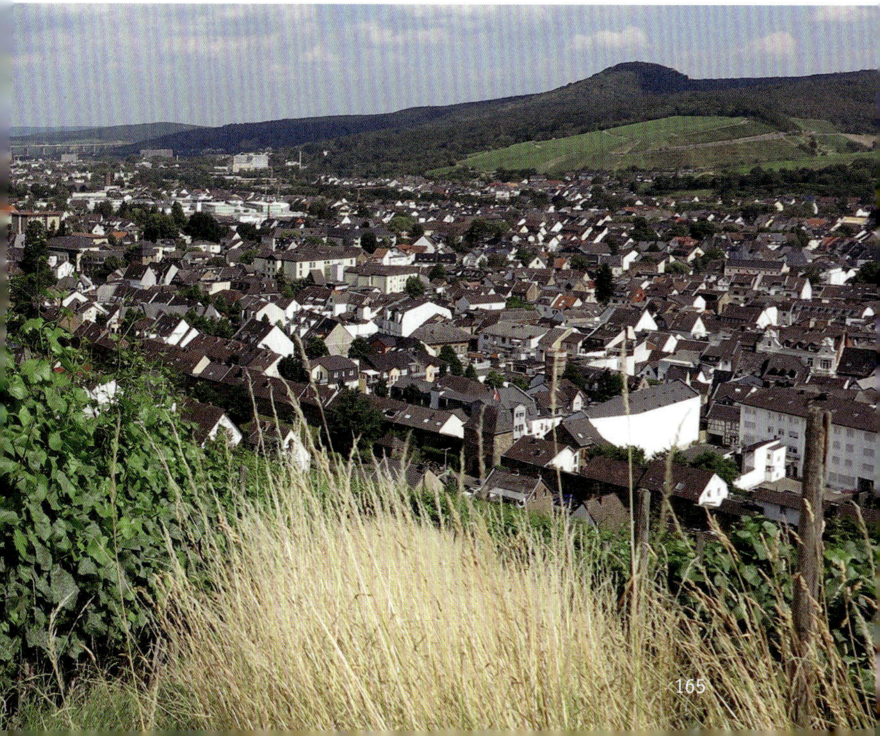

Sinzig

19 Entdecker-Familientour Sinzig

Start	Ziel	Länge	Gehzeit	Schwierigkeit
Bhf Bad Bodendorf	Bhf Bad Bodendorf	12,2 km	4 Std.	● herausfordernd

Die ausgedehnte Familienwanderung verläuft größtenteils durch und entlang eines Laubmischwaldes auf den Anhöhen rund um den Mühlenberg. Ein großer Waldspielplatz, die Aussicht vom Feltenturm und gemütliche Einkehrmöglichkeiten begeistern kleine wie große Wanderer. Zuvor warten auf euch an der Ahr ein Tierpark mit Ponys, Ziegen & Co. sowie ein Bauernhof mit Blumen zum Selbstpflücken. Das Schloss Sinzig lädt mit seinem kleinen Park und dem Heimatmuseum mit spannenden Funden wie aus der Römerzeit zum Entspannen und Entdecken ein. Aufgrund ihrer Länge eignet sich die komplette Strecke für das Wandern mit älteren Kindern. Teilabschnitte lassen sich prima mit jüngeren Kindern erkunden.

Durchs Grüne an der Ahr entlang

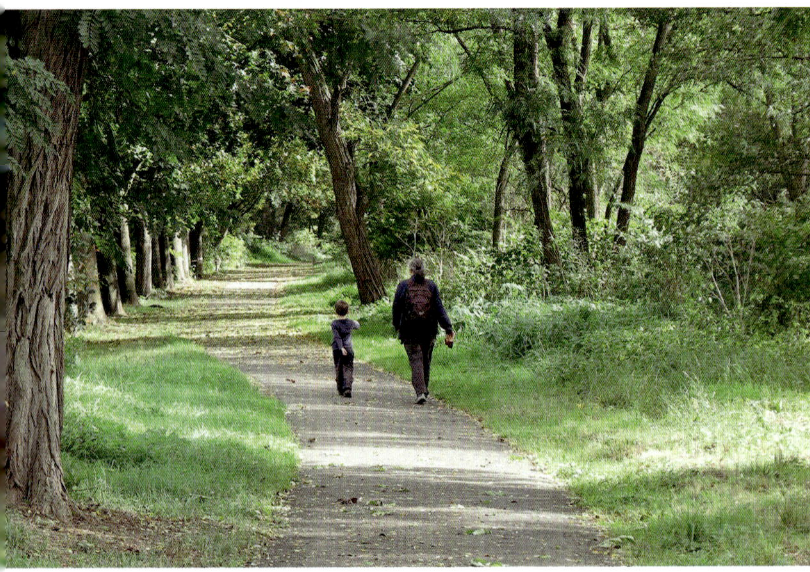

Infos zur Tour

An-/Rückfahrt

Bahnhof Bad Bodendorf (RB30 stündlich ab Bonn Hbf., ca. 30–39 Min je nach Verbindung)

Streckenverlauf

Bahnhof Bad Bodendorf – Schwanenteich – Feltenturm – Waldspielplatz – Bücherschutzhütte – Rosendorf-Blick – Winzerhäuschen – Bahnhof Bad Bodendorf

Abstecher

Insgesamt 800 Meter langer Abstecher zum Schloss Sinzig mit Heimatmuseum, kleiner Parkanlage und Spielplatz

Streckencharakteristik

Flach durch Siedlung, entlang Fluss und Feldern, durch und entlang Wald mit An- und Abstieg

Wegbeschaffenheit

Großteils geschotterte Waldwege, ansonsten Bürgersteig sowie asphaltierte Wege und Straßen

Beschilderung

Großteils Logo des Ahrsteigs (Berg/Flusslauf in Form der Buchstaben A /S), schwarzes P (Panoramaweg)

Spielplätze

Am Schloss Sinzig; Waldspielplatz Mühlenberg; Ecke Bäderstraße Heinrich-Lersch-Weg

Besichtigungen

Schwanenteich
Talendweg 14, 53489 Sinzig
(0 26 42) 63 21
www.tierfreunde-schwanenteich.de
ganzjährig geöffnet
Kostenfreier Tierpark an der Ahr. Mit Ponys, einem Esel, Ziegen, Schafen, Katzen, Hauskaninchen, Schwänen, Gänsen, Enten, Hühnern, Pfauen und Sittichen. Programme für Kinder wie Ferienprogramme (Alter 6–18) und Ponykindergarten.

Einkehren

Cäcilia-Hütte
Mühlenbergweg 12a · 53489 Sinzig · (0 157) 81 29 26 68 · www.caecilia-huette.de
Sa/So 11–19 Uhr
Gemütliches Holzblockhaus unmittelbar neben dem Feltenturm. Speisen wie Flammkuchen, Burger, Ofenkartoffeln sowie selbst gemachter Kuchen und Torten. Kalte und warme Getränke. Außen- und Innensitzplätze.

Winzerhäuschen Linden
Am Ehlinger Berg · 53474 Bad Neuenahr-Ahrweiler · (0 26 41) 26 94 0 · www.winzerhaeuschen-linden.com
Saison Apr. bis Nov.
Fr/Sa ab 14, So/Fei ab 11 Uhr
Außengastronomie mit tollem Blick über Weinreben ins Ahrtal. Karte mit Wein, Likör und Schnaps sowie alkoholfreien Getränken. Snacks wie Käsewürfel, diverse Schnittchen, Strammer Max und Flammkuchen. Im Sommer Grillsaison. Bei starkem Regen und Sturm geschlossen.

km 0–1,5 **Vom Bahnhof Bad Bodendorf zum Tierpark Schwanenteich**

Ihr startet vom Bahnhof im Zentrum Bad Bodendorfs und lauft über die Bahnhofstraße in Richtung Ahr. Nach dem Überqueren der Fußgängerampel erstreckt sich an der Bäderstraße linker Hand eine schmale, von einer Hecke begrenzte Grünfläche mit Parkbänken an einem Weg.

Von hier erblickt ihr bereits am Horizont die bewaldeten Erhebungen rund um den Mühlenberg, durch die ein Großteil eurer Wanderung verläuft. Ihr folgt der Bäderstraße so lange, bis ihr kurz vor der Ahrbrücke an einem kleinen Rastplatz mit Betontisch und -hockern und einem großen Holzwappen von Bad Bodendorf nach links abbiegen könnt. Nun führt der asphaltierte Weg durch das Grün entlang der naturnah fließenden **Ahr.** Zwischendurch laden Bänke und Stellen am Ufer zu einer Pause ein. Bald trefft ihr linker Hand auf einen von Kindern bunt bemalten Bretterzaun mit fantasievollen Motiven, hinter dem sich ein großer Teich erstreckt. Ihr seid im **Tierpark Schwanenteich** angekommen. Hier sorgen Tiere wie Ponys und Kaninchen für leuchtende Kinderaugen.

km 1,5–5 **Vom Tierpark Schwanenteich zum Feltenturm**

Wieder zurück zum Anfang des Tierparks geht es nach rechts am großen Teich und dem bunt bemalten Zaun vorbei. Nach einem Stück geradeaus biegt ihr die nächste Möglichkeit gegenüber dem Turm mit der Kapelle der Kriegsgräberehrenstätte Bad Bodendorf nach rechts ab. Der asphaltierte Feldweg führt entlang weiter Äcker durch die Landschaft. Kurz vor dem nächsten Abzweig erstreckt sich linker Hand ein Feld voller Blumen zum Selbstpflücken und Selbstbezahlen. Am Rand stehen Holzbänke bereit. Das Feld gehört zum **Wilhelmshof Sinzig**, an dem ihr nach dem Abbiegen nach links vorbeikommt. Der Hofladen bietet ein saisonal wechselndes Angebot. Auf dem Gelände laden zudem ein kleines Schaukelpferd und ein großes Holzpferd Kinder zum Spielen ein.

Am Bauernhof vorbei knickt der Wanderweg nach rechts ab und verläuft weiter entlang von Feldern mit Sicht auf den dicht bewaldeten Reisberg zur linken Seite. Rechts von euch erstreckt sich kurze Zeit später das große Firmengelände der Sinziger Mineralbrunnen GmbH. Am Ende des Firmenareals sprießt neben dem Zaun eine große **Wildblumenwiese.** Viele blühende Pflanzen und Kräuter wachsen hier wild durcheinander. Für Bienen, Schmetterlinge

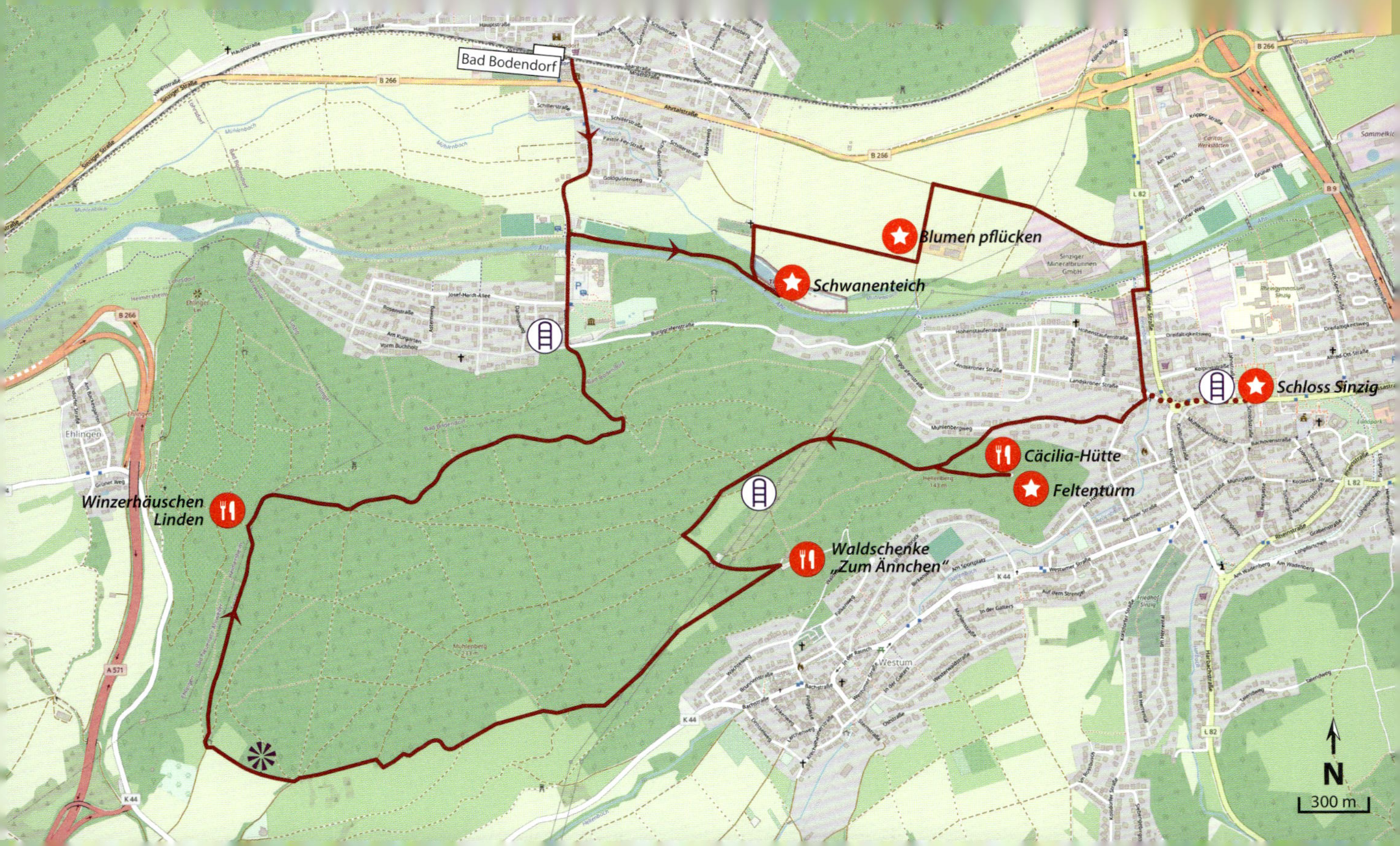
Bad Bodendorf
Blumen pflücken
Schwanenteich
Schloss Sinzig
Cäcilia-Hütte
Feltenturm
Waldschenke „Zum Ännchen“
Winzerhäuschen Linden
N
300 m

und Käfer ist die Wiese ein reich gedeckter Tisch, den sie gerne besuchen. Kurz darauf überquert ihr die Brücke über die Ahr. Direkt dahinter geht es ein kleines Stück nach rechts über die Kölner Straße und dann entlang des Kuhbachwegs, begleitet von einem kleinen Bach durch ein Wohngebiet.

Abstecher zum Schloss Sinzig

Der Abstecher ist Hin- und Zurück 800 Meter lang und dauert insgesamt 12 Minuten Gehzeit. Am Ende des Kuhbachwegs wandert ihr nach links über die Landskroner Straße. Dann geht es nach rechts und weiter über den Kreisel in die Barbarossastraße. Nach etwa 200 Metern habt ihr das **Schloss Sinzig** erreicht. Das kleine neugotische Anwesen ließ der Kölner Kaufmann Gustav Bunge 1854 bis 1858 auf den Grundmauerresten einer mittelalterlichen Wasserburg errichten. Eine kleine Parkanlage mit Springbrunnen und Bänken umgibt das Schlösschen. Am Rand liegt zudem ein Spielplatz. Das Innere des Schlosses bezaubert mit Kreuzgratgewölben, Spitzbögen und gemusterten roten Wandtapeten. In den historischen Räumen präsentiert das kostenfreie **Heimatmuseum** der Stadt Sinzig Zeugnisse seiner reichen Geschichte. Dazu gehören römisches Geschirr und Dachziegel, gefunden am Sinziger Rheinufer und ein großer Mammutzahn aus einer lokalen Kiesgrube.

Am Ende des Kuhbachwegs geht es über eine begrünte Verkehrsinsel mit einem großen Laubbaum und einer Rastbank. Ab hier verläuft der Wanderweg für lange Zeit bergaufwärts. Weiter durch ein Wohngebiet lauft ihr nach rechts über die Straße Am Hellenberg und darauf wieder nach rechts den Mühlenbergweg hoch. Dabei begegnet ihr bereits den Schildern, die das nächste Ziel der Wanderung anzeigen, die **Cäcilia-Hütte** und der Feltenturm. Die Umgebung wird zunehmend waldiger und nach einem Abzweig nach links seid ihr komplett im Waldgebiet rund um den Mühlenberg angekommen. Folgt weiter den Hinweisschildern und ihr steht bald vor der bewirtschafteten Cäcilia-Hütte. Der Gastrobetrieb in einem großen Naturholzblockhaus bietet eine Außenterrasse und für Kinder eine Rutsche am Hang. Der unweit entfernt stehende Feltenturm lädt nach dem Erklimmen der 58 Treppenstufen zu einem wunderschönen Rundumblick ein.

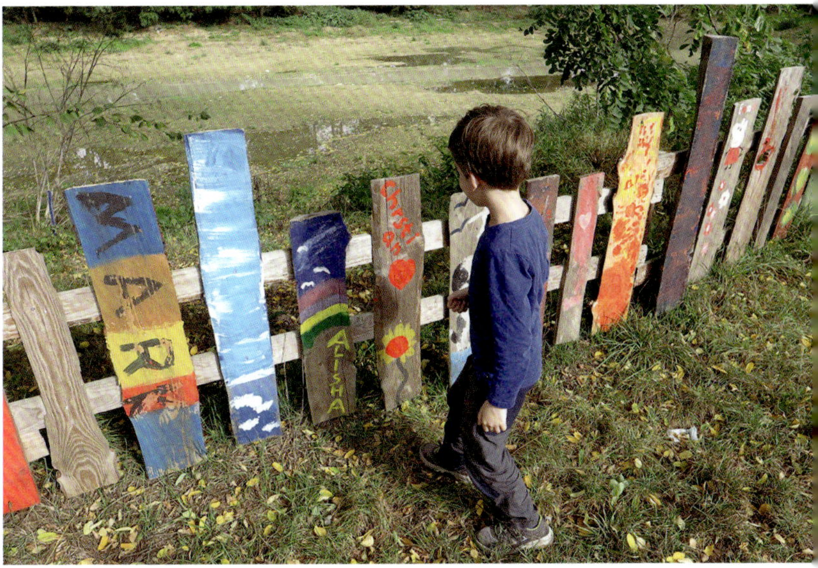

Bunter Lattenzaun im Tierpark Schwanenteich

Vom Feltenturm zum Rosendorf-Blick km 5–8,5

Vom Feltenturm wandert ihr wieder zurück auf den Hauptweg, der nach links weiter moderat aufwärts durch den naturnahen Laubmischwald führt. Nach etwas mehr als einem halben Kilometer trefft ihr auf den **Waldspielplatz Mühlenberg**. Zwischen großen Eichen und Kiefern befinden sich eine Spielfläche und einige Bank-Tisch-Kombinationen zum Picknicken. Eine Doppelschaukel, Wippe, ein Klettergerüst, Sandkasten sowie Balancierbalken, Reckstangen und eine lange Seilrutsche bieten jede Menge Spielmöglichkeiten.

Vom Waldspielplatz führt der Wanderweg weiter geradeaus und dann nach links durch eine mit kleinen Bäumen bepflanzte Fläche. Es handelt sich um den **Generationenwald** der Stadt Sinzig, für den Bürger einen Baum stiften können. Anlass kann zum Beispiel die Geburt eines Kindes oder die eigene Hochzeit sein.

Danach überquert ihr einen Wanderparkplatz mit einem Grillhäuschen und einer Rasthütte und lauft den asphaltierten Weg abwärts durchs Waldgrün bis zum Eingangstor der **Waldschenke „Zum Ännchen“**. Das Café in einem Fachwerkhaus besitzt eine Terrasse mit Sitzplätzen im Grünen. Nun biegt die Wanderstrecke

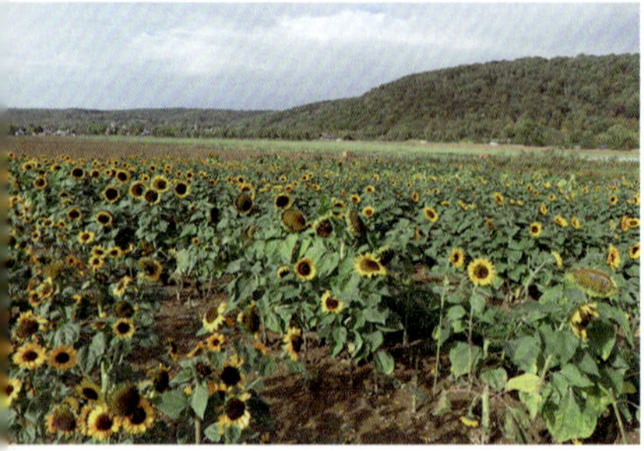

Sonnenblumen zum Selbstpflücken

nach rechts ab und verläuft auf einem geschotterten Weg längere Zeit am bewaldeten Hang entlang. Dabei geben Lücken immer wieder den Blick über Wiesen ins Tal bis zu den von Feldern und Wäldern geprägten Erhebungen frei. Nachdem sich linker Hand ausschließlich eine offene Landschaft erstreckt, erreicht ihr schon bald eine **Bücherschutzhütte** mit gebrauchten Büchern zum Lesen. Nicht weit von hier trefft ihr rechter Hand auf einen überdimensionalen Bilderrahmen, der zwischen Bäumen auf einer kleinen Anhöhe steht. Er lenkt den Blick ins Tal auf das von der Deutschen Rosengesellschaft als Rosendorf ausgezeichnete Sinzig-Löhndorf. Genauso wie der unweit vom Bilderrahmen entfernt liegende kleine Rastplatz Rosendorf-Blick.

km 8,5–9,5

Vom Rosendorf-Blick zum Winzerhäuschen

Vom Rosendorf-Blick verläuft der Wanderweg weiter geradeaus, bis ihr nach rechts über einen Parkplatz in den Wald abbiegt. Dabei wählt ihr vom Parkplatz aus nicht den Weg nach rechts, sondern die Strecke geradeaus. Die Wanderstrecke leitet euch durch einen dichten Wald mit Laub- und Nadelbäumen. Bald erblickt ihr an einem Abzweig mitten im Waldgrün das Eingangstor des **Winzerhäuschens**. Links vom Eingang lohnt sich ein kleiner Abstecher in den Weinberg. Denn von hier habt ihr einen tollen Ausblick über die Weinreben in das Ahrtal mit der Ahrtalbrücke.

km 9,5–12,2

Vom Winzerhäuschen zum Bahnhof Bad Bodendorf

Vom Eingangstor des Winzerhäuschens wandert ihr nach rechts durch den Wald. Ihr orientiert euch ab hier die ganze Zeit an den Markierungen des Panoramawegs mit einem schwarzen P. Ein kurzes Stück vor dem Bauwerk eines Trinkwasser-Hochbehälters knickt im Wald eure Wanderroute vom Panoramaweg ab. Sie führt euch nach links bergab bis zur Bäderstraße in Bad Bodendorf. An der gegenüberliegenden Straßenseite erstreckt sich der **Kurpark** von Bad Bodendorf. Nun geht es über die Ahrbrücke und ihr seid wieder auf der Wanderstrecke zurück zum Bahnhof angekommen.

Oben auf dem Feltenturm

Als Lukas, Carla und die kleine Eidechse die Aussicht vom Feltenturm genießen, hat Lukas eine gute Idee für ein Spiel: „Lass uns Wörter raten. Jeder denkt sich einen Begriff aus, spielt ihn pantomimisch und die anderen müssen ihn erraten. Ihr dürft dabei auch Hilfsmittel benutzen. Und das Thema sind Türme."

„Ich habe eine Idee", sagt Carla. Sie nimmt ihre Taschenlampe in die Hand, schaltet sie an und läuft auf der Plattform des Feltenturms einmal rundherum. „Ein Leuchtturm", ruft Lukas. „Richtig." „Jetzt bin ich dran", sagt die kleine Eidechse. Sie greift mit den Fingern so, als wenn sie etwas festhalten würde und daran immer wieder zieht. Alle überlegen. „Ich weiß es. Glockenturm", ruft Carla aufgeregt. „Du hast so getan, als wenn Du an einem Seil ziehst, um eine Glocke zu läuten." Nun ist Lukas an der Reihe. Er geht ans Geländer und schaut in die Ferne.

„Was soll das denn sein?", fragt Carla. „Du machst ja gar nichts." „Doch", meint Lukas. Die kleine schlaue Echse hat eine Idee: „Aussichtsturm?" „Ja richtig." „Ach ja, wir sind ja auf einem Aussichtsturm", fasst sich Carla an den Kopf. „Ja, mit einer tollen Aussicht in das Rhein-, Ahr-, Hellenbach- und Harbachtal und auf die Stadt Sinzig", weiß Lukas aus dem Wanderführer.

Sie haben so viel Spaß am Begriffe raten, dass sie noch lange weiterspielen. Denn ihnen fallen immer wieder neue Türme ein, wie Burgturm, Fernsehturm, Feuerturm, Sendeturm, Sprungturm im Schwimmbad, Rathausturm und und und. Aber dann müssen sie auch weiter, denn es gibt auf der Wanderung noch so viel zu entdecken.

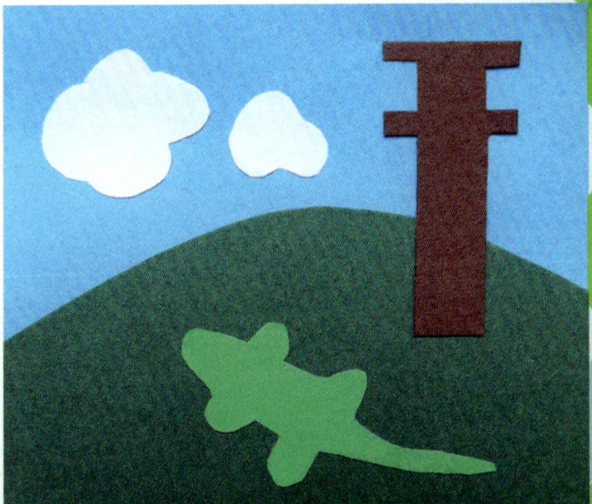

Lantershofen

20 Dem Süßen auf der Spur – Birnen-Rundwanderweg Lantershofen

Start	Ziel	Länge	Gehzeit	Schwierigkeit
Bhf Ahrweiler	Bhf Ahrweiler	9,5 km	3 Std.	● herausfordernd

Auf dem Birnen-Rundwanderweg begegnet ihr immer wieder Süßem in Form von Weintrauben, Birnen, Zuckerrüben und Honig. Anfangs führt die Wanderstrecke durch Weinberge mit Blick über das Ahrtal mit Bad Neuenahr-Ahrweiler. Im kleinen von Fachwerkbauten geprägten Ort Lantershofen spielt die Birne eine wichtige Rolle. Ein süßer Höhepunkt ist ein Abstecher zum Lagerverkauf der Firma Haribo. Vorbei an Feldern mit Zuckerrüben, Erdbeeren und weiteren Feldfrüchten geht es durch die Landschaft der Gemeinde Grafschaft und anschließend entlang der Weinberghänge wieder hinab nach Ahrweiler. Mehrere kunstvolle Bänke säumen den Wanderweg und laden zur Rast ein.

Die Z-Bank im Birnensortengarten lädt zum Picknick ein

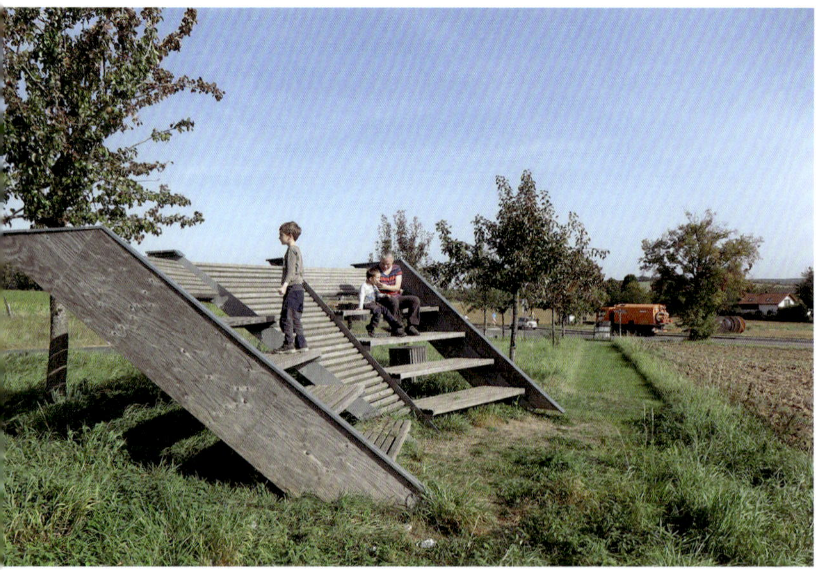

Infos zur Tour

An-/Rückfahrt
Bahnhof Ahrweiler (RB30 stündlich ab Bonn Hbf., ca. 42–55 Min je nach Verbindung)

Streckenverlauf
Bahnhof Ahrweiler – Hohlweg Schwallhüll – Lantershofen – Birnensortengarten – Vogelhäuschen – Spirituelle Tankstelle – Fliegendes Dach – Bahnhof Ahrweiler

Abstecher
Zum Haribo Lagerverkauf

Streckencharakteristik
An- und absteigend durch Weinberge, Siedlung und entlang Feldern

Wegbeschaffenheit
Meist asphaltierte Wege und Bürgersteig, ansonsten feste Feldwege

Beschilderung
Logo mit stilisierter Birne und Umschrift Birnen-Rundwanderweg

Spielplätze
Lantershofen Landhoferstraße;
Ringen Mehrgenerationenspielplatz Heppinger Straße (Abstecher)

Einkehren
Bäckerei & Konditorei Mauel 1883
Wilhelmstraße 43 · 53474
Bad Neuenahr-Ahrweiler ·
(0 26 41) 91 29 99 9 ·
www.mauel1883.de
Mo–Fr 6–17, Sa 6–14, So 8–11 Uhr
Bäckerei und Café mit Frühstücksangebot, Kuchen, Torten, belegten Brötchen, süßem und herzhaftem Kleingebäck wie saisonal angebotener Quiche und Zwiebelkuchen. Innen- und Außensitzplätze. Barrierefreier Zugang.

AhrGrill
Wilhelmstraße 40 · 53474
Bad Neuenahr-Ahrweiler ·
(0 26 41) 39 62 49 1 ·
www.ahr-grill.de
Mo–So 11–22, 24/25 Dez. geschlossen
Grillrestaurant mit großem Angebot an Salaten, Steaks, Schnitzeln, Wurstklassikern, Burgern, Fisch und Flammkuchen. Gerichte für kleine Gäste wie Spaghetti Bolognese oder Seelachs Fischlis mit Pommes frites. Zum Nachtisch verschiedene Sorten Eis und Donuts. Innen- und Außensitzplätze. Hochstühle vorhanden.

km 0–2 **Vom Bahnhof Ahrweiler zum Hohlweg Schwallhüll**

Die Wanderung auf den Spuren des Süßen startet am Bahnhof Ahrweiler. Anfangs geht es über den Bahnhofsvorplatz und dann nach rechts über den Bürgersteig die Wilhelmstraße herunter. Wer zuvor Lust auf ein zweites Frühstück hat, findet bei der Bäckerei **Mauel** eine große Auswahl. Und das Grillrestaurant Ahrgrill bietet sich mit seinen langen Öffnungszeiten ideal für eine Einkehr nach der Wanderung an.

An der kleinen St. Marien-Kapelle biegt ihr nach rechts in die Elligstraße ab. Nach dem Überqueren der Brücke führt der asphaltierte Wanderweg nach rechts ansteigend mitten durch die Weinberge des Ahrtals. Nun trefft ihr auf eine erste Rastbank mit einem traumhaften Blick über das Ahrtal mit Bad Neuenahr-Ahrweiler.

Danach wandert ihr durch die Weinberge mit ihren Natursteinmauern so weit, bis der Weg nach links abknickt. Die Strecke führt nun durch Felder hinab bis zu einer T-Kreuzung. Der Birnen-Rundwanderweg verläuft nach links parallel zum Asphaltweg über den **Hohlweg Schwallhüll** mitten durchs Grün bis in den Ort Lantershofen. Am Anfang des Hohlwegs erläutert euch neben einer Rastbank eine Tafel interessante Fakten zur Geschichte des Schwallhülls.

km 2–4,5 **Vom Hohlweg Schwallhüll zum Birnensortengarten Lantershofen**

Vom Hohlweg führt die Wanderung entlang der Wohnbebauung die Rheinstraße hinunter. Für einen kurzen Abstecher zu einem Spielplatz geht es nach rechts in die Zweibrückenstraße und dann nach links in die Landhoferstraße. Zurück auf die Rheinstraße geht es in das Zentrum von Lantershofen. Im Ortskern fallen besonders die zahlreichen Fachwerkhäuser mit ihren großen Toren auf, die in der Vergangenheit als landwirtschaftliche Hofgebäude dienten.

In der Schmittstraße trefft ihr in einem ehemals landwirtschaftlich genutzten Gehöft auf die letzte noch produzierende **Destillerie** im Ort. Seit 1925 produziert die Kornbrennerei Kräuterspirituosen und Liköre aus Früchten wie aus frischen Birnen. Folgt der Wanderstrecke vorbei an historischen Fachwerkbauten, bis ihr vor einem über 100 Jahre alten Lindenbaum, der **Kaiserlinde**, steht. Gegenüber von euch erstreckt sich die **Burg Lantershofen**. Deren Ursprung liegt im Mittelalter. Die heute sichtbaren Gebäude stammen aus dem Jahr 1708.

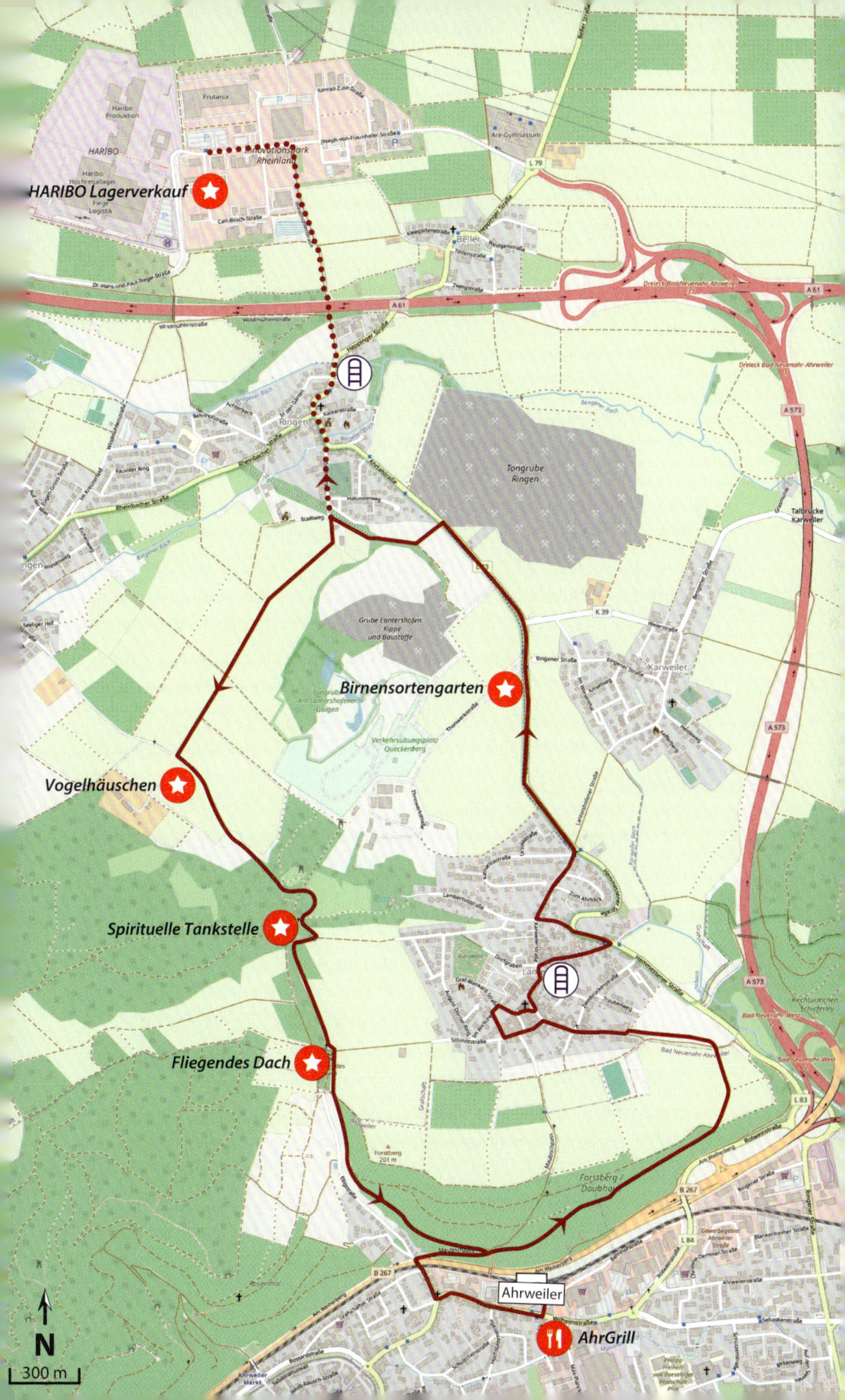

HARIBO Lagerverkauf
Birnensortengarten
Vogelhäuschen
Spirituelle Tankstelle
Fliegendes Dach
Ahrweiler
AhrGrill
Innovationspark Rheinland
Tongrube Ringen
Grube Lantershofen Kippe und Baustoffe
Ringen
Karweiler
A 61
A 573
B 267
N
300 m

Nun geht es um die moderne **Kirche St. Lambertus** herum. Den Markierungen des Birnen-Rundwanderweges folgend, stoßt ihr am Ende der Winzerstraße auf einen kleinen grünen Dorfeingangsplatz mit einer Sitzplatzreihe. An der Seite wachsen als Symbol für den Weinbau in Lantershofen Weinreben, an denen im Herbst große Trauben hängen. Dazwischen steht ein öffentlicher Trinkwasserbrunnen. In der Mitte des kleinen Platzes symbolisieren drei Stahlfiguren wichtige Gruppen des Lantershofener Ortslebens: Bürger, Junggesellen und Brötchesmädche.

Tipp: Die Junggesellen-Schützen-Gesellschaft St. Lambertus veranstaltet jedes Jahr am dritten Juliwochenende das öffentliche Maubichfest. Nur am Sonntag könnt ihr die leckere lokale Spezialität Maubichkuchen probieren. Den traditionellen Hefekuchen mit einem Birnenaufstrich servieren bei dem Fest die Brötchesmädche.

Gegenüber vom Dorfplatz liegt an der Winzerstraße der **Grafschafter Bienenhof**. Der Wegweiser mit der stilisierten Birne weist euch den richtigen Weg nach links in Richtung Birnensortengarten. Die Wanderroute führt anfangs flach und dann nach rechts ansteigend durch ein Wohngebiet bis zu einer kleinen denkmalgeschützten Feldkapelle, der Josefskapelle von 1900.

Ihr wandert nach links auf einem Fußweg entlang der Landesstraße 83, gesäumt von Äckern mit Zuckerrüben und anderen Feldfrüchten. An der nächsten nach links abzweigenden Straße, der Thonwerkstraße, erstreckt sich am Feldrand der **Birnensortengarten Lantershofen**. Vom Spätsommer bis in den Spätherbst tragen die Bäume reichlich Früchte. Mittendrin steht eine breite Holzhochbank, Z-Bank genannt, deren Sitzstufen sich für ein gemütliches Picknick im Grünen eignen.

km 4,5–6,5 **Vom Birnensortengarten Lantershofen zum Vogelhäuschen**

Ein kurzes Wegstück weiter gelangt ihr zu einer weiteren großen Hochbank aus Holz mit dem Titel Futterkrippe. Genießt von hier einen Blick über die Felder bis ins Ahrtal. Nun kommt ihr an weiteren Zuckerrübenfeldern vorbei und am Horizont sind hoch oben an einer Fabrikhalle die großen roten Buchstaben des Süßwarenherstellers Haribo lesbar. Der asphaltierte Weg biegt nach links ab und verläuft weiter vorbei an Feldern mit Zuckerrüben, bis ihr linker Hand einen landwirtschaftlichen Betrieb mit einem Wohnhaus erreicht.

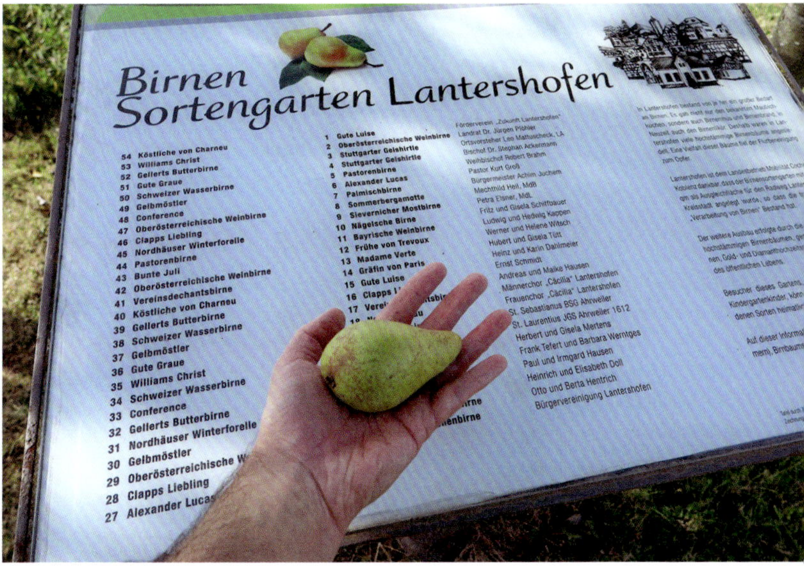

Hier wachsen über 50 Birnenbäume 29 unterschiedlicher Sorten

Abstecher zum Haribo Lagerverkauf

Hier habt ihr die Möglichkeit, den Haribo Lagerverkauf zu besuchen. Der Abstecher verlängert die Wanderung um 1 Std. und 3,1 km. Dafür biegt ihr am landwirtschaftlichen Betrieb nach rechts ab und wandert durch eine ehemalige Eisenbahnunterführung und einmal quer durch den Ortskern von Grafschaft-Ringen. Dafür geht es den Stadtweg hinab, nach links über die Ahrtalstraße und entlang der erhöht stehenden Kirche St. Dionysius. Rechter Hand erblickt ihr an der Heppinger Straße einen großen **Mehrgenerationenspielplatz**. Danach folgt ihr weiter der Heppinger Straße, bis auf der gegenüberliegenden Straßenseite ein Wegkreuz steht. Links vom Kreuz führt ein asphaltierter Weg entlang von Feldern und durch eine Unterführung bis zum Gewerbegebiet. Nach etwa 200 Metern nach links über den Bürgersteig der Joseph-von-Fraunhofer-Straße erreicht ihr den **Haribo Lagerverkauf**.

Am landwirtschaftlichen Betrieb biegt ein fester Feldweg nach links ab. Für eine Weile verläuft die Wanderung mitten durch die Zuckerrüben-, Raps- und Erdbeerfelder. Ein Stück vor dem Asba-

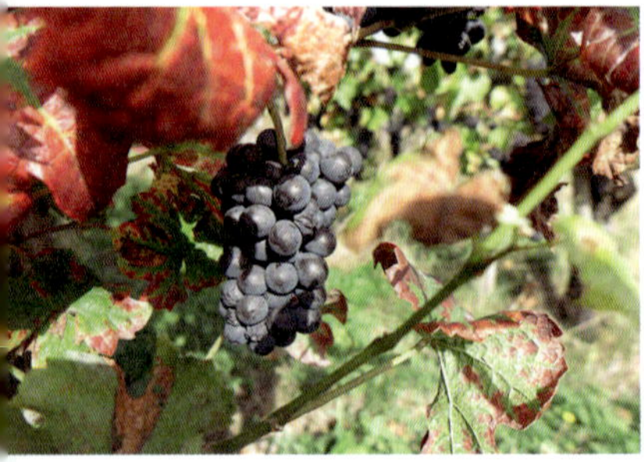
Reife Keltertrauben im Herbst

cher Hof knickt der Feldweg nach links ab. Hier steht eine weitere künstlerisch gestaltete Bank „Das Vogelhäuschen“. Von hier habt ihr eine weite Sicht über die Gemeinde Grafschaft bis zum Siebengebirge.

Vom Vogelhäuschen zum Bahnhof Ahrweiler

Kurz bevor der Weg durch einen kleinen Laubmischwald verläuft, trefft ihr an einer Wiese auf ein altes **Wegkreuz**.

km 6,5–9,5 Das halbhohe Basaltkreuz weist ein Alter von über 300 Jahren auf. Mehrere Jahrzehnte verschwand es und blieb verschollen. Erst 2015 entdeckten Bauhofmitarbeiter das Kreuz bei Grabenreinigungsarbeiten zerbrochen wieder. Seit 2020 ziert es renoviert den Wegesrand an seiner Fundstelle. Könnt ihr die in den Stein gemeißelten Buchstaben und Zahlen lesen? Unter anderem lassen sich die Namen Henricus Kungen, Veronica Ulreich und das Jahr 1722 entziffern.

Nun geht es in einen kleinen Wald mit von Buchen bewachsenen gelbbraunen Lösswänden und durch den Tunnel eines alten Bahndamms. Das Bauwerk fügt sich harmonisch in die Umgebung ein, da es komplett mit Bäumen bewachsen ist. Danach wird die Landschaft wieder offener und der kleine Lantershofener Bach kreuzt den Weg. Nun wandert ihr aufwärts bis zur nächsten Bankskulptur des Birnen-Rundwanderwegs. Die spirituelle Tankstelle ist ein Holzhaus, vorne und hinten offen, mit einer langen Sitzbank.

An der spirituellen Tankstelle biegt der Weg nach rechts ab und darauf nach links entlang zahlreicher Pflaumenbäume. Rechter Hand begleiten euch Tafeln des **Bienenlehrpfades** mit allerlei Wissenswertem. Dem Birnen-Rundwanderweg folgend, erreicht ihr die letzte Holzskulptur des Wanderweges die Aussichtsplattform **Das fliegende Dach**. Zum Abschluss verläuft die Wanderung vorbei an einer Obstplantage und wie anfangs durch die Weinberge bis hinab nach Ahrweiler.

Der Verkaufsstand

An einem sonnigen Herbsttag möchten Julia und Oliver vor ihrem Haus einen Verkaufsstand aufbauen, um ihr Taschengeld aufzubessern. Im Sommer hatten sie einen Stand mit selbst gemachter Zitronenlimonade, die reißenden Absatz fand. Aber sie wissen noch nicht, was sie dieses Mal verkaufen wollen. Da kommt die kleine Eidechse grade zur richtigen Zeit zu Besuch, da ihr immer etwas Gutes einfällt:

„Sollen wir mit unseren Fahrrädern zum Birnensortengarten Lantershofen fahren? Dort wachsen an den Bäumen die unterschiedlichsten Birnen." „Gute Idee", findet Oliver. „Ja, wir können aus den Birnen Saft pressen und einen Birnenkuchen backen", ergänzt Julia. Als sie angekommen sind, zeigt die schlaue Echse den Kindern, welche Birnensorten sich am besten eignen: „Fürs Kuchenbacken ist diese weiche, saftige Tafelbirne, Gellerts Butterbirne, genau richtig. Und zum Saftherstellen nehmen wir Mostbirnen wie die Sievernicher Mostbirne."

Wieder zu Hause, pressen sie aus den Mostbirnen Saft und backen mit den Butterbirnen einen leckeren Hefekuchen. Kaum haben sie den Tisch mit den Leckereien vor dem Haus aufgebaut, entdecken auch schon die Kinder aus der Nachbarschaft den Verkaufsstand. Innerhalb kürzester Zeit leeren sich die zwei Bleche Kuchen und die Kannen mit Birnensaft. In der Kasse liegen zum Schluss 33,70 €. „Nach all der Arbeit haben wir uns jetzt etwas Besonderes verdient", meint Julia. So beschließen sie, das Geld im Spielzeugladen im Ort auszugeben. Julia kauft sich ein ferngesteuertes Auto und Oliver ein lang ersehntes Raumschiff zum Zusammenbauen.

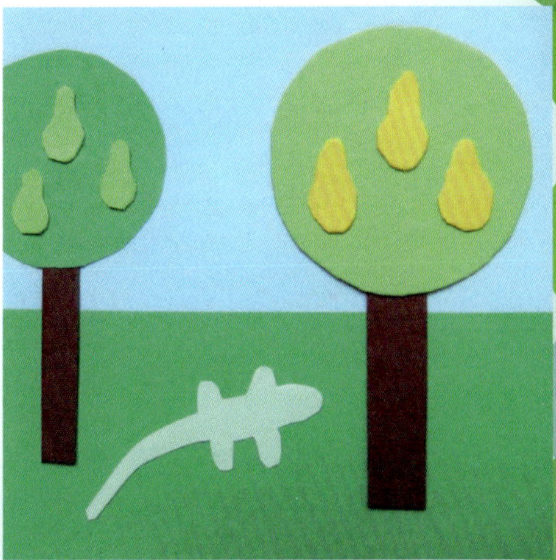

Ahrweiler

21 Mit Lotta durch die Weinberge des Ahrtals

Start	Ziel	Länge	Gehzeit	Schwierigkeit
Bhf Ahrweiler Markt	Bhf Ahrweiler Markt	2,8 km	1 Std.	● herausfordernd

Mitten durch die Weinberge des Ahrtals führt der Kindererlebnispfad „Mit Lotta durch die Weinberge." An insgesamt 9 Stationen erzählt Lotta die Weinbergschnecke Wissenswertes über die direkte Umgebung. Dabei könnt ihr spannende Rätselfragen lösen und dürft euch zum Schluss Ahrtalexperte nennen. Highlights sind der Besuch der Überreste eines römischen Herrenhauses im Museum Roemervilla und die Besichtigung des ehemaligen Regierungsbunkers. Die Wandertour bietet großartige Ausblicke über die Weinberge mit ihren Natursteinmauern, die mittelalterlich geprägte Altstadt von Ahrweiler und die bewaldeten Erhebungen.

Die Regionalbahn fährt euch direkt zum Start der Wanderung

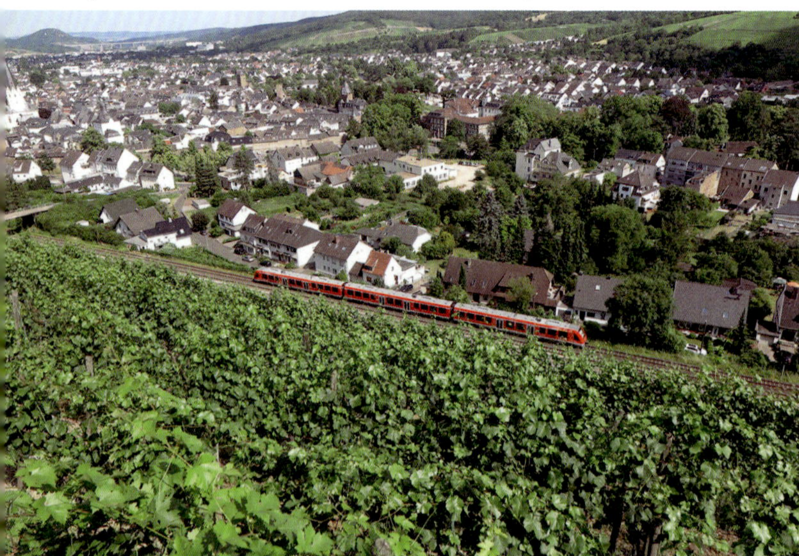

Infos zur Tour

An-/Rückfahrt
Bahnhof Ahrweiler Markt (RB30 stündlich ab Bonn Hbf., ca. 44–57 Min je nach Verbindung)

Streckenverlauf
Bahnhof Ahrweiler Markt – Weltjugendtagskreuz – Regierungsbunker – Museum Roemervilla – Bahnhof Ahrweiler Markt

Streckencharakteristik
Zuerst ansteigend und dann absteigend durch sonnige Weinberge und Bewaldung

Wegbeschaffenheit
Überwiegend geteerte und teils geschotterte Wege

Beschilderung
Schwarzes W (Weinbaulehrpfad), Symbol rote Trauben (Rotweinwanderweg)

Spielplätze
Nähe St. Laurentius, Wolfsgasse; Alveradisstraße

Besichtigungen
Museum Roemervilla
Am Silberberg 1 · 53474 Bad Neuenahr-Ahrweiler ·(0 26 41) 53 11 · www.museum-roemervilla.de
Saison von März bis Anfang November
Di–So/Fei 10–17 Uhr
Eintritt 7 € Erw., 3,50 € Schüler, 14 € (2 Erw. + Kinder unter 14 J.)
Originale Überreste eines römischen Herrenhauses des 2. bis 3. Jahrhunderts mit Küche, Badeanlage, Fußbodenheizungen und farbigen Wandmalereien.

Dokumentationsstätte Regierungsbunker
Am Silberberg 0 · 53474 Bad Neuenahr-Ahrweiler · (0 26 41) 91 17 05 3 · www.regbu.de
Saison von Apr. bis Okt.
Mi/Sa/So/Fei 10–16.30
Eintritt nur mit Führung 15 € Erw., Kinder 6 € (8–12 J.), 8 € (13–16 J.), 10 € Schüler (ab 17 J.)
Ehemaliger Bunker der BRD vor allem für Bundespräsident, -kanzler, -minister und Notparlament zum Schutz im Fall eines Angriffs. Familienführungen jeden 1. So. im Monat um 12 Uhr.

Einkehren
Bäckerei & Café Schmitz
Niederhutstraße 69 · 53474 Bad Neuenahr-Ahrweiler · (0 26 41) 34 74 6 · www.schmitz-ahrweiler.de
Mo–Mi/Fr 6–17, Sa 6–17, So 7.30–17 Uhr, Do Ruhetag
Leckere Backwaren, Gebäck, Kuchen und Torten. Große Getränkeauswahl von Kakao bis Säften. Zudem reichhaltige Frühstücksauswahl und warme Speisen wie Suppen, Pizzazungen, Quiche, überbackenes Bauernfladenbrot und Kartoffelwaffeln.

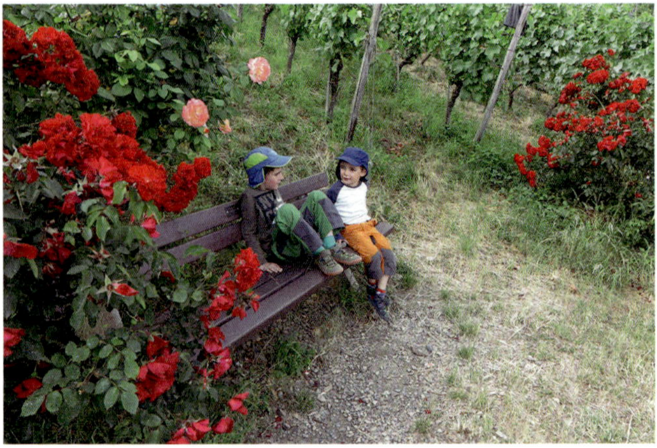

Wunderschöner Rastplatz am Weltjugendtagskreuz

Ahrweiler

Im unteren Ahrtal liegt in den östlichen Ausläufern des Ahrgebirges der romantische **Weinort Ahrweiler.** Er ist Teil der Stadt Bad Neuenahr-Ahrweiler und weist eine reiche Geschichte auf, die bis zu den Kelten und Römern zurückreicht. Davon zeugt zum Beispiel die Ausgrabung eines etwa 1800 Jahre alten römischen Landhauses, zu besichtigen im **Museum Roemervilla.** Die mittelalterlich geprägte Altstadt Ahrweilers umschließt eine 1,8 Kilometer lange Stadtmauer mit vier Stadttoren, drei Wehrtürmen und dem teilweise noch erhaltenen Stadtgraben. Charakteristisch für die Umgebung sind die zahlreichen **Weinberge** mit ihren Wanderwegen.

km 0–0,5 **Vom Bahnhof Ahrweiler Markt zum Weltjugendtagskreuz**

Unmittelbar neben dem Bahnhof Ahrweiler Markt beginnt eure Wanderung durch die Weinberge, begleitet von der Weinbergschnecke Lotta. Denn nachdem ihr nach links über die Brücke gegangen seid, steht rechts am Wegesrand schon die erste von insgesamt 9 Stationen des Erlebnispfades für Kids. Lotta erklärt euch auf reich bebilderten Tafeln Spannendes über die Weinberge, Weintrauben, die hier lebenden Tiere und Wissenswertes über die Umgebung. Habt ihr Lust, während der Wanderung spannende Rätselfragen

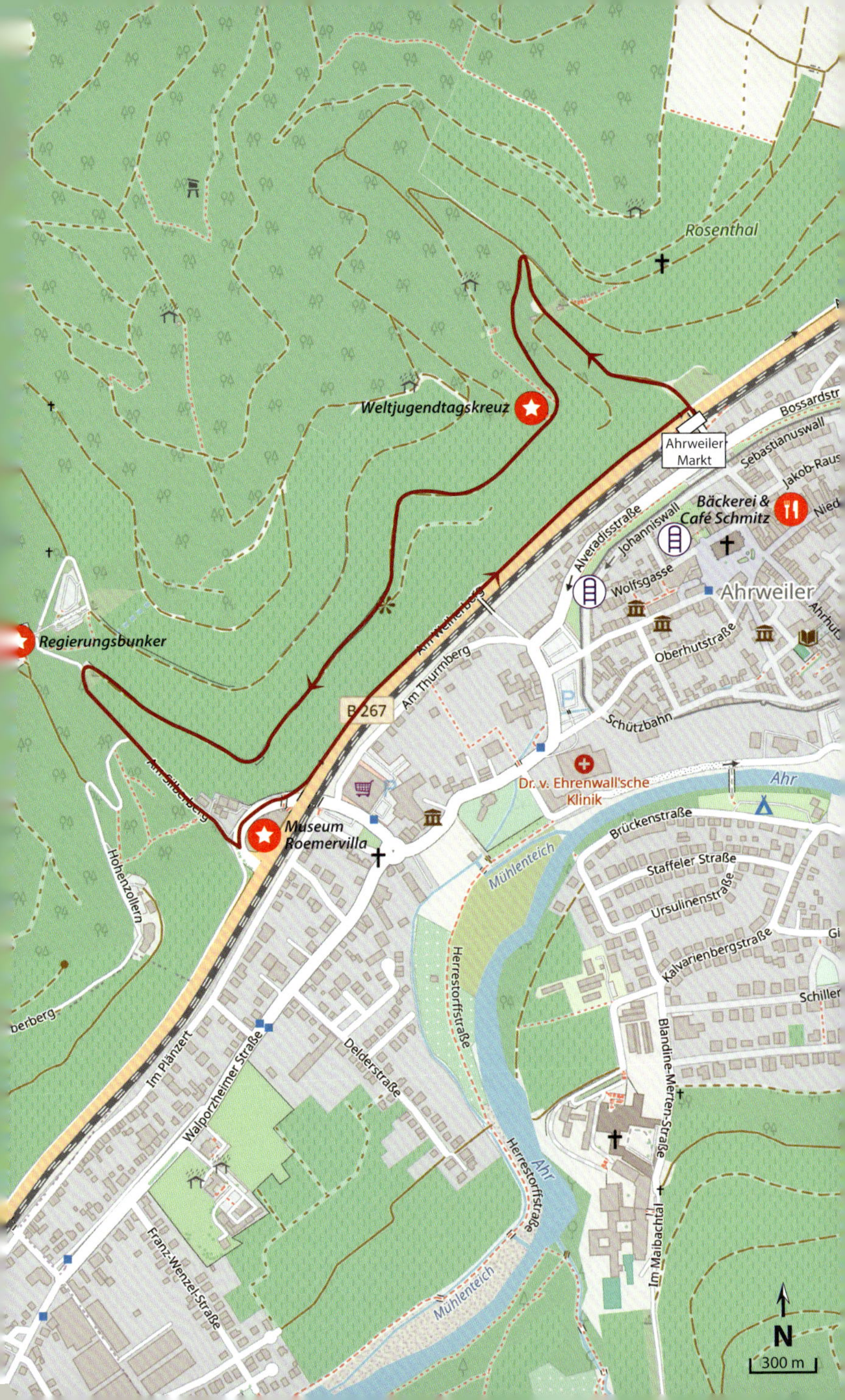

Rosenthal
Weltjugendtagskreuz
Regierungsbunker
Ahrweiler Markt
Bäckerei & Café Schmitz
Ahrweiler
Museum Roemervilla
Dr. v. Ehrenwall'sche Klinik
B 267
Ahr
Mühlenteich
Am Weiherberg
Am Thurmberg
Am Silberberg
Hohenzollern
Alveradisstraße
Johanniswall
Wolfsgasse
Oberhutstraße
Schützbahn
Bossardstr
Sebastianuswall
Jakob-Raus
Brückenstraße
Staffeler Straße
Ursulinenstraße
Kalvarienbergstraße
Schiller
Blandine-Merten-Straße
Herrestorffstraße
Im Maibachtal
Im Plänzert
Walporzheimer Straße
Delderstraße
Franz-Wenzel-Straße
N
300 m

rund um den Erlebnispfad zu lösen? Dann scannt entweder mit dem Handy den QR-Code auf den Infotafeln oder holt euch den Flyer zur Rätselrallye in der Tourist-Information. Wer alle Fragen richtig beantwortet, erhält in der Tourist-Information eine kleine Überraschung.

Von der ersten Station geht es auf dem geteerten Weg aufwärts entlang von Weinberghängen und dichter Bewaldung. Mitten im Grünen ragen vor euch merkwürdig aussehende bis zu 35 Meter hohe Pfeilerfragmente in den Himmel. Es sind die Überreste eines Viadukts, einer Eisenbahnbrücke, für eine nie fertiggestellte Zugstrecke. Sie sollte Anfang des 20. Jahrhunderts Teil einer Verbindung zwischen dem Ruhrgebiet und Lothringen sein. Aufgrund des Ersten Weltkrieges und der politischen Folgen stellte man den Bau im Jahr 1924 ein. Heute sind die Brückenpfeiler Teil des **Seilparks Mittelrhein**. Links trefft ihr auf die zweite Station des Erlebnispfads mit Infos zu den Weinbergen im Ahrtal.

Nach einer Linkssbiegung führt der geteerte Wanderweg weiter bergauf durch ein schattiges Wäldchen. Eine Bank lädt neben der dritten Station zu einer ersten Pause ein. Am Ende des von Bäumen und Büschen gesäumten Wegabschnitts bietet sich ein freier Blick über die Weinberge und die Altstadt von Ahrweiler. Für ein kurzes Stück prägt Basaltschotter die Wanderstrecke. Rechter Hand erhebt sich ein kleiner Hügel mit von Rosenbüschen umrahmten Bänken und einem großen Holzkreuz. Daneben steht ein einfaches Guckrohr mit fester Ausrichtung auf den dreigeschossigen Weißen Turm. Das mit einer barocken Schieferhaube überdachte Bauwerk aus dem 13. Jahrhundert ist das älteste Gebäude Ahrweilers.

km 0,5–1,5

Vom Weltjugendtagskreuz zum Regierungsbunker

Ihr wandert weiter am Weinberg entlang und gelangt zur vierten Erlebnispfadstation zum Leben der Mauereidechsen und Blindschleichen in den Weinbergmauern. Habt ihr schon eine der Eidechsen entdeckt? Ab hier schlängelt sich der Wanderweg den Berg hinab bis ins Tal.

Ihr lauft abwechselnd über Schotter und Teer bis zu einem Rastplatz mit einer geschwungenen Holzbank und einem tollen Blick über das historische Zentrum Ahrweilers. Dieses Mal könnt ihr durch ein Guckrohr die Hauptkirche des Ortes **St. Laurentius**, die älteste gotische Hallenkirche des Rheinlandes, erblicken. Der

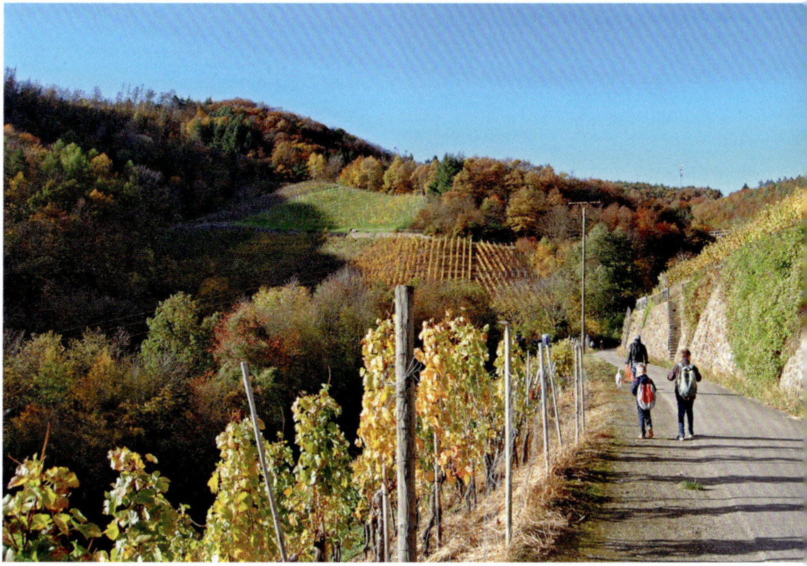

Der Kindererlebnispfad führt mitten durch die Weinberge

schöne Ort lädt zu einer Pause ein. Danach geht es über eine Biegung weiter abwärts bis zur 5. Station. Erfahrt, welche Tätigkeiten die Weinbauern und ihre Helfer zum Zeitpunkt eurer Wanderung erledigen müssen und was noch ansteht.

Dem Weg weiter folgend, erwartet euch die nächste Station, an der Lotta über das ehemals bestgehütete Geheimnis der Bundesrepublik Deutschland berichtet. Denn fast vier Jahrzehnte verbarg sich unweit von hier vor der Öffentlichkeit versteckt im Berg ein **Bunker** mit einer Gesamtlänge von 17,3 Kilometern. In der heutigen Dokumentationsstätte Regierungsbunker sind noch 203 Meter der Anlage zugänglich, die die Funktionsweise des Bunkersystems veranschaulichen. Ein Schotterweg leitet nun von der Erlebnisstation entlang der Weingärten den Berg hinunter, bis dieser auf die geteerte Straße Am Silberberg stößt. Wer den ehemaligen Regierungsbunker besuchen will, folgt nach rechts etwa 80 Meter dem Verkehrsweg und biegt nach links ab. Euer Wanderweg verläuft hingegen in die entgegengesetzte Richtung die Straße abwärts.

Vom Regierungsbunker zum Bahnhof Ahrweiler Markt — km 1,5–2,8

Entlang von Hängen bepflanzt mit unzähligen Weinreben sowie

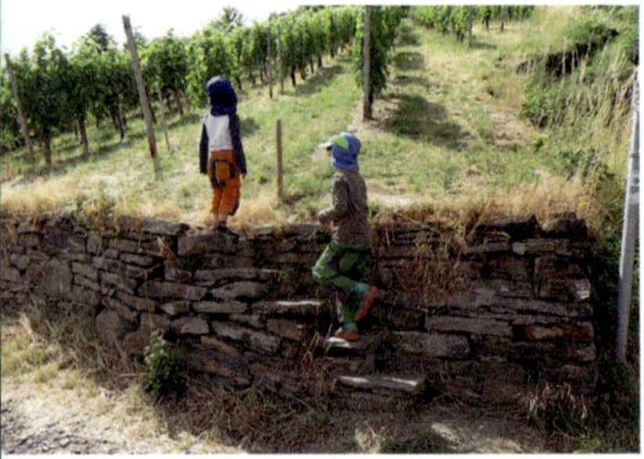

Hoch und runter laufen macht Spaß

Laub- und Nadelbäumen auf der gegenüberliegenden Seite geht es weiterhin die Straße hinab. Nach einem Stück stehen linker Hand einige Wohnhäuser, dessen Grundstücke von einer niedrigen, langen Natursteinmauer umrandet sind.

Hier biegt ihr nach links ab, um im Bogen dem geteerten Weg zu folgen. Das Gebäude mit den vielen Dächern rechts von euch beherbergt das **Museum Roemervilla**. 1980 entdeckten genau hier Bauarbeiter beim Straßenbau die Ruinen eines römischen Landhauses mit Badeanlage, Küche, komplett erhaltener Fußbodenheizung und farbigen Wandmalereien. Die vom Museumsbau geschützten Ausgrabungen sind heute weitestgehend barrierefrei zu besichtigen. Weitere spannende Funde wie Geschirr und eine Theatermaske lassen die vergangene Zeit wieder lebendig werden.

Nach dem Museumsbesuch geht es zurück in Richtung Bahnhof. Die Wanderstrecke führt über einen gerade verlaufenden geteerten Wirtschaftsweg entlang von Weinbergen auf der linken und begrenzt von einer Mauer auf der rechten Seite. Dabei erwarten euch die letzten drei Stationen des Erlebnispfades. Danach habt ihr wieder die rechts vom Weg liegende Brücke erreicht, die sich über die Straße und die Bahngleise mit den Bahnsteigen spannt.

Wer jetzt noch nicht zurückfahren will, den erwartet die sehenswerte **Altstadt** von Ahrweiler. Dafür geht ihr durch das Adenbachtor, das ihr schon von der Brücke aus sehen könnt. Nur drei Ecken vom kleinsten der vier mittelalterlichen Stadttore entfernt, bietet nahe dem Marktplatz in der Ahrhutstraße 49 das Eiscafé Lopa Eis an. Kuchen und warme Speisen zu familienfreundlichen Preisen stehen bei der Bäckerei und Café Schmitz auf der Speisekarte. Euch erwarten zudem zwei Spielplätze. Zwischen Johanniswall und Wolfsgasse liegt ein Spielplatz mit vielen neuen Spielgeräten. Und direkt an der mittelalterlichen Stadtmauer erstreckt sich an der Alveradisstraße eine Spielfläche mit Wipptieren und einem Rutschenhäuschen mit Kletternetz. Zudem stehen zur Erholung müder Wanderbeine und -füße unter einer Pergola Sitzbänke bereit.

Ein sonniges Zuhause in den Weinbergen

Als sich die kleine Eidechse auf einer Weinbergmauer sonnt, hört sie im Halbschlaf fröhliche, singende Stimmen auf sich zukommen. Sie öffnet die Augen und sieht zwei wandernde Familien. Auch eine Weinbergschnecke ist aus ihrem Schneckenhaus herausgekrochen.

Als Oliver und Alessio mit ihren Eltern vorbeigehen, entdeckt Alessio die Tiere. „Da! Wieder eine Eidechse und eine Schnecke!“, ruft er. Sofort kommt Oliver dazu gerannt. „Toll! Was das wohl für eine Schnecke ist?“, interessiert Oliver. „Darf ich mich vorstellen?“, fiepst es von unten. „Ich bin eine Weinbergschnecke.“ „Und ich bin die kleine Eidechse“, begrüßt das Reptil die Kinder. „Oh, ihr könnt ja sprechen. Sagt mal, warum leben hier eigentlich so viele von euch?“, fragt Alessio. Die Schnecke antwortet: „Wir lieben es warm und feucht. Hier in den südlich ausgerichteten, sonnenbeschienenen Weinbergen ist es schön warm. Und hier gibt es reichlich Kalk für unsere Schneckenhäuser.“ „Und wir Eidechsen mögen die von der Sonne erwärmten Steine, weil unsere Körpertemperatur stark von der Temperatur um uns herum abhängt“, erklärt das grüne Tier. „Und was macht ihr im Winter?“, will Oliver wissen. „Dann verkriechen wir Weinbergschnecken uns unter der Erde ins Schneckenhaus und verschließen die Öffnung.“ „Und wir Eidechsen halten in frostfreien Verstecken Winterruhe“, ergänzt das kleine Reptil.

„Oliver, Alessio, kommt!“, rufen die Eltern. „Leider müssen wir weiter. Vielen Dank. Das war sehr interessant. Tschüss bis zum nächsten Mal“, verabschieden sich die Kinder. „Tschüss bis bald“, rufen die Tiere den beiden hinterher.

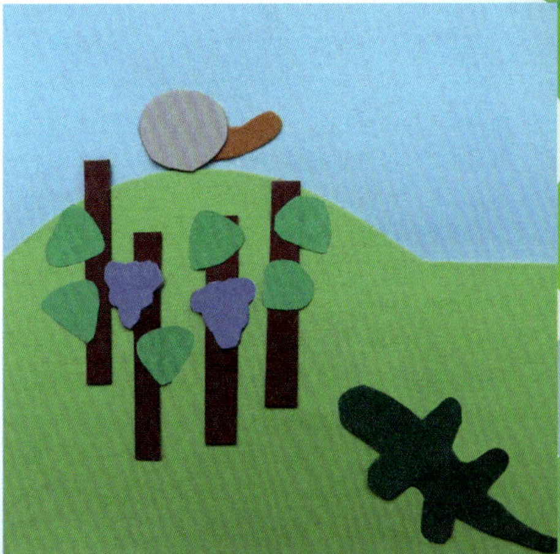

A

B

C

D

E

F

G

H

J

K

L

M

N

O

P

R

S

T

U

V

W

Z

Liebe Leserinnen und Leser,
alle Angaben in diesem Wanderführer sind gewissenhaft geprüft. Trotz gründlicher Recherche können sich manchmal Fehler einschleichen. Wir bitten um Verständnis, dass der Verlag dafür keine Haftung übernehmen kann. Über Hinweise, Berichtigungen und Ergänzungsvorschläge freuen wir uns jederzeit!

Verlagsanschrift
via reise verlag
Berliner Straße 69
13189 Berlin
post@viareise.de
www.viareise.de

1. Auflage, Berlin 2024

ISBN 978-3-949138-38-6

Text & Recherche
Wendelin Heisters

Redaktion
Gabriela Dimitrieva, Julian Funke

Herstellung & Gestaltung
Julian Funke und Artegraph GbR, Berlin

Kartografie
Hintergrundkarten OpenStreetMap und Mitwirkende, CC-BY-SA (openstreetmap.org), für dieses Buch ergänzt von: Julian Funke

Umschlagreihengestaltung
Nino Arndt, Berlin

Umschlaggestaltung
Annelie Krupicka

Druck
Druckhaus Sportflieger, Berlin

MIX
Papier aus verantwortungsvollen Quellen
FSC® C104586

Fotos
Wendelin Heisters, außer:
ccgocke/stock.adobe.com 108; Wolfgang Grafeneder 153, Christine Peter 187

Illustrationen
Wendelin Heisters

Umschlagfoto vorn
Wandern rund um den Liblarer See (Wendelin Heisters)

Umschlagfoto hinten
Rastplatz mit Blick über das historische Zentrum Ahrweilers (Wendelin Heisters)

Foto Umschlagklappe vorn
Am Eingang des Bonner Weges der Artenvielfalt in Waldau (Wendelin Heisters)